Informatik – Fachberichte

Band 1: Programmiersprachen. GI-Fachtagung 1976. Herausgegeben von H.-J. Schneider und M. Nagl. (vergriffen)

Band 2: Betrieb von Rechenzentren. Workshop der Gesellschaft für Informatik 1975. Herausgegeben von A. Schreiner. (vergriffen)

Band 3: Rechnernetze und Datenfernverarbeitung. Fachtagung der GI und NTG 1976. Herausgegeben von D. Haupt und H. Petersen. VI, 309 Seiten. 1976.

Band 4: Computer Architecture. Workshop of the Gesellschaft für Informatik 1975. Edited by W. Händler. VIII, 382 pages. 1976.

Band 5: GI – 6. Jahrestagung. Proceedings 1976. Herausgegeben von E. J. Neuhold. (vergriffen)

Band 6: B. Schmidt, GPSS-FORTRAN, Version II. Einführung in die Simulation diskreter Systeme mit Hilfe eines FORTRAN-Programmpaketes, 2. Auflage. XIII, 535 Seiten. 1978.

Band 7: GMR – GI – GfK. Fachtagung Prozessrechner 1977. Herausgegeben von G. Schmidt. (vergriffen)

Band 8: Digitale Bildverarbeitung/Digital Image Processing. GI/NTG Fachtagung, München, März 1977. Herausgegeben von H.-H. Nagel. (vergriffen)

Band 9: Modelle für Rechensysteme. Workshop 1977. Herausgegeben von P. P. Spies. VI, 297 Seiten. 1977.

Band 10: GI – 7. Jahrestagung. Proceedings 1977. Herausgegeben von H. J. Schneider. IX, 214 Seiten. 1977.

Band 11: Methoden der Informatik für Rechnerunterstütztes Entwerfen und Konstruieren, GI-Fachtagung, München, 1977. Herausgegeben von R. Gnatz und K. Samelson. VIII, 327 Seiten. 1977.

Band 12: Programmiersprachen. 5. Fachtagung der GI, Braunschweig, 1978. Herausgegeben von K. Alber. VI, 179 Seiten. 1978.

Band 13: W. Steinmüller, L. Ermer, W. Schimmel: Datenschutz bei riskanten Systemen. Eine Konzeption entwickelt am Beispiel eines medizinischen Informationssystems. X, 244 Seiten. 1978.

Band 14: Datenbanken in Rechnernetzen mit Kleinrechnern. Fachtagung der GI, Karlsruhe, 1978. Herausgegeben von W. Stucky und E. Holler. (vergriffen)

Band 15: Organisation von Rechenzentren. Workshop der Gesellschaft für Informatik, Göttingen, 1977. Herausgegeben von D. Wall. X, 310 Seiten. 1978.

Band 16: GI – 8. Jahrestagung, Proceedings 1978. Herausgegeben von S. Schindler und W. K. Giloi. VI, 394 Seiten. 1978.

Band 17: Bildverarbeitung und Mustererkennung. DAGM Symposium, Oberpfaffenhofen, 1978. Herausgegeben von E. Triendl. XIII, 385 Seiten. 1978.

Band 18: Virtuelle Maschinen. Nachbildung und Vervielfachung maschinenorientierter Schnittstellen. GI-Arbeitsseminar. München 1979. Herausgegeben von H. J. Siegert. X, 230 Seiten. 1979.

Band 19: GI – 9. Jahrestagung. Herausgegeben von K. H. Böhling und P. P. Spies. (vergriffen)

Band 20: Angewandte Szenenanalyse. DAGM Symposium, Karlsruhe 1979. Herausgegeben von J. P. Foith. XIII, 362 Seiten. 1979.

Band 21: Formale Modelle für Informationssysteme. Fachtagung der GI, Tutzing 1979. Herausgegeben von H. C. Mayr und B. E. Meyer. VI, 265 Seiten. 1979.

Band 22: Kommunikation in verteilten Systemen. Workshop der Gesellschaft für Informatik e.V.. Herausgegeben von S. Schindler und J. C. W. Schröder. VIII, 338 Seiten. 1979.

Band 23: K.-H. Hauer, Portable Methodenmonitoren. Dialogsysteme zur Steuerung von Methodenbanken: Softwaretechnischer Aufbau und Effizienzanalyse. XI, 209 Seiten. 1980.

Band 24: N. Ryska, S. Herda, Kryptographische Verfahren in der Datenverarbeitung. V, 401 Seiten. 1980.

Band 25: Programmiersprachen und Programmentwicklung. 6. Fachtagung, Darmstadt, 1980. Herausgegeben von H.-J. Hoffmann. VI. 236 Seiten. 1980

Band 26: F. Gaffal, Datenverarbeitung im Hochschulbereich der USA. Stand und Entwicklungstendenzen. IX, 199 Seiten. 1980.

Band 27: GI-NTG Fachtagung, Struktur und Betrieb von Rechensystemen. Kiel, März 1980. Herausgegeben von G. Zimmermann. IX, 286 Seiten. 1980.

Band 28: Online-Systeme im Finanz- und Rechnungswesen. Anwendergespräch, Berlin, April 1980. Herausgegeben von P. Stahlknecht. X, 547 Seiten, 1980.

Band 29: Erzeugung und Analyse von Bildern und Strukturen. DGaO – DAGM Tagung, Essen, Mai 1980. Herausgegeben von S. J. Pöppl und H. Platzer. VII, 215 Seiten. 1980.

Band 30: Textverarbeitung und Informatik. Fachtagung der GI, Bayreuth, Mai 1980. Herausgegeben von P. R. Wossidlo. VIII, 362 Seiten. 1980.

Band 31: Firmware Engineering. Seminar veranstaltet von der gemeinsamen Fachgruppe „Mikroprogrammierung" des GI Fachausschusses 3/4 und des NTG-Fachausschusses 6 vom 12. – 14. März 1980 in Berlin. Herausgegeben von W. K. Giloi. VII, 289 Seiten. 1980.

Band 32: M. Kühn, CAD Arbeitssituation. Untersuchungen zu den Auswirkungen von CAD sowie zur menschengerechten Gestaltung von CAD-Systemen. VII, 215 Seiten. 1980.

Band 33: GI – 10. Jahrestagung. Herausgegeben von R. Wilhelm. XV, 563 Seiten. 1980.

Band 34: CAD-Fachgespräch. GI - 10. Jahrestagung. Herausgegeben von R. Wilhelm. VI, 184 Seiten. 1980.

Band 35: B. Buchberger, F. Lichtenberger: Mathematik für Informatiker I. Die Methode der Mathematik. XI, 315 Seiten. 1980.

Band 36: The Use of Formal Specification of Software. Berlin, Juni 1979. Edited by H. K. Berg and W. K. Giloi. V, 388 pages. 1980.

Band 37: Entwicklungstendenzen wissenschaftlicher Rechenzentren. Kolloquium, Göttingen, Juni 1980. Herausgegeben von D. Wall. VII, 163 Seiten. 1980.

Band 38: Datenverarbeitung im Marketing. Herausgegeben von R. Thome. VIII, 377 pages. 1981.

Band 39: Fachtagung Prozeßrechner 1981. München, März 1981. Herausgegeben von R. Baumann. XVI, 476 Seiten. 1981.

Band 40: Kommunikation in verteilten Systemen. Herausgegeben von S. Schindler und J.C.W. Schröder. IX, 459 Seiten. 1981.

Band 41: Messung, Modellierung und Bewertung von Rechensystemen. GI-NTG Fachtagung. Jülich, Februar 1981. Herausgegeben von B. Mertens. VIII, 368 Seiten. 1981.

Band 42: W. Kilian, Personalinformationssysteme in deutschen Großunternehmen. XV, 352 Seiten. 1981.

Band 43: G. Goos, Werkzeuge der Programmiertechnik. GI-Arbeitstagung. Proceedings, Karlsruhe, März 1981. VI, 262 Seiten. 1981.

Informatik-Fachberichte

Herausgegeben von W. Brauer
im Auftrag der Gesellschaft für Informatik (GI)

64

F. Hoßfeld

Parallele Algorithmen

Springer-Verlag

Autor

Dr. rer. nat. F. Hoßfeld
Zentralinstitut für Angewandte Mathematik
Kernforschungsanlage Jülich GmbH
Postfach 1913, 5170 Jülich

AMS Subject Classifications (1980): 68 C 05
CR Subject Classifications (1982): C.1.2, F.2, G.1.0

CIP-Kurztitelaufnahme der Deutschen Bibliothek.
Hossfeld, Friedel: Parallele Algorithmen / F. Hossfeld. –
Berlin; Heidelberg; New York: Springer, 1983.
(Informatik-Fachberichte; 64)
ISBN-13: 978-3-540-12283-8 e-ISBN-13: 978-3-642-69023-5
DOI: 10.1007/ 978-3-642-69023-5
NE: GT

2145/3140 – 5 4 3 2 1 0

Vorwort

Zu den allgemeinen Einordnungen von Algorithmen ist in den letzten Jahren eine neue Klassifikation wichtig geworden: parallel versus sequentiell. Die Ursache findet sich in der nicht zuletzt durch die Entwicklungen der Halbleitertechnologie, vor allem aber durch den wachsenden Druck von Anwendungen, die höchste Rechnerleistung erfordern, erhöhten Bedeutung von Parallelprozessorarchitekturen. Das zunehmende Interesse an Parallelrechnern hat die Entwicklung von parallelen Algorithmen zur Lösung vielfältiger Problemstellungen beschleunigt. Eine Darstellung von Grundprinzipien, Entwurfsmöglichkeiten und Realisierungen paralleler Algorithmen, die das Leistungspotential innovativer Rechnerarchitekturen erschließen, erscheint für die integrale Betrachtung der Thematik des "Parallel Computing" nicht nur notwendig, sondern auch - vor allem auf die deutschsprachige Fachliteratur bezogen - überfällig.

Dem vorliegenden Band liegt das Skriptum einer Spezialvorlesung gleichen Titels zugrunde, die ich im Sommersemester 1980 an der Universität Dortmund auf Einladung der Abteilung Informatik gehalten habe. Es ist nicht das Ziel, eine möglichst vollständige Sammlung der in den Zweigen dieses expansiven Forschungsgebietes bisher entwickelten parallelen Algorithmen zu liefern; vielmehr sollen mit dieser Annäherung an eine erste Gesamtdarstellung der Thematik - insbesondere auch durch die Gegenüberstellung von repräsentativen sequentiellen Algorithmen - Charakteristika originärer paralleler Algorithmen aufgezeigt und ihr Bezug zu den Architekturelementen von Parallelprozessoren verdeutlicht werden. Dadurch soll auch hierzulande das Interesse an dieser immer wichtiger werdenden Fragestellung weiter gefördert und der Einstieg in die junge, über ein breites Spektrum von hauptsächlich englischsprachigen Fachzeitschriften verstreute Originalliteratur erleichtert werden; wegen der angelsächsischen Dominanz auf diesem Gebiet lassen sich dabei für die klare Begriffsbestimmung naturgemäß gewisse Anglizismen nicht vermeiden.

Mein Dank gilt in erster Linie den Herausgebern der Informatik-Fachberichte und dem Springer-Verlag für das Interesse an der Thematik und die Möglichkeit dieser Veröffentlichung; dabei ist es der Ermutigung und Unterstützung von Herrn Roßbach vom Springer-Verlag zu danken, daß dieses Buch schließlich zustande kommen konnte. Herr Dr. Peter Weidner, der Leiter der Abteilung Mathematik im Zentralinstitut für Angewandte Mathematik der Kernforschungsanlage Jülich, hat mir durch wesentliche Beiträge und konstruktive Kritik sehr geholfen; Frau Hertha Gerlach hat mit dem interaktiven graphischen System GNOM einige der Abbildungen erstellt; ihnen gebührt ebenfalls mein Dank. Ganz besonders aber möchte ich Frau Maria Schmitz für die große Sorgfalt, Umsicht und Geduld bei der Komposition des Manuskriptes mittels Textverarbeitung danken.

Jülich, Januar 1983 F. Hoßfeld

Inhaltsverzeichnis:

Seite

Seite

1. Grundlagen und Voraussetzungen

1.1 Einführung

Während viele Probleme ihrem Ursprung nach paralleler Natur sind, ist unser algorithmisches Verständnis der meisten Probleme geprägt durch einige hundert Jahre im wesentlichen sequentieller Mathematik, etwa 50 Jahre sequentiellen Algorithmenentwurfes und über 20 Jahre sequentieller Programmierung, so daß die Suche nach Parallelismus stark behindert ist. Dabei wird die Datenverarbeitung der vergangenen Jahrzehnte bestimmt von der seriellen Rechnerarchitektur des von Neumannschen Modells und den dieser Architektur angepaßten höheren Programmiersprachen, allen voran Fortran und Cobol.

Das Wechselspiel der drei Kategorien serieller Systeme, nämlich: der Architektur, der Algorithmen und der Programmiersprachen, war ohne Zweifel überaus fruchtbar, wie ablesbar ist aus der starken Expansion der Datenverarbeitung in vielfältige Anwendungsgebiete, aus der Entwicklung der Halbleiter- und Schaltkreistechnologie, dem Entstehen neuer Zweige der Forschung, wie beispielsweise in der numerischen Mathematik, der Komplexitätstheorie von Algorithmen und der Warteschlangentheorie, und aus dem Erwachsen neuer Industrien und Industriezweige, z. B. für die Herstellung der Halbleiter, der Chips, der Mikroprozessoren sowie der Prozessorhardware und der Peripheriekomponenten und für die Entwicklung der Betriebs- und Anwendungssoftware.

Gerade aber aus dem derzeit progressivsten Bereich, der Halbleiter-und Hardwaretechnologie, kommen die Prognosen, daß zwar die Integration und Miniaturisierung weiterhin fortschreiten werden und das Preis/Leistungsverhältnis stark verbessert werden wird, die absolute Leistung der Rechner auf der Grundlage der seriellen von Neumann-Architektur jedoch am Ende dieses Jahrzehnts nach einer eventuellen weiteren Steigerung um einen Faktor von etwa 10 am Ende angelangt sein wird.

Ausgehend von diesen Aspekten und unter dem wachsenden Druck der Anwendungen, die höchste Rechnerleistung erfordern - also hauptsächlich aus dem Bereich der naturwissenschaftlich-technischen Forschung und Entwicklung ("Number Crunching"), aus dem Bereich der Verarbeitung, Aktualisierung oder Visualisierung großer Datenmengen in Realzeit (Bildverarbeitung, Datenbanken, usw.) und aus dem Bereich der zivilen und militärischen Steuerungs-, Sicherungs- und Überwachungssysteme - treten in den letzten Jahren auch dank der technologischen Ergebnisse, der weit fortgeschrittenen architektonischen und algorithmischen Forschungs- und Entwicklungsarbeiten und der Innovationsfreudigkeit einiger weniger Computer-Hersteller die Konzepte von Nicht-von Neumann-Rechnern und ihren Strukturen und Algorithmen stark in den Vordergrund des Interesses /1-14/.

Aus dieser Entwicklung ragt vor allem der Begriff der Parallelprozessoren hervor. Auf die Kategorien von Parallelprozessoren werden wir hier nur soweit eingehen, wie dies zur Klärung der Voraussetzungen für die Thematik und den Rahmen dieser Ausarbeitung notwendig ist. Dabei wird auch abzuklären sein, was hier unter dem Begriff "parallel" im Sinne von Parallelverarbeitung durch ein Rechnersystem verstanden werden soll.

1.2 Zielsetzung

Da sich mit der Abkehr von der von Neumann-Architektur auch die Organisationsstruktur und die Operationsprinzipien ändern müssen, kann nicht davon ausgegangen werden, daß die für den seriell angelegten Rechnertyp entwickelten Programmstrukturen ohne weiteres übertragen werden können. Das bedeutet insbesondere: neue Betriebssysteme, neue Programmiersprachen und Compiler, neue Anwendungsprogramme und Algorithmen. Es wird mit anderen Worten nötig sein, originäre Algorithmen neu bzw. weiter zu entwickeln, die es gestatten, das größere Leistungspotential der innovativen Rechnerarchitekturen zu erschließen.

Diese Ausarbeitung soll und kann nur eine Einführung in Grundprinzipien der Leistungsbewertung, in Entwurfsmöglichkeiten und in die Theorieansätze für sog. parallele Algorithmen sein, wobei der Vergleich mit sequentiellen Algorithmen durchgeführt und die Andersartigkeit paralleler Verfahren und ihre Rückwirkung auf die Art und Größe der Probleme gezeigt werden kann, soweit dies beim heutigen Stand der Entwicklung auf diesem Gebiet möglich ist.

1.3 Übersichtsliteratur

Da wesentliche Ergebnisse und in steigendem Maße Arbeiten zu dem Gesamtkomplex "Parallelprozessoren und parallele Algorithmen" erst in den letzten Jahren erschienen sind, gibt es keine umfassende Darstellung zum Thema "parallele Algorithmen". Die Arbeiten sind außerdem über die Zeitschriften für Rechnerarchitektur, Software-Entwicklung, numerische Mathematik, angewandte Mathematik bzw. über die Zeitschriften der Organisationen für Computer-Science, Informatik und Datenverarbeitung bzw. Mathematik in teilweise nur schwer identifizierbarer Form verstreut (z. B. IEEE, SIAM, ACM, GI).

Deshalb soll hier nur diejenige Literatur angegeben werden, die für die Grundlagen der

Rechnersysteme und ihrer Realisierungen und der Algorithmen-Entwicklung und Algorithmen-Analyse gut und etabliert ist.

(I) Rechnerarchitektur, Parallelprozessoren:

1) Kuck, D.J.: /2/ — The Structure of Computers and Computations Vol. I, J. Wiley & Sons 1978, N.Y.

2) Thurber, K.J.: /1/ — Large Scale Computer Architecture - Parallel and Associative Processors, Hayden Book Company Inc., Rochelle Park, N.J., 1976

3) Mies, P., Schütt, D.: /103/ — Feldrechner, BI-Taschenbuch, Reihe Informatik, Bd. 21, Bibliogr. Institut, Mannheim, 1976

4) INFOTECH (State-of-the-Art Reports)

   4.1) Supercomputers Vol. 1/2, 1979 /30/

   4.2) Future Systems Vol. 1/2, 1977 /100/

   4.3) Multiprocessor Systems, 1976 /101/

5) Special Issue: ACM Computing Surveys 9 (1977), No. 1 mit Beiträgen von /102/:

   5.1) Yau, S.S., Fung, H.S.: Associative Processor Architecture

   5.2) Kuck, D.J.: A Survey of Parallel Machine Organisation and Programming

   5.3) Ramamoorthy, C.V., Li, H.F.: Pipeline Architecture

   5.4) Enslow, P.H.Jr.: Multiprocessor Organization - A Survey

6) Hoßfeld, F.: /4/ — Parallelprozessoren und Algorithmenstruktur, Jül-Spez-87, Kernforschungsanlage Jülich, September 1980

7) Giloi, W.K.: /9, 10/	Rechnerarchitektur Heidelberger Taschenbücher Bd. 208, Sammlung Informatik, Springer-Verlag 1981; ebenso: Informatik-Spektrum 3 (1980), 3-18
8) Schwartz, J.T.: /14/	Ultracomputers ACM TOPLAS 2 (1980), No. 4, 484-521
9) Hockney, R.W., Jesshope, C.R.: /3/	Parallel Computers, Adam Hilger Ltd., Bristol, 1981

(II) Algorithmen: Entwurf und Analyse

1) Aho, A.V., Hopcroft, J.E., Ullman, J.D.: /15/	The Design and Analysis of Computer Algorithms Addison-Wesley 1974
2) Baase, S.: /104/	Computer Algorithms - Introduction to Design and Analysis Addison-Wesley 1978
3) Knuth, D.E.: /112/	The Art of Computer Programming Vol. 1-3, Addison-Wesley 1973
4) Borodin, A., Munro, I.: /22/	The Computational Complexity of Algebraic and Numeric Problems, American Elsevier, N.Y., 1975
5) Miranker, W.L.: /5/	A Survey of Parallelism in Numerical Analysis SIAM Review 13 (1971), 524
6) Heller, D.: /6/	A Survey of Parallel Algorithms in Numerical Linear Algebra SIAM Review 20 (1978), 740
7) Traub, J.F. (Hrsg.): /105/	Proc. Symp. on Complexity of Sequential and Parallel Numerical Algorithms

Academic Press, N. Y., 1973

8) Feilmeier, M. (Hrsg.): /106/ — Parallel Computers - Parallel Mathematics
Proc. IMACS (AICA)-GI Symp., München 1977
North Holland Publ. Co., Amsterdam 1977

9) Kuck, D.J. et al. (Hrsg.): /107/ — Proc. Symp. on High Speed Computer and Algorithm Organisation
Academic Press, N. Y., 1977

10) Kung, H.T.: /99/ — The Structure of Parallel Algorithms, in: Adv. in Computers Vol. 19 (1980), 65-112

11) Vollmar, R.: /32/ — Algorithmen in Zellularautomaten,
Teubner Studienbücher Informatik, Teubner Verlag, 1979

(III) Bibliographien:

1) Feilmeier, M., Gomm, W., Rönsch, W., Segerer, G., und Töpfer, K. /108/:
Parallele Numerik
Technische Universität Braunschweig, Juli 1979.

2) Engeln-Müllges, G., und Sommer, A. /109/:
Parallel-Rechner, Parallele Algorithmen, Parallele Programmierung,
Rechenzentrum der Rheinisch-Westfälischen Technischen Hochschule
Aachen, August 1980.

3) Bernutat-Buchmann, U., Rudolph, D., und Schloßer, K.-H. /164/:
Parallel Computing I - Eine Bibliographie, Bochumer Schriften zur Parallelen Datenverarbeitung, Rechenzentrum der Ruhr-Universität Bochum, Juni 1982.

1.4 Parallelprozessoren: Übersicht

Ohne an dieser Stelle auf Einzelheiten von Parallelprozessoren einzugehen oder die

Schwierigkeiten ihrer Klassifizierung diskutieren zu wollen, soll doch eine Übersicht über die Kategorien von Parallelprozessoren gegeben werden, vor allem auch, um deutlich zu machen, daß es sich hier um einen Bereich der Computer-Architektur und der Computer-Systeme handelt, der sich nicht nur reger akademischer Forschung vor allem in den USA erfreut, sondern bereits vielfach Realität geworden ist /1-4, 24-31/.

(I) Vektor/Pipeline-Prozessoren:

- STAR-100 (CDC)
- CYBER-203/205 (CDC)
- TI-ASC (Texas Instruments)
- CRAY-1/X-MP (Cray Research)

(II) Parallelprozessor-Ensembles:

- ILLIAC IV (Univ. of Illinois; Burroughs)
- SOLOMON (Westinghouse)
- PEPE (Bell Labs.; Burroughs; System Development Corp.)
- BSP (Burroughs)
- DAP (ICL)
- CHoPP (Columbia Univ.; Sullivan Ass.)
- C. mmp, Cm* (Carnegie-Mellon Univ.)
- T16 (Tandem)
- EGPA (Univ. Erlangen/Nürnberg)
- HEP (Denelcor)

(III) Assoziativ-Prozessoren:

- STARAN (Goodyear Aerospace Corp.)
- ECAM (Honeywell)
- OMEN (Sanders Ass.)
- ALAP (Hughes Aircraft)
- RAP (Raytheon)

(IV) Algorithmische Array-Prozessoren (Pipeline-Rechner):

- IBM 2938/3838 (IBM)
- MAP III (CDC)
- UAP (Univac)

- AP - 120B/190L (Floating Point Systems)
- FPS-164 (Floating Point Systems)
- ATP (Datawest)

Im Rahmen dieser Ausarbeitung kann auf Fragen der Rechnerarchitektur und der Parallelprozessoren nicht im einzelnen eingegangen werden. Dazu muß auf die Literatur verwiesen werden, wie sie z. B. in Abschnitt 1.3, Absatz (I) angeführt ist. Insbesondere sei aus Gründen der Terminologie auf den Bericht des Autors über "Parallelprozessoren und Algorithmenstruktur" verwiesen /4/.

FLYNN hat eine Klassifizierung der Rechnerarchitekturen vorgeschlagen, die allerdings Überschneidungen zwischen den Klassen nicht ausschließen kann und den Nachteil hat, daß eine Klasse faktisch leer ist /110/.

Flynn unterscheidet 4 Kategorien:

1) SISD-Systeme:

SISD = Single Instruction - Single Data

Diese Klasse entspricht im wesentlichen den seriellen Monoprozessoren als Abkömmlingen des von-Neumann-Konzeptes.

2) SIMD-Systeme:

SIMD = Single Instruction - Multiple Data

Diese Kategorie ist aus heutiger Sicht die wichtigste Klasse sowohl im Hinblick auf die Vektor/Pipeline-Prozessoren als auch auf die algorithmischen Entwicklungsarbeiten, die sich sehr stark an SIMD-Architekturen orientieren.

3) MIMD-Systeme:

MIMD = Multiple Instructions - Multiple Data

Dieser Kategorie sollten vorwiegend flexiblere Parallelprozessoren mit Umkonfigurierungskonzepten der Zukunft angehören. Praktisch lassen sich nicht viele Systeme in diese Kategorie heute einordnen. Der ILLIAC IV in seinem vollen Ausbau mit 4 Komplexen zu je 64 Array-geordneten Prozessoren ist ein System dieser Kategorie.

4) MISD-Systeme:

MISD = Multiple Instructions - Single Data

Diese Kategorie muß heute als faktisch leer angesehen werden, wenn auch gewisse Interpretationen von Konzepten die Einordnung vorsehen.

Trotz der nur begrenzten Anwendbarkeit dieser Klassifizierung hat sie weitgehend Eingang gefunden in die einschlägige Literatur.

In einer Reihe von Publikationen hat W. Händler Klassifikationsschemata diskutiert und ein neues Ordnungssystem vorgeschlagen, das den architektonischen und strukturellen Elementen eines Rechnersystems Rechnung trägt /111/.

2. Analyse und Bewertung von Algorithmen

Wir wollen uns dem zweiten Begriff im Titel zuwenden und einige Elemente der Theorie und Praxis der Analyse und Bewertung von Algorithmen betrachten. Das heißt: Wir wollen hier nicht einige sog. parallele Algorithmen "aus dem Hut zaubern", sondern einige Grundprinzipien, Techniken und Probleme der Analyse von Algorithmen allgemein, insbesondere aber auch von sequentiell konzipierten Algorithmen kennenlernen.

Das Studium von Algorithmen - obwohl als rigorose Disziplin noch vergleichsweise jung (etwa ab 1965) - gehört in den Kern der Informatik. In den vergangenen Jahren wurden auf dem Gebiet der Algorithmen, und zwar sowohl beim Entwurf, bei der Analyse und bei der Bewertung der Leistungsfähigkeit als auch bei der Optimierung von Algorithmen und bei der Entscheidung, ob Algorithmen verbesserbar sind, ganz bedeutende Fortschritte erzielt. Diese Fortschritte reichen von der Entwicklung schnellerer Algorithmen wie bei der Fast-Fourier-Transformation (Winograd), bei bestimmten Matrixproblemen (Toeplitz-M.) oder bei der linearen Optimierung (Khachian-Algorithmus) bis zur irritierenden Entdeckung gewisser natürlicher Probleme, für die keine effizienten Algorithmen existieren.

2.1 Der Algorithmus-Begriff

Der Begriff "Algorithmus" ist grundlegend für die gesamte Rechnerprogrammierung. Deshalb wurde dem Konzept des Algorithmus sowohl von der mathematischen als auch - heute können wir sagen - Informatikseite sorgfältige Aufmerksamkeit gewidmet. Das Wort "Algorithmus" selbst verdient schon gewisses Interesse.

Wie Knuth im Band 1 von "The Art of Computer Programming" ausführt, wurde das Wort erst 1957 in Webster's New World Dictionary aufgenommen. Bis dahin fand sich nur die ältere Form "Algorismus" mit ihrer altertümlichen Bedeutung: der Prozeß der Ausführung arithmetischer Operationen unter Verwendung arabischer Ziffern /112/.

Im Mittelalter gab es danach hinsichtlich der Arithmetik zwei Gruppen: die Abacisten, die mit dem (wohl aus Ostasien stammenden) Abacus rechneten, und die Algoristen, die nach dem "Algorismus" mit arabischen Ziffern rechneten.

Nach mehreren irrtümlich angenommenen Ursprüngen des Wortes "Algorithmus" fanden Mathematikhistoriker den wahren Ursprung: das Wort läßt sich auf einen persischen Autor zurückführen: Abu Jafar Mohammed ibn Musa al-Khowarizmi. Khowarizmi ist die heutige in der Sowjetunion liegende Stadt Khiva (Chiwa). Der persische Mathematiker wirkte vor 840 in Bagdad und verfaßte eine Aufgabensammlung für Erbteilungen. Im übrigen stammt angeblich auch das Wort "Algebra" von einem Buchtitel dieses Verfassers, nach Latinisierung in "Algebra et Almucabala".

Im Laufe der Zeit wurde die Form und Bedeutung von "Algorismus" verändert und gar zerstört. So gibt das "Vollständige Mathematische Lexicon" (Leipzig 1747) die etwa folgende Definition für das Wort "Algorithmus": "Unter dieser Bezeichnung sind die Begriffe von den vier Typen arithmetischer Rechnungen vereinigt, nämlich Addition, Multiplikation, Subtraktion und Division." Das Neue Fischer-Lexikon führt unter Algorithmus heute die Erläuterung: "(arab. + griech.), verstümmelter Name von Alchwarism ≡ eine Rechenvorschrift, die auch automatisch arbeiten kann".

In unserer heutigen Begriffswelt der Informatik bedeutet die Aussage, daß ein Problem "algorithmisch lösbar" ist, daß es ein Computer-Programm - wenigstens im Prinzip - gibt, das die richtige Antwort für jede beliebige Eingabe, die erlaubt ist, geben wird, wenn wir es nur lange genug laufen lassen und ihm soviel Speicherplatz zugestehen, wie es benötigt. In den 30-er Jahren dieses Jahrhunderts, vor der Realisierung der heutig verstandenen Rechner, haben die Mathematiker sehr intensiv an der Formalisierung und dem Studium des Begriffs eines Algorithmus gearbeitet, wobei verschiedene formale Modelle einer Berechnung entworfen und untersucht wurden, die heute noch wesentlich sind. Einer der Schwerpunkte jener frühen Arbeiten auf dem Gebiet, das wir heute "Theorie der Berechenbarkeit" nennen, war die Beschreibung und Charakterisierung derjenigen Probleme, die algorithmisch gelöst werden können, und die Darstellung von Problemen, für die dies nicht möglich ist. Eines der wichtigen negativen Ergebnisse war der Beweis der Unlösbarkeit des sog. Halte-Problems bei Turing-Maschinen. Obwohl die Theorie grundlegende und auch offensichtliche Implikationen für die Informatik als Wissenschaft hat, ist die Kenntnis, daß ein Problem nach der Theorie mit einem Rechner lösbar ist, für die praktische Bestimmung der Lösung nicht ausreichend. Ein typisches Beispiel ist etwa das "perfekte Schach-Programm", bei dem die Zahl der vernünftigen Züge praktisch zu groß ist, um es durchführen zu können.

2.1.1 Der Euklid-Algorithmus

Bis um 1950 wurde das Wort "Algorithmus" sehr häufig mit einem ganz bestimmten Algorithmus verbunden: dem Algorithmus von Euklid zur Bestimmung des größten gemeinsamen Teilers zweier ganzer, positiver Zahlen, der in den Euklidschen "Elementen" (Buch 7, Propositiones 1 und 2) dargestellt ist (um 325 v. Chr.). Es ist sicherlich instruktiv, den Euklid-Algorithmus als Prototyp eines Algorithmus, wenn auch in etwas modernerer

Form, hier darzustellen (vgl. Knuth, The Art of Computer Programming, Vol. 1: Fundamental Algorithms):

Algorithmus E (Euklid-Algorithmus):

Voraussetzung: Es seien zwei positive ganze Zahlen gegeben:

$$\left.\begin{array}{l} m > 0 \\ n > 0 \end{array}\right\} \text{ganzzahlig.}$$

Aufgabe: Finde den größten gemeinsamen Teiler von m und n, d. h. die größte positive ganze Zahl, die sowohl m als auch n ohne Rest teilt: GGT(m,n)

Algorithmus:

E1 (Finde den Rest):
Teile m durch n;
der ganzzahlige Rest sei: r.
(Wir finden: $0 \leq r < n$).

E2 (Ist der Rest r Null?):
Wenn $r = 0$: n ist die Antwort;
der Algorithmus endet.

E3 (Austausch):
Setze $m \leftarrow n$, $n \leftarrow r$;
Geh zurück zu Schritt E1.

Beweisgang:

Wir können einfach zeigen, daß die nach dem Euklid-Algorithmus gewonnene ganze Zahl der größte gemeinsame Teiler ist.

Nach Schritt E1 haben wir:

$$m = qn + r$$

wobei q eine ganze Zahl ist.

a) Wenn $r = 0$, dann ist m ein Vielfaches von n, und n ist in diesem Fall natürlich der größte gemeinsame Teiler von m und n: GGT(m,n) = n.

b) Wenn $r \neq 0$, dann finden wir, daß jede Zahl, die sowohl m als auch n teilt, auch den Rest teilen muß, also $m - qn = r$, und daß jede Zahl, die sowohl n als auch r teilt, auch $qn + r = m$ teilen muß.

c) Somit ist die Menge der Teiler von m und n dieselbe wie die Menge der Teiler von n und r; insbesondere ist der größte gemeinsame Teiler von m und n derselbe wie der größte gemeinsame Teiler von n und r:

$$GGT(m,n) = GGT(n,r)$$

d) Deshalb ändert der Schritt E3 nicht die Antwort auf das ursprüngliche Problem.

<u>Beispiel zum Algorithmus E (vgl. Tab. 2.1)</u>

Es sei gegeben: $m = 119$, $n = 544$;
d.h. $n > m$.

Der erste Durchlauf liefert:

(1) E1: Die Division von m durch n ist in diesem Fall ganz einfach:

a) der ganzzahlige Quotient ist Null; $q = 0$;

b) der ganzzahlige Rest: $r = 119$.

E2: Da $r \neq 0$, erfolgt hier keine Aktion.

E3: Wir setzen:

$$m \leftarrow 544 \;\; (=n)$$

$$n \leftarrow 119 \;\; (=r)$$

Es ist klar, daß im Falle $m < n$ (ursprünglich) der Quotient im Schritt E1 immer zu Null ($q=0$) erhalten wird, so daß der Algorithmus im ersten Durchlauf erst m und n miteinander vertauscht.

Stattdessen könnten wir einen Schritt E0 dem Algorithmus voranstellen, der die Ordnung sicherstellt:

E0 (Stelle sicher, daß $m > n$):
Wenn $m < n$, vertausche m und n: $m \leftrightarrow n$.

Es folgt der zweite Durchlauf:

(2) E1: $\frac{544}{119} = 4\,\frac{68}{119} \curvearrowright r = 68 \neq 0;$

E2: wirkt wiederum nicht, da $r \neq 0$;

E3: $m \leftarrow 119$, $n \leftarrow 68$ $(=r)$;

und entsprechend die folgenden Zyklen:

(3) 3. Durchlauf:

$$\frac{119}{68} = 1\,\frac{51}{68} \curvearrowright r = 51 \neq 0$$

$$\curvearrowright \quad m \leftarrow 68, \; n \leftarrow 51$$

(4) 4. Durchlauf:

$$\frac{68}{51} = 1\,\frac{17}{51} \curvearrowright r = 17 \neq 0,$$

$$\curvearrowright \quad m \leftarrow 51, \; n \leftarrow 17$$

(5) 5. Durchlauf:

$$m = 51, \; n = 17 \curvearrowright \frac{51}{17} = 3 \curvearrowright r = 0$$

GGT(119, 544) = 17

Tabelle 2.1					
Beispiel zum Euklid-Algorithmus: GGT (119, 544)					
	Durchlauf				
	(1)	(2)	(3)	(4)	(5)
m	119	544	119	68	51
n	544	119	68	51	17
E 1 Division	$\frac{118}{544}$	$4\ \frac{68}{119}$	$1\ \frac{51}{68}$	$1\ \frac{17}{51}$	3
q	0	4	1	1	3
r	119	68	51	17	0
E_2	-	-	-	-	GGT = 17
E_3 m	544	119	68	51	
n	119	68	51	17	

2.2 Anforderungen an einen Algorithmus

Wir können etwa so definieren:

Ein Algorithmus ist eine Prozedur (Prozedur = Verfahrens-, Berechnungs-Vorschrift), die aus einer endlichen Menge eindeutiger Regeln besteht, welche eine endliche Aufeinanderfolge von Operationen spezifizieren, so daß die Lösung zu einem Problem (oder einer spezifischen Klasse von Problemen) daraus erzielt wird.

Wie die Formulierung des Euklid-Algorithmus zeigt, hat die moderne Bedeutung für Algorithmus eine ganz ähnliche Bedeutung wie Rezept, Methode, Technik, Prozedur, Ausführungsprozeß, Routine mit der Einschränkung, daß dem Wort noch eine gewisse verschiedene Qualität anhaftet, die wir versuchen wollen zu spezifizieren.

Außer daß ein Algorithmus eine endliche Menge von Vorschriften ist, die eine Folge oder Abfolge von Operationen zur Lösung eines spezifischen Problems ergeben, messen wir einem Algorithmus im wesentlichen 5 wichtige Charakteristika zu:

(1) Endlichkeit:

Ein Algorithmus muß immer nach einer endlichen Zahl von Schritten mit einer Lösung des Problems beendet sein.

Der Euklid-Algorithmus erfüllt diese Bedingung, denn nach dem Schritt E1 ist der Wert von r kleiner als n. Wenn also $r \neq 0$, so nimmt der aktuelle Wert von n bei jedem Durchlauf von E1 ab. Die abnehmende Folge positiver ganzer Zahlen muß schließlich bei Null enden. Somit wird E1 nur endlich oft ausgeführt für jeden ursprünglichen Wert n.

Eine Prozedur, die möglicherweise alle Charakteristiken eines Algorithmus hat ausgenommen die Endlichkeit, bezeichnen wir nicht mit Algorithmus, sondern besser als "Berechnungs-Methode". Die allgemeine Einschränkung der Definition durch die Endlichkeitsforderung ist in praxi nicht ausreichend, da die Zahl der Schritte zu groß sein kann.

(2) Definitheit/Bestimmtheit:

Jeder Schritt eines Algorithmus muß präzise definiert sein. Die Aktionen, die auszuführen sind, müssen exakt und unzweideutig für jeden möglichen Fall vollständig spezifiziert sein. Deshalb ist eine präzise Sprache notwendig. Um diese Schwierigkeiten zu bewältigen, sind Programmiersprachen oder Computersprachen formal definiert und entworfen: zur vollständigen, unzweideutigen Spezifikation von Algorithmen, in der jede Aussage eine ganz bestimmte Bedeutung hat. Die Formulierung einer Berechnungsmethode in einer Computersprache heißt: ein Programm.

(3) Eingabe (Input):

Ein Algorithmus hat entweder keine Eingabe oder aber eine bzw. mehrere Eingabe-Größen, die ihm vorgegeben werden, ehe der erste Durchlauf der Ausführung beginnt. Diese Eingabe besteht aus Untermengen spezifizierter Objektmengen.

Im Algorithmus E besteht die Eingabe aus 2 Größen, nämlich den beiden positiven ganzen Zahlen m und n, die beide aus der Menge positiver, ganzer Zahlen entnommen sind: $m,n \in \mathbb{N}$.

(4) Ausgabe (Output):

Ein Algorithmus liefert eine oder mehrere Ausgaben, d.h. Größen, die eine spezifische Beziehung zu den Eingabegrößen haben, die durch den Algorithmus hergestellt wird.

Der Algorithmus E hat eine Ausgabe: GGT. Im Schritt E2 wird das aktuelle n als der größte gemeinsame Teiler erhalten, der diese Relation zu den ursprünglichen Werten m und n, den Eingabegrößen, aufweist.

(5) Effektivität:

Von einem Algorithmus wird allgemein erwartet, daß er "effektiv" ist (Unterschied zu : effizient).

Das bedeutet, daß alle auszuführenden Operationen im Algorithmus hinreichend elementar sein müssen, daß sie - im Prinzip - exakt und in nur endlich langer Zeit (quasi mit Bleistift und Papier) ausgeführt werden könnten.

Der Algorithmus E benutzt nur die Division positiver ganzer Zahlen, die Abfrage einer ganzen Zahl auf Null und das Besetzen einer Variable mit dem Wert einer anderen.

Der Algorithmus wäre nicht effektiv, wenn die Variablen beliebige reelle Zahlen wären.

Ein weiteres Beispiel eines nicht-effektiven Schrittes in einer Prozedur wäre etwa das folgende: "Wenn 2 die größte ganze Zahl n ist, für die es eine Lösung der Gleichung

$$X^n + Y^n = Z^n$$

in positiven ganzen Zahlen X, Y, Z gibt, dann gehe zu Schritt E4."

Diese Vorschrift ist solange keine effektive Operation, bis es jemandem gelungen ist nachzuweisen, daß es einen Algorithmus gibt, der bestimmt, ob 2 die größte ganze Zahl mit der geforderten Eigenschaft ist oder nicht.

Wir wollen ein zusätzliches Charakteristikum fordern:

(6) Allgemeingültigkeit:

Es ist wünschenswert, daß ein Algorithmus nicht nur auf ein einziges Problem anwendbar ist, sondern auf jedes Mitglied einer ganzen Problemklasse. Diese Eigenschaft gewisser Allgemeinheit oder Allgemeingültigkeit ist sicherlich ein erstrebenswertes Attribut eines Algorithmus, wenn auch keine Notwendigkeit.

Obwohl das Konzept des Algorithmus heute sehr breit angelegt sein kann, beschränken wir uns stets auf die Form des Algorithmus, der zwecks Ausführung auf einem Rechner entworfen worden ist. Ein solcher Algorithmus muß also in Gestalt eines Computer-Programms realisierbar sein. Somit können im Prinzip im folgenden die beiden Begriffe alternativ verwendet werden /15, 16, 104/.

2.3 Leistungsmaße: Komplexität

Es gibt zahlreiche Probleme mit praktischen Anwendungen - vor allem auch auf dem Gebiet der Optimierung und des Scheduling, d.h. der optimalen Zuteilung endlicher Ressourcen wie Werkzeugmaschinen oder Computer-Ressourcen -, die im Prinzip lösbar sind, d.h. für die Programme geschrieben werden können im Sinne unserer algorithmischen Lösbarkeit, für die aber die Anforderungen an die Rechenzeit und den Speicherplatz viel zu groß sind, um den Programmen einen praktischen Nutzen zusprechen zu können. Deshalb müssen wir in der Praxis die Forderung nach der Endlichkeit eines Algorithmus noch strenger fassen. Ein nützlicher Algorithmus sollte nicht nur eine endliche Zahl von Schritten benötigen, sondern eine "sehr endliche" Zahl, d.h. eine im Hinblick auf die Rechengeschwindigkeit eines Computers "vernünftige" Zahl von Schritten.

In der Praxis wünschen wir deshalb nicht nur Algorithmen überhaupt, sondern wir wollen "gute" Algorithmen in einem für den Augenblick noch recht locker verstandenen, mehr philosophischen oder gar ästhetischen Sinn, und wir wollen beweisen können, daß ein Algorithmus "gut" ist. Ein Kriterium für die Güte eines Algorithmus ist sicher die Zeitdauer, die der Algorithmus zur Ausführung braucht, d.h. die Anzahl der Zeitschritte. Andere Kriterien können in der Praxis die Anpassungsfähigkeit von Algorithmen an reale Computer oder, mehr in theoretischer Hinsicht, die Einfachheit und Eleganz sein.

Meist existiert ein Problem in mehreren Fragestellungen, oft sogar in unendlich vielen Fragestellungen. Gelegentlich haben wir für dasselbe Problem mehrere Algorithmen zur

Verfügung. Es stellt sich deshalb die Frage nach der Analyse der Algorithmen hinsichtlich ihrer Leistungsfähigkeit.

Das heißt: Wir haben es mit Fragen der folgenden Art zu tun:

- Wie kann die Güte und Leistungsfähigkeit eines Algorithmus quantitativ - und das heißt letzten Endes: mathematisch - analysiert werden?

- Welche Kriterien lassen sich finden, um Algorithmen zu vergleichen und um zwischen verschiedenen Algorithmen für ein und dasselbe Problem zu wählen?

- Wie können gegebene Algorithmen - und somit auch schließlich Programme - verbessert werden?

- In welchem Sinne können Algorithmen als bestmögliche bewiesen werden?

- Wie nützlich sind die anerkanntermaßen notwendigen formalen Definitionen und theoretischen Ergebnisse letztendlich für die Praxis?

Diese Fragen umreißen grob das Gebiet der sog. Komplexitätstheorie der Algorithmen /15/. Mehlhorn hat die Aufgabe der Komplexitätstheorie so formuliert /113/: "Die grundlegende Fragestellung der Komplexitätstheorie lautet: Wie effizient kann ich mein Lieblingsproblem auf meiner Lieblingsmaschine lösen?"

Aus der praktischen Forderung nach quantitativer Bewertung von Algorithmen hat die Komplexitätstheorie, sieht man von dem teilweise sehr hohen Abstraktheitsgrad ab, beachtliche Ergebnisse geliefert, die nicht nur wissenschaftlich interessant, sondern ohne Zweifel von großer praktischer Bedeutung sind.

2.3.1 Komplexitätsmaße

Zur quantitativen Bewertung, und das heißt: Analyse, von Algorithmen dienen die Komplexitäts-Maße.

Es gibt im Prinzip zwei Arten von Komplexitätsmaßen:

1) statische Komplexitätsmaße:

Sie sind unabhängig von der Größe und den Charakteristika der Eingabedaten. Ein typisches statisches Maß ist die Länge des Programmes selbst, d. h. die Anzahl der im Programm aus der bestimmten Programmiersprache heraus enthaltenen Anweisungen und Zuweisungen usw.

Die Programmlänge ist in gewissem Sinne ein Maß für die Einfachheit und eventuell auch für die Eleganz eines Algorithmus (vgl. die Argumentation für APL!).

2) dynamische Komplexitätsmaße:

Dynamische Komplexitätsmaße liefern Aussagen über die Betriebsmittelanforderungen eines Algorithmus als Funktion der Charakteristika der Eingabedaten. Denn oft sind wir interessiert, ein Problem mit wachsenden Dimensionen zu lösen, d.h. wir interessieren uns dafür, wie stark die Zeit- und Speicheranforderungen mit der "Größe" eines Problems wachsen. Typische dynamische Maße sind daher die Ausführungszeit und der Speicherplatz, die ein Algorithmus verlangt. Dabei ist sehr oft die Zeit der wichtigere Faktor für die Beschränkung der Größe eines Problems, das mit einem Rechner gelöst werden soll. Dynamische Maße verlangen, daß wir die Eingabedaten für einen Algorithmus spezifizieren; daher bedingt sich Forderung (3) an einen Algorithmus.

Entsprechend der Wichtigkeit hinsichtlich der Abhängigkeit von der Problemgröße haben sich Zeit und Speicherplatz in den Vordergrund geschoben; man spricht daher von

a) Zeitkomplexität,

b) (Speicher-)Platzkomplexität.

Diese Maße haben den Vorteil, daß sie sowohl realistisch als auch für den theoretischen Zugang geeignet sind.

Es gibt mehrere Aspekte solch eines Zeit-Kriteriums. So kann man interessiert sein an den Ausführungszeiten, die von verschiedenen Algorithmen für die Lösung eines Problems auf einem ganz bestimmten Rechner verbraucht werden. Ein solches empirisches Maß hängt jedoch stark von dem Programm und der Maschine ab, die zur Implementierung verwendet werden. So mag eine Änderung in einem Programm nicht einen signifikanten Eingriff in den Algorithmus bedeuten; nichtsdestoweniger kann die Geschwindigkeit der Ausführung erheblich beeinflußt werden. Wenn zwei Programme zuerst auf dem einen Rechner, sodann auf einem anderen verglichen werden, können die Vergleichsmessungen zu unterschiedlichen Schlußfolgerungen führen. Somit stellt der Vergleich realer Programme auf realen Rechnern zwar eine für die praktische Entscheidung sehr wichtige Informationsquelle dar; es ist jedoch zu berücksichtigen, daß die Resultate ganz unvermeidlich durch die Maschinen-Charakteristika einerseits und durch die Kunst und Geschicklichkeit des Programmierers andererseits beeinflußt sind.

Eine nützliche Alternative bzw. notwendige Ergänzung zu den empirischen Untersuchungen von Programmen ist die mathematische Analyse der einer Problemlösung inhärenten Schwierigkeit, soweit die Behandlung mit Computer-Programmen bzw. Algorithmen tangiert ist. Eine solche grundsätzliche Analyse liefert das wichtige Instrument, um die Kosten, d.h. die Anforderungen an Ressourcen, für die Ausführung eines Algorithmus zu bestimmen. Da Algorithmen, die sich für ganze Problemklassen eignen, von allgemeinerem Interesse sind, muß eine Möglichkeit gefunden werden, wie die Problemklasse charakterisiert werden kann, insbesondere hinsichtlich ihrer quantitativen Anforderungen bzgl. Laufzeit und Speicher, die ja von Problem zu Problem und von Algorithmus zu Algorithmus variieren werden.

Betrachten wir beispielsweise die folgenden Klassen von Problemen:

(1) Finde die größte aus einer Menge ganzer Zahlen:
$\text{Max}\ (m_i,\ 1 \leq i \leq n)$.

(2) Löse das System linearer algebraischer Gleichungen $Ax = b$, wobei A eine (nxn)-Matrix reeller Zahlen und b ein reeller Vektor der Länge n ist.

(3) Sortiere die Elemente eines eindimensionalen Feldes W von n verschiedenen ganzen Zahlen in fallender Reihenfolge.

(4) Berechne das Polynom n-ten Grades:

$$P_n(x) = \sum_{k=0}^{n} a_k x^k \quad \text{im Punkt } x = x_0.$$

In jedem dieser Probleme liefert n als Parameter ein Maß für die Problemgröße in dem Sinne, daß die Zeit und der Speicherplatz mit wachsendem n ebenfalls anwachsen.

2.3.2 Problemgröße

Das Ziel der Algorithmen-Analyse muß natürlich sein, ein Arbeitsmaß zur Verfügung zu haben, das uns Aussagen über die Effizienz eines Algorithmus (und der Methode, die der Algorithmus benutzt) liefert, ohne daß die Aussagen überhaupt oder in undefinierter Weise von dem speziellen Rechner, der Programmiersprache oder gar dem Programmierer abhängen. Auf jeden Fall müssen wir einem Problem eine "Größe" zuordnen, um die Komplexität eines Algorithmus behandeln zu können. Wir streben an, einem Problem eine ganze Zahl zuzuordnen, die ein Maß für die Größe und den Umfang der Eingabedaten darstellt.

Beispielsweise können wir die Größe des Problems der Matrixmultiplikation

$$C = A \cdot B$$

durch die größte Dimension der Matrizen A, B, C charakterisieren. Haben also die Matrizen die Dimensionen

$$A = (m \times n)$$

$$B = (n \times r)$$

also: $C = (m \times r)$,

wobei $r \gg m$ und $r \gg n$ sei, so wäre die Problemgröße charakterisiert durch die ganze Zahl r.

In einem Graphenproblem wäre die Größe des Problems etwa durch die Zahl der Kanten zu definieren.

2.3.3 Verhalten im Mittel und schlechtesten Fall

Das Verhalten im Grenzfall, wenn die Problemgröße über Grenzen wächst, wird entsprechend beschrieben durch die

a) asymptotische Zeit-Komplexität

b) asymptotische Speicherplatz-Komplexität.

Es ist oft die asymptotische Komplexität eines Algorithmus, die letztendlich die Größe eines Problemes festlegt, die noch eine Lösung mit einem bestimmten Algorithmus ermöglicht.

Terminologie:

Wenn ein Algorithmus Eingabedaten der Größe n in einer Zeit $c.n^2$ verarbeitet, wobei $c > 0$ eine charakteristische Konstante sei, dann sagen wir: die Zeit-Komplexität dieses Algorithmus ist "von der Ordnung n^2":

$$T(A;n) \equiv T(A) \equiv T_A(n) = O(n^2)$$

Genauer heißt eine Funktion $g(n) \geqslant 0$ mit $n \in \mathbb{N}$:

$$g(n) = O(f(n)),$$

wenn eine Konstante $c > 0$ existiert, so daß

$$g(n) \leqslant c \cdot f(n)$$

für alle Werte von n (bzw. bis auf endlich viele Werte von n; d.h. oft: $n \geqslant n_o$).

O-Notation:

(1) $f(n) = O(f(n))$

(2) $c \,.\, O(f(n)) = O(f(n)),\ c = \text{const.}$

(3) $O(f(n)) + O(f(n)) = O(f(n))$

(4) $O(O(f(n))) = O(f(n))$

(5) $O(f(n)) \,.\, O(g(n)) = O(f(n)g(n))$

(6) $O(f(n)g(n)) = f(n) \,.\, O(g(n))$

Also beispielsweise:

$$\sum_{i=1}^{n} i^2 = \frac{1}{3}n(n+\frac{1}{2})\,(n+1) = O(n^3)$$

oder stärker: $= \frac{1}{3}n^3 + O(n^2)$

Hierbei handelt es sich jedoch um "Einbahn"-Gleichungen, d.h. die Ordnungsrelationen sind nicht umkehrbar.

Zur Charakterisierung der Abhängigkeit von der Problemgröße bieten sich 2 Alternativen an:

1) Verhalten im Mittel ("average");

2) Verhalten im schlechtesten Fall ("worst case").

Das "Worst-Case"- Maß der Komplexität als Funktion der Problemgröße liefert dabei quasi eine Leistungsgarantie: Das Programm bzw. der Algorithmus wird stets nicht mehr Zeit oder Speicher fordern, als durch die Grenze angegeben ist. Für manche Algorithmen kann eine "Worst-Case"-Grenze überpessimistisch sein. So hat sich gezeigt, daß der sog. Simplex-Algorithmus der Linearen Optimierung (Dantzig 1963), der eine exponentielle "Worst-Case"-Schranke für die Zeitkomplexität aufweist, bei realen Problemen viel schneller zu sein scheint, als die exponentielle Vorgabe aussagt.

In solchen Fällen kann eventuell das Verhalten im Mittel realistischere Aussagen bieten. So hat Knuth darauf hingewiesen, daß für gewisse Problembereiche wie Sortieren und Suchen das Verhalten im Mittel realistischer ist als das Verhalten im "schlechtesten Fall". Dieser Zugang hat allerdings seine Probleme:

- Welches Wahrscheinlichkeitsmaß kann und darf man zur Ausführung der Mittelung wählen?
- Wie steht es mit Unabhängigkeitsannahmen über die Verteilung der Eingabedaten?

Mit dem Maß für das Verhalten im Mittel geht man darüber hinaus das Risiko ein, von einem zwar selten auftretenden, für die Laufzeit aber sehr schlechten Satz von Eingabedaten überrascht zu werden. Formal können wir beide Komplexitätsmaße etwa folgendermaßen fassen, wenn wir dazu definieren:

- Es sei Ω die Menge aller möglichen Eingabedaten ($w_1, w_2, \ldots$).
- Es sei $w \in \Omega$
- Es sei $T(A;w)$ der Rechenzeitverbrauch für den Algorithmus A bei der Fragestellung $w \in \Omega$
- Der Fragestellung w messen wir die natürliche Zahl $g(w)$ als "Problemgröße" zu; es sei definiert $\Omega^*: w \in \Omega$, wobei $g(w) = n$.

a) Zeitkomplexität im schlechtesten Fall:

$$T^{(SF)}(A;n) = \sup_{\Omega^*} \{T(A;w);\ w \in \Omega \text{ und } g(w) = n\}$$

b) Komplexität im Mittel:

$$T^{(M)}(A;n) = E\{T(A;w) \mid w \in \Omega \text{ und } g(w) = n\}$$

wobei E den Erwartungswertoperator (über der bedingten Verteilung $W(w \mid g(w) = n)$) darstellen soll, wobei die soeben angesprochene Problematik des Wahrscheinlichkeitsmaßes W(w) zum Tragen kommt.

Als Beispiel betrachten wir die Zeikomplexität des Euklid-Algorithmus "im Mittel". Angenommen der Wert von n im Algorithmus E sei bekannt und fest, aber m dürfe über alle natürlichen Zahlen gehen. Dann stellen wir die Frage: Was ist die mittlere Zahl $T^{(M)}(n)$ der Durchgänge des Algorithmus durch die Stufe E1?

Zunächst müssen wir prüfen, ob diese Frage auch eine sinnvolle Antwort ermöglicht; denn schließlich müssen wir den Mittelwert über unendlich viele Möglichkeiten für m berechnen. Offensichtlich ist aber nach dem ersten Durchgang durch E1 nur der ganzzahlige Rest von m nach Division durch n relevant: r. Daher brauchen wir für die Bestimmung des Mittelwertes $T^{(M)}(n)$ den Algorithmus nur für m = 1, m = 2, ..., m = n zu analysieren, d.h. die Gesamtzahl der Durchgänge durch die Stufe E1 zu zählen und diese Zahl durch n zu teilen.

So ergibt sich für $T^{(M)}(5)$ beispielsweise:

m =	#(E1) =
1	2
2	3
3	4
4	3
5	1

also: $T^{(M)}(5) = \frac{13}{5} = 2.6$

Die wichtige Frage betrifft aber nun die Natur von $T^{(M)}(n)$, d.h. ihre funktionale Abhängigkeit von n.

Die Antwort auf diese Frage hat sich als ein extrem schwieriges, aber auch als ein faszinierendes mathematisches Problem herausgestellt, das wohl noch nicht ıllständig gelöst worden ist. Für große Werte von n wurde bewiesen:

$$T^{(M)}(E;n) \equiv T^{(M)}(n) = (\frac{12 \ln 2}{\pi^2}) \ln n = O(\ln n).$$

2.4 Rechnermodelle zur Komplexitätsanalyse

Wir konnten bezüglich der Komplexität bisher nur recht ungenau sein; denn was sollten wir eigentlich wirklich als Laufzeit oder Rechenzeit eines Algorithmus nehmen, wenn wir nichts über den Rechner sagen, mit dem wir das Problem zu lösen beabsichtigen? Zur genauen Analyse von Algorithmen und ihrer Komplexität ist es notwendig, ein Modell des Rechners zu spezifizieren, mit dem der Algorithmus ausgeführt werden soll. Es ist auch erforderlich festzulegen, was wir mit dem "fundamentalen Schritt" in der Berechnung definieren, um schließlich die Zahl dieser Schritte als Zeitkomplexität des Algorithmus auszuweisen. (Fundamental heißt hier: die Berechnung bestimmend!)

Es hat sich nun in der Theorie der Algorithmus-Analyse herausgestellt, daß es kein Berechnungsmodell gibt, das für alle Situationen geeignet ist. Eine der Schwierigkeiten liegt in der Rechnerwortgröße. Nimmt man beispielsweise an, daß ein Rechner eine ganze Zahl beliebiger Größe speichern kann, dann ließe sich im Prinzip auch ein ganzes Problem so kodieren, daß es als "ganze Zahl" in ein Wort paßt. Anderenfalls muß man die endliche Größe der Wortlänge l berücksichtigen und entsprechende Kostenfunktionen (logl) finden. Zwei Klassen von Rechnermodellen haben eine große Rolle in der Theorie gespielt:

1) die Turing-Maschinen;

2) die Register-Maschinen (RAM = Random Access Machine; RASP = Random Access Stored Program Machine).

(Siehe dazu z.B. /114/: W.J. Paul, Komplexitätstheorie, Teubner Studienbücher Informatik, 1978.)

2.4.1 Komplexitätszusammenhänge zwischen Turing- und Register-Maschinen

(1) Turing-Maschinen:

Die von Turing 1936 vorgeschlagene Maschine hat sehr einfache Struktur. Der Speicher wird durch ein oder mehrere Bänder realisiert, wobei jedes Band in Zellen unterteilt ist, die je eines einer endlichen Zahl von Symbolen (Alphabet) enthalten können, und über Lese- und Schreibkopf zugänglich ist. Dieses Modell der Turingmaschine ist für das Studium sehr schwieriger Berechnungsprobleme extrem nützlich.

Turing-Maschinen können die zweite große Klasse von Modellen simulieren: die Register-Maschinen.

(2) Register-Maschinen:

Die Register-Maschinen sind eine Abstraktion eines Digitalrechners, wie wir ihn heute als Mehrzweck-Rechner (General Purpose Computer) auf der Grundlage des von Neumann-Konzeptes (auf das wir nicht eingehen werden) kennen.

Der Speicher einer solchen Register-Maschine besteht aus einem Feld von Speicherzellen, die je eine ganze Zahl speichern können (u. U. eine beliebig große Zahl). Die Speicherzellen sind durchgängig numeriert; die Nummern entsprechen den Speicheradressen. Die Maschine verfügt über eine feste Zahl von Registern, die je eine ganze Zahl enthalten können. In einem Schritt kann die Maschine den Registerinhalt eines Registers auf eine Speicherzelle transferieren, deren Adresse in einem Register steht, oder umgekehrt.

Die Maschine kann in einem Schritt eine arithmetische Operation zwischen zwei Registerinhalten oder den Vergleich zwischen zwei Registerinhalten ausführen. Ein Programm einer festen endlichen Länge spezifiziert die Folge der durchzuführenden Operationen. Die Anfangskonfiguration des Speichers stellt die Eingabedaten dar. Die Endkonfiguration des Speichers stellt die Ausgabedaten dar. Die Eingabe stammt von Zellen eines Eingabebandes (Read-only), die Ausgabe wird auf Zellen eines Ausgabebandes geschrieben (Write-only). Das Programm einer RAM ist nicht im Speicher gespeichert. Das Programm einer RASP-Maschine wird am Anfang in den Speicher geholt.

Es stellt sich heraus, daß die Details einer Registermaschine relativ unwichtig für den Problemkreis der Komplexität sind: Die Laufzeiten (und Speicheranforderungen) unterscheiden sich lediglich durch einen konstanten Faktor. Es gilt für diese Symmetrie der hier nur grob zu umreißende Satz: SATZ (s. Aho, Hopcroft u. Ullman /15/, S. 16 bzw. 18)

(1) Für jedes RAM-Programm der Zeitkomplexität T(n) existiert eine Konstante k , so daß es ein äquivalentes RASP-Maschinen-Programm gibt mit der Zeit-Komplexität k . T(n).

(2) Entsprechend gibt es für jedes RASP-Programm der Komplexität T(n) eine Konstante k', so daß es ein RAM-Programm mit der Komplexität k' . T(n) gibt.

Wie schon erwähnt, können Registermaschinen durch Turingmaschinen simuliert werden. Der Komplexitäts-Zusammenhang zwischen Register- und Turing-Maschinen ist polynomiell.

Definition:

Wir sagen, daß der Zusammenhang zwischen zwei Funktionen $f_1(n)$ und $f_2(n)$ polynomiell ist, wenn es zwei Polynome $p_1(x)$ und $p_2(x)$ gibt, so daß für alle Werte von n gilt:

$$f_1(n) \leq p_1(f_2(n)),$$

$$f_2(n) \leq p_2(f_1(n)).$$

Beispiele:

1) $f_1(n) = 2n^2$; $f_2(n) = n^5$:

f_1 und f_2 sind polynomiell verbunden, denn mit

$$p_1(x) = 2x,\ p_2(x) = x^3$$

gilt:

$$f_1(n) = 2n^2 \leq p_1(f_2(n)) = 2n^5,$$

$$f_2(n) = n^5 \leq p_2(f_1(n)) = (2n^2)^3 = 8n^6$$

2) $f_1(n) = n^2$, $f_2(n) = 2^n$:

f_1 und f_2 sind nicht polynomiell verbunden, da es kein Polynom gibt, so daß für alle n

$$p(n^2) \geq 2^n.$$

Genauer gilt der folgende Satz für die Zeitkomplexitäten von Register- und Turing-Maschinen:

SATZ (vgl. Aho, Hopcroft and Ullman /15/, S. 31)

(1) Ist die Zeitkomplexität für ein Programm einer Turingmaschine gegeben durch T(n), so ist die Zeitkomplexität einer entsprechenden Register-Maschine durch ein Polynom in T(n) nach oben beschränkt.

(2) Register-Maschinen (unter logarithmischen Kostenfunktionen) und Mehrbänder-Turingmaschinen sind polynomiell verknüpfte Modelle.

An dieser Stelle sei darauf hingewiesen, daß sich logarithmische Kostenfunktionen in logarithmische Komplexitätsmaße einbringen lassen, welche die Arbeit für die Verarbeitung der Zahlen und Instruktionen endlicher Länge (l Bits $\rightarrow$ logl) berücksichtigen. Wir wollen logarithmische Kostenfunktionen hier nicht weiter betrachten.

Wichtig ist also, daß

1) die Algorithmen-Analyse auf der Grundlage der Komplexitätsmaße exakt und quantitativ möglich ist,

2) zwischen den Modellen allenfalls polynomielle Zusammenhänge zu befürchten sind.

2.4.2 Gap- und Speedup-Theorem

Zwei interessante Ergebnisse der Komplexitätstheorie sollten wenigstens nicht unerwähnt bleiben, selbst wenn sie hier nur schwer verständlich werden bzgl. der Wege und Beweise, die zu ihnen führten, und auch hinsichtlich ihrer praktischen Bedeutung bislang nicht zu bewerten sind.

Es handelt sich dabei um 1) das Lücken-Theorem (Gap Theorem), und 2) das Beschleunigungs-Theorem (Speed-Up Theorem; Blum 1967). (Siehe dazu /115/: M. Machtey and P. Young, An Introduction to the General Theory of Algorithms, North-Holland 1978).

Das Gap-Theorem besagt, daß es für bestimmte Funktionsklassen und Probleme zu jedem Komplexitätsmaß beliebig große Lücken ("gaps") gibt, so daß keine Komplexitätsfunktion in die Lücke mehr als nur endlich oft hineinreichen kann (also die Lücke nicht überdecken kann). In der Literatur findet sich hierzu die recht provozierende Interpretation des Satzes, daß nämlich von zwei gegebenen Rechnern, deren einer wesentlich schneller als der andere sein soll, der langsamere Rechner den schnelleren Rechner bei bestimmten Problemen und bestimmten Zeitgrenzen stets einholen kann.

Das Speedup-Theorem besagt, daß es bestimmte Probleme gibt, die keinen optimalen Algorithmus besitzen, oder in Umkehrung der Aussage: daß es bestimmte Probleme gibt, für die sich zu jedem Algorithmus A, der das Problem löst, ein Algorithmus B finden läßt, der das Problem ebenfalls löst und schneller als der Algorithmus A ist:

$$T(B;n) < T(A;n)$$

In der Mehlhornschen Formulierung lautet das Speedup-Theorem /113/:

Für jede Funktion $g : \mathbb{N} \rightarrow \mathbb{N}$ gibt es ein Problem π, so daß zu jedem Algorithmus A, der π löst, ein Algorithmus B für π existiert mit

$$g(T(B;n)) \leq T(A;n).$$

Beispiel: $g(m) = 2^m$, Algorithmen A, B, C, ... etc.:

$$T(B;n) \leq \log T(A;n)$$

$$T(C;n) \leq \log \log T(A;n) \text{ etc.}$$

Auch für das Speedup-Theorem läßt sich eine provozierende Interpretation geben: Für bestimmte Problemstellungen ist ein schneller Rechner nicht besser als ein langsamer, da sich die Maschinen-Geschwindigkeit stets durch einen schnelleren Algorithmus ausgleichen läßt.

Obwohl das Theorem kein natürliches Problem angibt, für das es gilt, könnte in diese Kategorie von Problemen die Multiplikation von Matrizen gehören; jedenfalls läßt sich hierfür eine entsprechende Entwicklung beobachten /116, 117/:

- klassisch: $T_A = O(n^3)$
- Strassen (1969): $T_B = O(n^{2.81})$
- Pan (1978): $T_C = O(n^{2.78})$.

Diese Reihe ist noch nicht zu Ende /118/; dabei ist die untere Grenze der Komplexität gegeben durch

$$T_{LB}(MM;n) = O(n^2).$$

Im allgemeinen kann man also die Komplexität eines Problems nur durch Angabe von Schranken eingrenzen: obere Schranken durch Angabe und Analyse eines Algorithmus, untere Schranken durch den Beweis, daß kein Algorithmus unterhalb existieren kann.

2.4.3 Problemklassifizierung durch Schranken

Über weite Strecken werden wir hier den Zugang zur Komplexität wesentlich pragmatischer suchen können. Allerdings kommt bei der schließlichen Zielsetzung, bei den parallelen Algorithmen, eine neue Qualität in Gestalt der $p > 1$ Prozessoren hinzu.

Die Existenz von Komplexitätsschranken für Algorithmen kann als Grundlage für die Klassifizierung der Probleme dienen. So hat Jakeman 1976 vorgeschlagen, auf diese Weise 4 verschiedene Klassen von Problemen zu identifizieren:

(I) Es gibt eine Klasse von Problemen, für die Komplexitäts-Schranken mit Hilfe bestimmter Sätze und Beweistechniken bestimmt werden können, ohne daß eine wirkliche Konstruktion eines Algorithmus für diese Probleme erforderlich (oder möglich) ist. Alle Beweise in einem solchen Fall sind somit nicht-konstruktiv und geben keine Aussage her, ob und wie eine algorithmische Lösung erhalten werden kann.

(II) In die zweite Klasse von Problemen gehören diejenigen, für die untere Schranken der Komplexität abgeleitet werden können, die aber von den verfügbaren Algorithmen nicht erreicht werden. Hierhin gehört beispielsweise die Matrixmultiplikation, für die die Minimalschranke $O(n^2)$ gilt, die schnellsten Algorithmen aber nur $O(n^{2.81})$ bzw. $O(n^{2.78})$ leisten können.

(III) In die dritte Kategorie gehören diejenigen Probleme, für die

- (i) untere Schranken der Komplexität bekannt sind und
- (ii) Algorithmen konstruiert werden können, die diese Grenzen erreichen, aber
- (iii) die konstruierbaren Algorithmen keine numerische Stabilität aufweisen.

(IV) In die vierte Kategorie schließlich fallen die Probleme, welche die Kriterien (i) und (ii) der dritten Kategorie ebenfalls erfüllen, für die aber numerisch stabile Algorithmen existieren.

In diese Kategorie gehört neben den zahlreichen allgemein verfügbaren numerischen Methoden, die stabil sind und die seit langem bekannten bzw. aufgestellten Schranken erreichen, als ein besonders hervorzuhebender Algorithmus die "Schnelle Fourier-Transformation" (FFT = Fast Fourier Transform) /58/.

Es bedarf keiner besonderen Betonung, daß sich die Komplexitätstheorie als geschlossene Disziplin der Informatik praktisch ausschließlich mit der Analyse der sog. sequentiellen Algorithmen befaßt hat; darauf beziehen sich ihre Aussagen und Ergebnisse. Die Analyse paralleler Algorithmen als noch jüngere Disziplin konnte bislang nur im Fahrwasser der sequentiellen Theorie und ad hoc ihre Ergebnisse erzielen, da ja auch nicht zuletzt die Grundlagen für die Rechnermodelle nicht geschlossen vorliegen.

2.5 Kategorien "guter" und "schlechter" Algorithmen

Man war infolge der ungeheuren technologischen Fortschritte auf dem Gebiet der Rechnersysteme und ihrer innerhalb kurzer Zeit drastisch gesteigerten Leistungsfähigkeit geneigt anzunehmen, daß die Wichtigkeit effizienter Algorithmen abnehmen würde, bis sie letztendlich ganz verschwinden werde. Jedoch erweist sich gerade das Gegenteil als richtig. Wie die Computer schneller werden, lernen wir, immer größere Probleme anzugehen; damit ist es aber gerade die Komplexität eines Algorithmus, die den Rechenzeitbedarf für ein Problem und damit schließlich die maximale Problemgröße bestimmt, die durch Erhöhung der Rechnergeschwindigkeit einer Lösung noch zugänglich ist.

In den Tabellen 2.2 und 2.3 sind unter der Annahme, daß der Computer für einen Schritt eines Algorithmus 1 µsec braucht, (1) die Zeitforderungen von Algorithmen unterschiedlichster Zeitkomplexitäten (von linearer Abhängigkeit bis zu exponentieller Gestalt) als Funktion der Problemgröße n aufgeführt, (2) für dieselben Komplexitätsklassen die maximalen Problemgrößen n_{max} angegeben, die bei Steigerungen der Rechnergeschwindigkeit um jeweils den Faktor 100 in einer definierten Zeit (1 sec) noch zugänglich sind.

Tabelle 2.2						
Rechenzeit in Abhängigkeit von Problemgröße und Komplexität (1 Zeitschritt = 10^{-6} sec ; a = Jahr, c = Jahrhundert)						
Komplexität T(n)	Problemgröße n					
	20	50	100	200	500	1000
$10^3 \cdot n$	0,02 sec	0,05 sec	0,1 sec	0,2 sec	0,5 sec	1 sec
$10^3 \cdot n \log n$	0,09 sec	0,3 sec	0,6 sec	1,5 sec	4,5 sec	10 sec
$10^2 \cdot n^2$	0,04 sec	0,25 sec	1 sec	4 sec	25 sec	2 min
$10 \cdot n^3$	0,08 sec	1,25 sec	10 sec	1,3 min	21 min	2,7 h
2^n	1 sec	35 a	$4 \cdot 10^{14}$ c			
3^n	58 min	$2 \cdot 10^8$ c				

Tabelle 2.3				
Maximale Problemgröße für verschiedene Prozessorleistungen und Komplexitätsklassen (für vorgegebene feste Rechenzeit: 1 sec)				
Komplexität T(n)	(relative) Prozessorleistung			
	1	10^2	10^4	10^8
$10^3 \cdot n$	10^3	10^5	10^7	10^{11}
$10^3 \cdot n \log n$	$1{,}4 \cdot 10^2$	$7{,}7 \cdot 10^3$	$5{,}2 \cdot 10^5$	$3{,}1 \cdot 10^9$
$10^2 \cdot n^2$	10^2	10^3	10^4	10^6
$10 \cdot n^3$	46	$2{,}1 \cdot 10^2$	10^3	$2{,}1 \cdot 10^4$
2^n	19	26	33	46
3^n	12	16	20	29

In der Tabelle 2.4 ist noch einmal für 5 Algorithmengruppen verschiedener Komplexität der Vergleich der maximalen Problemgrößen bei einer Geschwindigkeitserhöhung um den Faktor 10 im relativen Maßstab dargestellt.

Tabelle 2.4 Relativer Effekt der Erhöhung der Rechner-Geschwindigkeit um einen Faktor 10		
Komplexitäts-klasse $T(n)$	Max. Problemgröße vor dem Speed-up n_{max}	Max. Problemgröße nach dem Speed-up um den Faktor 10 $n'max$
n	n_1	$10 \cdot n_1$
$n \log n$	n_2	$\sim 10 \cdot n_2$
n^2	n_3	$3.16 \cdot n_3$
n^3	n_4	$2.15 \cdot n_4$
2^n	n_5	$n_5 + 3.3$

Diese Tabellen suggerieren eine fast natürliche Aufteilung in

1) "gute" Algorithmen mit einer polynomiellen Zeitkomplexität

und

2) "schlechte" Algorithmen mit nicht-polynomieller Komplexität.

Diese Unterscheidung wurde erst im Jahre 1965 von Edmonds /119/ herausgestellt. Die Unterscheidung in behandelbare ("tractable") und nichtbehandelbare ("intractable") Probleme ist unabhängig vom Maschinen-Modell (solange wir möglicherweise innerhalb derselben Architekturklasse von (sequentiellen) Rechnern bleiben). Es ist eine wichtige Aufgabe der Komplexitätstheorie, zu identifizieren, welche natürlichen Probleme in welche Kategorie gehören und damit "lösbar" bzw. "unlösbar" sind.

Die Grundsatzdiskussion über die beiden Klassen

P = Probleme mit polynomieller Komplexität

und

NP = Probleme mit nicht-polynomieller Komplexität

ist bei weitem noch nicht zu Ende. Insbesondere ist die Frage

P = NP ?

noch nicht beantwortbar.

Aus den Tabellen läßt sich aber ein zwingender Schluß ziehen: Ein besserer Algorithmus ist allemal besser als eine Leistungserhöhung eines Rechners. Allerdings gilt dieser Schluß nur mit der Einschränkung, daß wir die Architekturklasse nicht verlassen; denn für die veränderten Operationsprinzipien anderer Architekturen gelten andere Algorithmen. Es gibt aber Grenzen der Effizienz der Algorithmen, die durch untere Grenzen der Zeitkomplexität gegeben sind. So läßt sich die Multiplikation von (nxn)-Matrizen

$$C = A \cdot B$$

mit Algorithmen auf seriellen Maschinen sicher nicht unter die Grenze $O(n^2)$ bringen, da allgemein C aus n^2 Elementen besteht, die alle bestimmt werden müssen.

2.5.1 Erfolge des Algorithmen-Design

Während auf der einen Seite in den letzten Jahren manche "negativen" Ergebnisse bzgl. der Möglichkeit, bessere Algorithmen für bestimmte Probleme entwickeln zu können, gewonnen wurden, konnten auf der anderen Seite ganz entscheidende Fortschritte erzielt werden.

In Abb. 2.1 sind die Erfolge für 10 Probleme angegeben, für deren Lösung Algorithmen entwickelt werden konnten, deren Komplexität wesentlich reduziert ist /120/.

Es sind die folgenden Probleme (vgl. /120/):

(1) Diskrete Fourier-Transformation (DFT):

(Winograd, S.: Proc. Nat. Acad. Sci. USA 73 (1976), 1005-6)

(2) Matrix-Multiplikation (MM):

(Strassen, V.: Numer. Math. 13 (1969), 354-356; Pan, V. Ya.: IBM Research Report RC 7555, IBM Watson Research Center, Yorktown Heights, N.Y., 1979)

(3) Lineare Gleichungen (dünnbesetzte Matrizen, LEG):

(George, J.: Nested Dissection of a Regular Finite Element Mesh, SIAM J. Numer. Anal. 10 (1973), 345-363)

(4) Global Flow Analysis (GFA):

(Tarjan, R.E.: J. Comp. Syst. Sci. 9 (1974), 355)

(5) Pattern Matching on Strings (PM):

(McCreight, E.M.: J. ACM 23 (1976), 262)

(6) Strong Components (SC):

anwendbar auf irreduzierbare Blöcke in nicht-symmetrischen Matrizen
(Tarjan, R.E.: SIAM J. Comp. 1 (1972), 146-160)

(7) Planaritätsprüfung ("Planarity testing": PT):

(Booth and Lucker, J. Comp. System Sci. 13 (1976), 335)

(8) Maximum Network Flow (MNF):

klassisch: Ford u. Fulkerson (1962) Algorithmus bricht in "worst-case" nicht ab; bester Algorithmus: $O(n^3)$ von Karzanov
(Karzanov, A.V.: Sov. Math. Dokl. 15 (1974), 434)

(9) Graph Matching (GM):

(Even and Kariv: IEEE 16th Ann. Symp. Found. Comp. Sci., N.Y. 1975, 100-112)

(10) Set Union (SU):

(Tarjan, R.E.: J. ACM 22 (1975), 215-225)

Obwohl viele dieser Probleme aus der Kombinatorik und Graphentheorie kommen, haben sie doch große praktische Bedeutung gewonnen (FFT, maximaler Fluß durch ein Netz, lineare Gleichungen mit dünnbesetzter Matrix, usw.)

Viele Verbesserungen wurden erzielt durch Anwendung des Prinzips der Rekursion, das bei den effizienten Algorithmen - aber nicht nur dort - eine große Rolle spielt. Wir werden darauf noch zurückkommen.

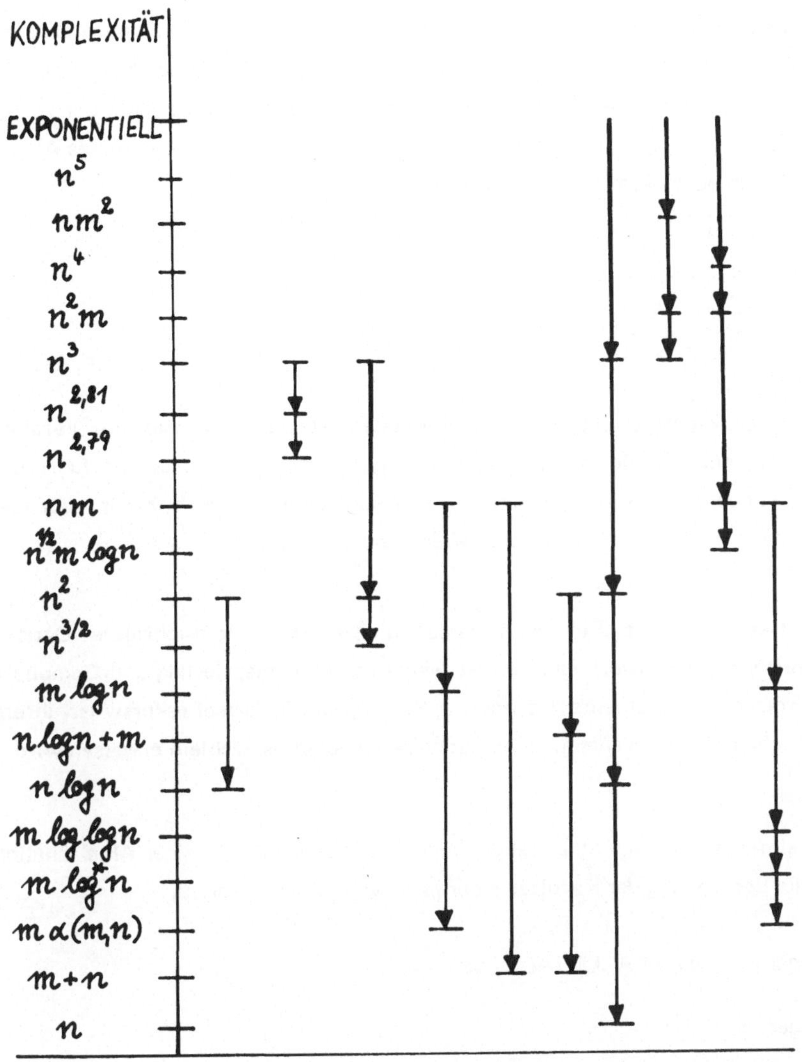

Abb. 2.1: Jüngere Erfolge bei sequentiellen kombinatorischen Algorithmen (nach Tarjan)

2.6 Konzepte für effiziente Algorithmen

Im folgenden wollen wir einige Entwurfskonzepte behandeln, die vielen effizienten seriellen Algorithmen gemeinsam sind, aber darüber hinaus auch für den Entwurf paralleler Algorithmen wichtig geworden sind. Es sind dies die Prinzipien der Rekursion, des "Divide et impera" (Teile und herrsche; engl.: divide and conquer), sowie des "Balancing", der Ausgewogenheit von Aufgaben und Teilaufgaben (eines Algorithmus), die im "Divide et impera" implizit enthalten ist.

2.6.1 Rekursion

Einer der wichtigen Aspekte der Rekursion ist die konzeptionelle Vereinfachung von Algorithmen, wie sie aus der Rekursivität resultieren kann. Dabei führt die Rekursion nicht notwendigerweise zu effizienteren Algorithmen. Eine Prozedur heißt rekursiv, wenn sie sich in direkter oder indirekter Weise selbst aufruft.

Die Benutzung der Rekursion gestattet oft eine durchsichtigere Darstellung eines Algorithmus, erschwert aber in der Regel die Implementierung und Compilation, da sich die Entscheidung, ob eine Prozedur, z. B. in Algol-60, formal rekursiv ist, ihrerseits als ein algorithmisch sehr wahrscheinlich nicht-behandelbares Problem erweisen wird.

Ein einfaches Beispiel eines rekursiven Algorithmus etwa in einer Algol-ähnlichen Sprache ist die Berechnung der Fakultät einer positiven ganzen Zahl: n!,

```
integer procedure FAKULTAET (n);

integer n;

if n ≤ 1  then FAKULTAET: = 1

          else FAKULTAET: = n * FAKULTAET (n-1);
```

Die Prozedur liefert rekursiv also die Übertragung der Formel:

$$n! = n \cdot (n-1)!$$

(1) Binäre Bäume

Bevor wir noch ein zweites Beispiel für ein rekursiv aufgebautes Programm behandeln, wollen wir einen kurzen Exkurs in die Definition und Darstellung von Baumstrukturen als spezielle Graphen machen.

(A) Definitionen (vgl. Abb. 2.2 und 2.3):

(i) Ein Graph $G = (V,E)$ besteht aus einer endlichen, nicht-leeren Menge von Knoten (Vertex, Vertices) V und einer Menge von Kanten (edge) E (Abb. 2.2a).

Wenn die Kanten geordnete Paare (v,w) von Knoten sind, dann heißt der Graph: gerichteter (directed) Graph (Abb. 2.2b).

(ii) Die Zahl der Knoten, die zu einem Knoten v benachbart sind: adjazent (adjacent), heißt der Grad von v (Abb. 2.2c).

(iii) Ein Pfad oder Weg (path) ist eine Folge von Kanten der Gestalt

$$(v_1, v_2), (v_2, v_3), \ldots\ldots, (v_{n-1}, v_n).$$

Ein Weg heißt einfach, wenn alle Knoten (evtl. mit Ausnahme des ersten und letzten Knotens) und alle Kanten verschieden sind (Abb. 2.2d).

(iv) Ein Kreis (cycle) ist ein einfacher Weg, der an demselben Knoten beginnt und endet (Abb. 2.2e): Zyklus.

(v) Ein Graph heißt zusammenhängend, wenn je 2 seiner Knoten durch einen Weg verbunden sind (Abb. 2.2f).

(vi) Ein gerichteter Graph ohne Kreise heißt gerichteter azyklischer Graph (Abb. 2.3a).

(vii) Ein (gerichteter) Baum (Wurzel-Baum) ist ein gerichteter azyklischer Graph mit den folgenden Eigenschaften (Abb. 2.3b):

a) Es gibt genau einen Knoten: die Wurzel (root), in die keine Kante hineingeht.

b) Jeder Knoten mit Ausnahme der Wurzel hat genau eine eingehende, d.h. auf den Knoten hinzeigende Kante (entering edge).

c) Es gibt einen eindeutigen Weg von der Wurzel zu jedem Knoten.

(viii) Ein gerichteter Graph, der aus einer Menge von Bäumen besteht, heißt: Wald (forest).

(ix) Es sei $F = (V,E)$ ein Wald.

Wenn $(v,w) \in E$, dann gilt (Abb. 2.3c):

v = Vater von w;

w = Sohn von v.

Wenn es einen Weg von v nach w gibt, so gilt:

v = Vorgänger (Vorfahre) von w;

w = Nachfolger (Nachfahre) von v.

Wenn $v \neq w$, so gilt:

v bzw. w ist echter Vorgänger (Vorfahre) bzw. Nachfolger (Nachfahre).

(x) Ein Knoten ohne echten Nachfahren (Nachfolger) heißt: Blatt (leaf).

(xi) Ein Knoten v und alle seine Nachfolger heißt Teilbaum von F (Abb. 2.3d).

(xii) Die Tiefe eines Knotens v in einem Baum ist die Länge des Weges von der Wurzel zu v (gemessen in der Zahl der Kanten).

(xiii) Die Höhe eines Knotens ist die Länge des längsten Weges von v bis zu einem Blatt.

(xiv) Das Niveau (level) eines Knotens v in einem Baum ist die Höhe des Baumes (= Höhe der Wurzel) minus der Tiefe des Knotens v.

Beispielsweise hat v in dem binären Baum B (Abb. 2.4a) die Tiefe 2, Höhe 0, Niveau 1.

(xv) Ein binärer Baum ist ein Baum, in dem die Söhne eines Knotens geordnet sind (Abb. 2.4b) als linker und rechter Sohn; jeder Knoten hat nicht mehr als einen linken und nicht mehr als einen rechten Sohn.

(xvi) Entsprechend sind linke bzw. rechte Teilbäume definiert.

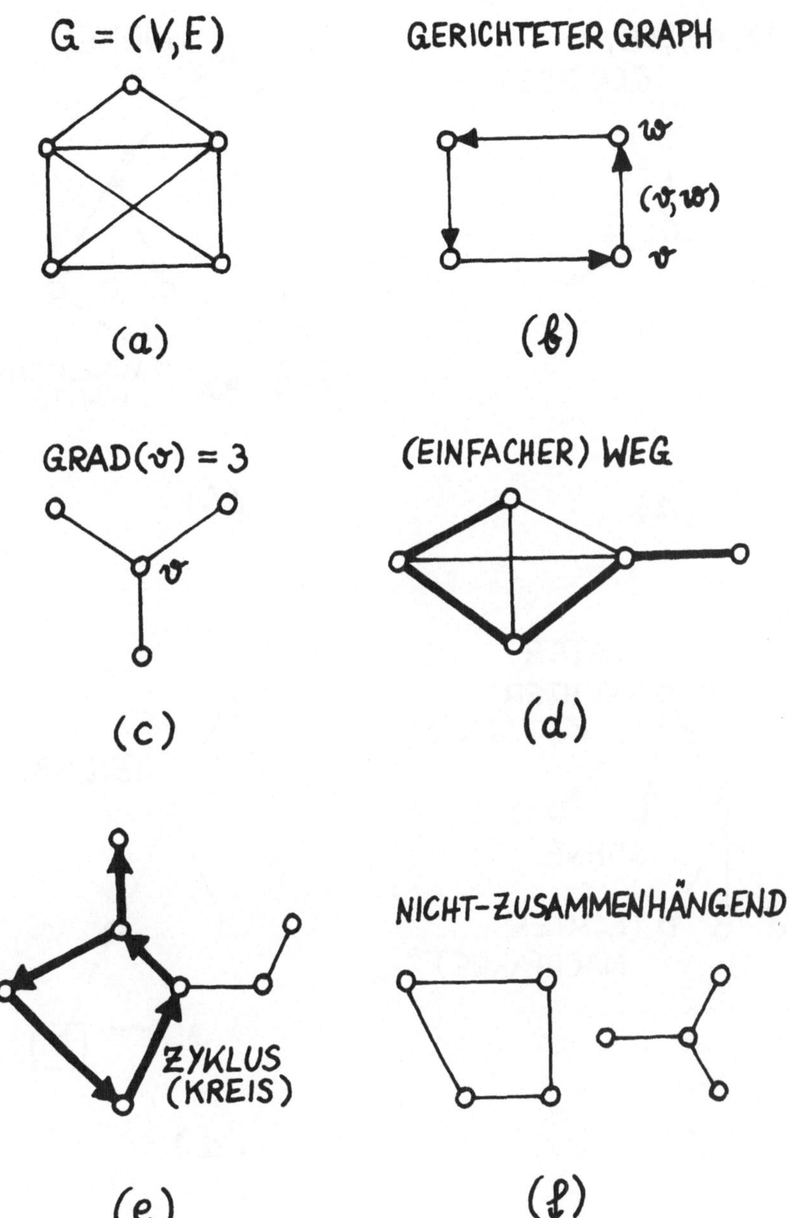

Abb. 2.2: Zur Definition von Graphen

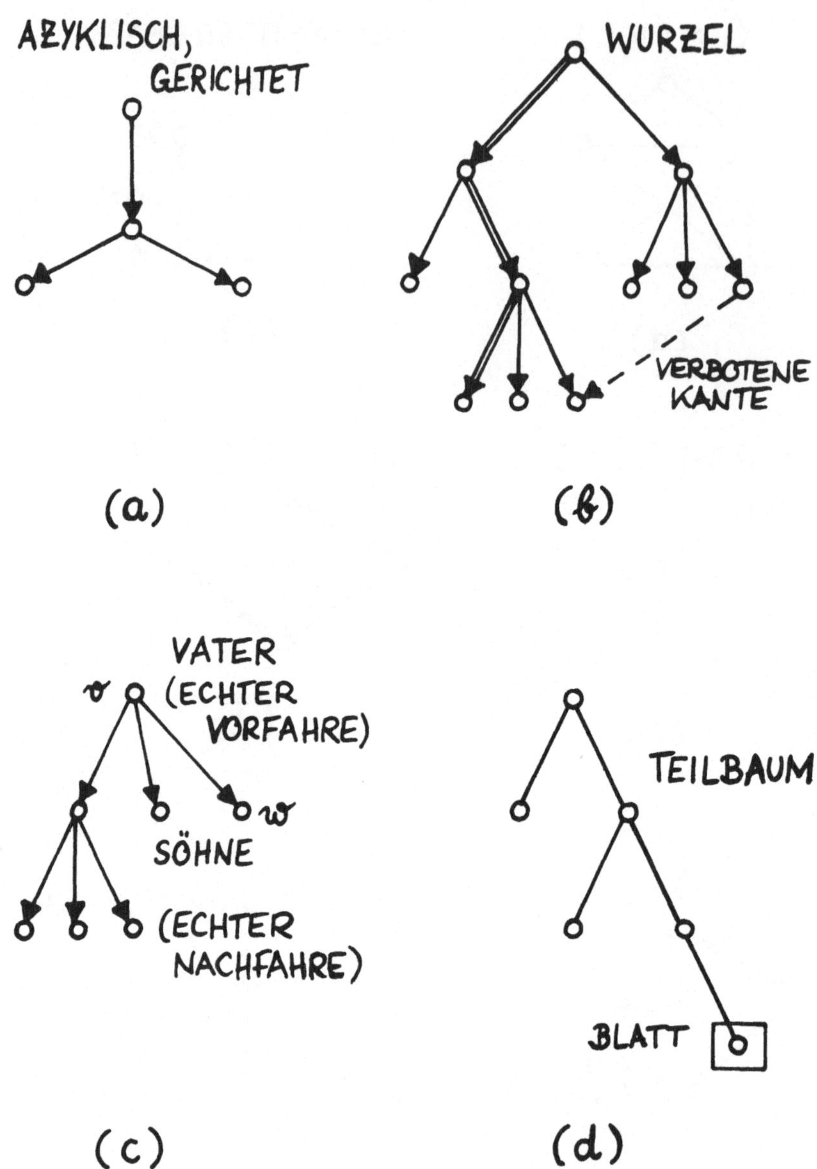

Abb. 2.3: Zur Definition von azyklischen gerichteten Graphen und von Bäumen

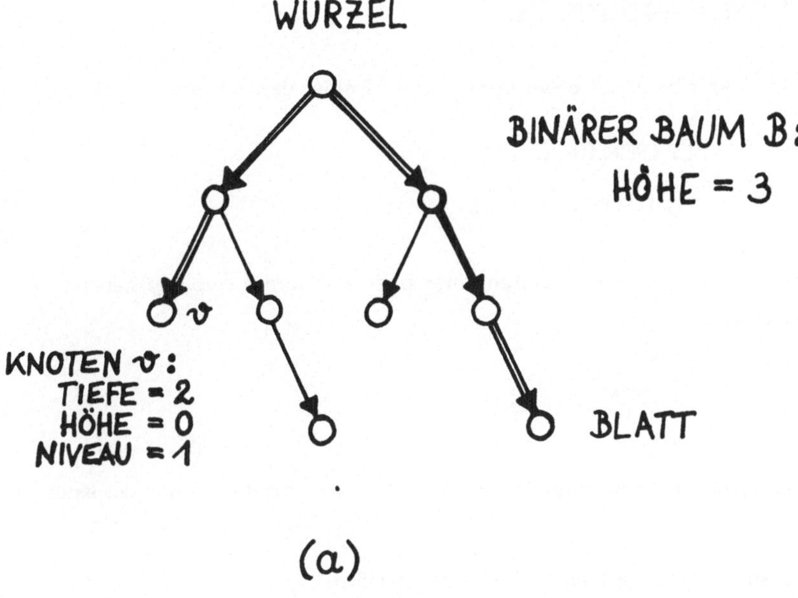

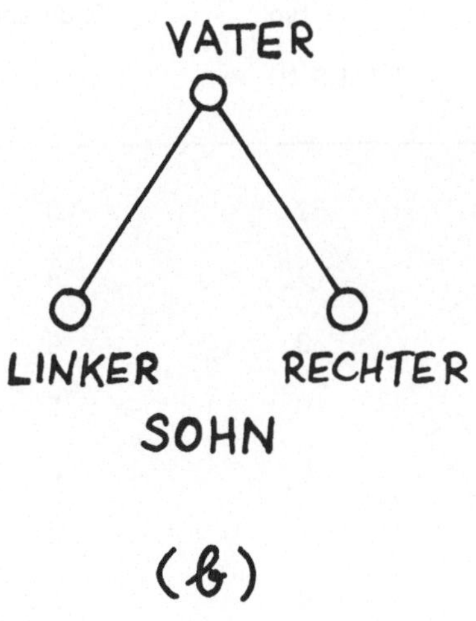

Abb. 2.4: Zur Definition binärer Bäume

(B) Darstellung binärer Bäume

Ein binärer Baum ist gewöhnlich durch 2 Felder dargestellt:

LEFTSON (i) = LS(i)

RIGHTSON(i) = RS(i)

Bezeichnen wir die n Knoten eines binären Baumes mit den ganzen Zahlen von 1 bis n, dann ist

LEFTSON (i) = j ; LS(i) = j

dann und nur dann, wenn der Knoten mit Index j der linke Sohn des Knotens mit Index i ist.

Entsprechendes gilt für RIGHTSON(i) = RS(i).

Ein Beispiel findet sich in Abb. 2.5 mit der Knotenordnung entsprechend der Liste.

Knoten i	Leftson LS (i)	Rightson RS (i)
1	2	6
2	3	4
3	0	0
4	0	5
5	0	0
6	7	8
7	0	0
8	0	9
9	0	0

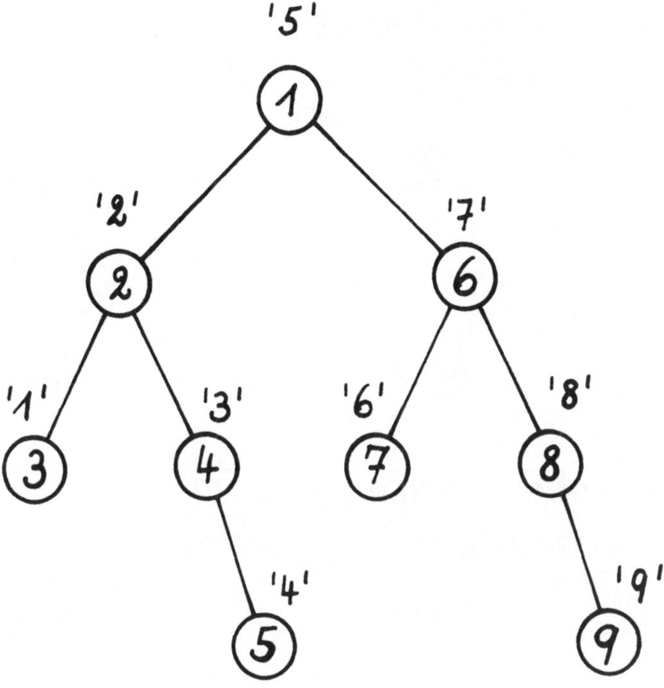

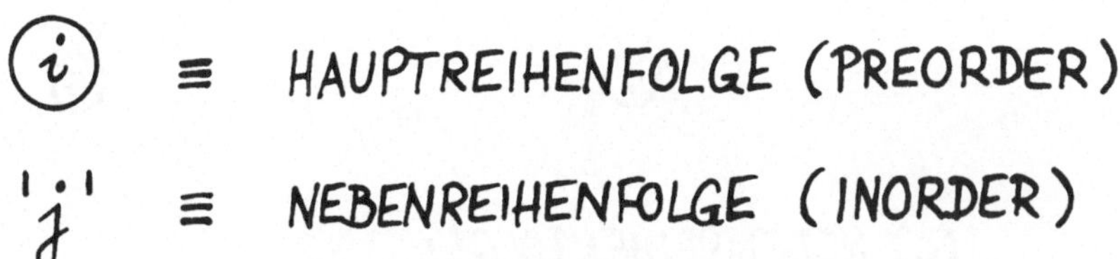

Abb. 2.5: Zur Darstellung binärer Bäume (Beispiel)

(C) Rekursiver Durchlauf binärer Bäume

Die systematische Abarbeitung von (binären) Bäumen (tree walking, tree traversal) durch Aufsuchen (visit) jedes Knotens kann auf verschiedene Weise geschehen. Jede Möglichkeit läßt sich rekursiv definieren.

Man unterscheidet gewöhnlich drei rekursive Möglichkeiten der Abarbeitung eines Baumes B, der die Wurzel r hat und dessen Söhne geordnet sind in v_1, v_2, ... v_k, $k \geq 0$. (Im Falle binärer Bäume ist k = 2 entsprechend LEFTSON- und RIGHTSON-Ordnung):

(I) Hauptreihenfolge (preorder):

1) Suche die Wurzel r auf und verarbeite sie.
2) Suche in Hauptreihenfolge die Teilbäume mit den Wurzeln v_1, v_2, ... , v_k in der vorgegebenen Ordnung auf.

Ein Beispiel ist in Abb. 2.6a angegeben.

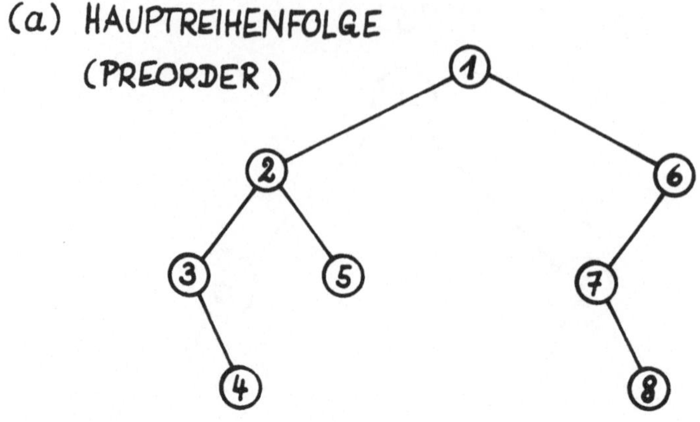

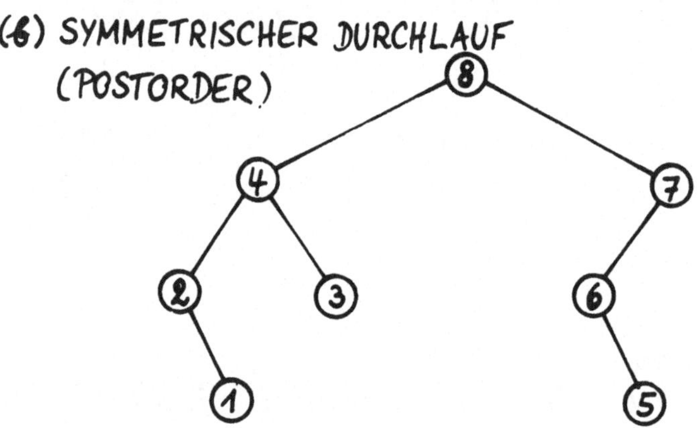

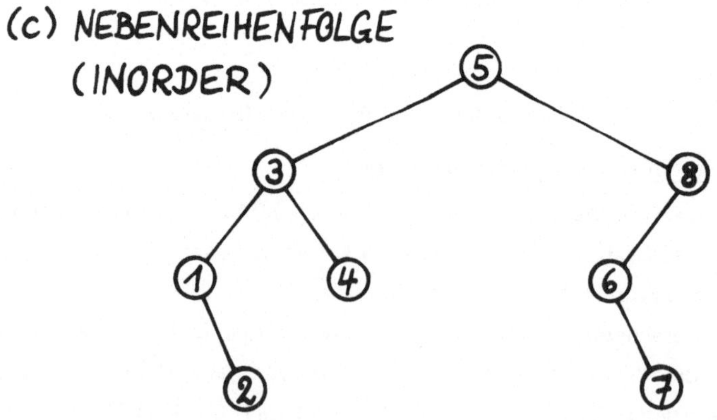

Abb. 2.6: Rekursive Durchlaufschemata für binäre Bäume

Es sei bemerkt, daß die Terminologie in der Literatur nicht eindeutig ist. Die Bezeichnungen folgen Aho, Hopcroft und Ullman /15/ mit den deutschen Übersetzungen von "preorder", "postorder" und "endorder = inorder" gemäß /121/.

(II) Symmetrischer Durchlauf (postorder):

1) Suche in symmetrischem Durchlauf die Teilbäume mit den Wurzeln $v_1, \ldots\ldots, v_k$ in der vorgegebenen Ordnung auf.

2) Suche die Wurzel r auf und verarbeite sie.

Ein entsprechendes Beispiel findet sich in Abb. 2.6b.

(III) Nebenreihenfolge (inorder):

1) Suche in Nebenreihenfolge den linken Teilbaum der Wurzel r auf (wenn er existiert).

2) Suche die Wurzel r auf und verarbeite sie.

3) Suche in Nebenreihenfolge den rechten Teilbaum der Wurzel r auf (wenn er existiert).

Ein so geordnetes Beispiel ist in Abb. 2.6c dargestellt. Die Nebenreihenfolge für den Baum in Abb. 2.5 ist durch Hochkomma gekennzeichnet.

(2) Rekursives Programm INORDER

a) Eingabe: Binärer Baum, dargestellt durch die beiden Felder LEFTSON und RIGHTSON: LS[i] und RS[i].

b) Ausgabe: Ein Feld NUMBER, so daß NUMBER[i] den Index liefert, der dem Knoten i entsprechend dem Abarbeitungsschema (III) gemäß "Inorder" zugeordnet wird.

c) Methode: Zusätzlich zu LEFTSON, RIGHTSON und NUMBER verwendet der Algorithmus eine globale Variable COUNT, welche den "Inorder"-

Index enthält, der dem Knoten zugewiesen werden soll. Der Anfangswert von COUNT ist 1. Der Parameter VERTEX enthält anfangs den Index des Wurzelknotens.

d) Der Algorithmus selbst lautet dann:

```
begin
    COUNT ← 1 ;
    INORDER (ROOT);
end
```

e) Die Prozedur INORDER hat die rekursive Gestalt:

```
procedure INORDER (VERTEX):
begin
      if LEFTSON[VERTEX] ≠ 0 then
         INORDER(LEFTSON[VERTEX]);
      NUMBER[VERTEX] ← COUNT ;
      COUNT ← COUNT + 1;
      if RIGHTSON[VERTEX] ≠ 0 then
         INORDER(RIGHTSON[VERTEX]) ;
end
```

Während die rekursive Form des Algorithmus zur Berechnung der Fakultät sehr durchsichtig war, erscheint die rekursive Form des Inorder-Durchlaufs durch den binären Baum zumindest hinsichtlich der Schachtelung infolge des Selbstaufrufes der Prozedur kompliziert.

Auf jeden Fall ist dieses Konzept der Rekursion nicht ohne weiteres von der seriellen Rechnerarchitektur auf Parallelprozessoren übertragbar; vielmehr erscheint es als ein originär sequentielles Konzept. Wir werden sehen, daß bei parallelen Algorithmen die Rekursion in etwas gewandelter Form und auf einer etwas höheren Ebene dennoch zum Tragen kommen kann.

(3) Berechnung der Zeit-Komplexität

Um die Zeitkomplexität rekursiver Algorithmen berechnen zu können, empfiehlt sich die Anwendung sog. rekurrenter Gleichungen, auf deren Lösung mit parallelen Algorithmen wir bei der Behandlung von Problemen der linearen Algebra noch zurückkommen werden.

Bei einem rekursiven Algorithmus ist mit der i-ten Stufe der Prozedur eine Funktion $T_i(n)$ verknüpft, die die Ausführungszeit bzw. die Zahl der notwendigen Schritte der i-ten Stufe als Funktion eines Parameters n beschreibt, der die Problemgröße kennzeichnet.

Für gewöhnlich kann man für $T_i(n)$ eine rekurrente Beziehung in den Ausdrücken für die Prozeduren angeben, die von der Prozedur-Stufe i aus aufgerufen werden. Das Gleichungssystem muß dann gelöst werden.

Oft ist nur eine Prozedur involviert, wie in unseren beiden Beispielen für die Fakultät und den Durchlauf. T(n) hängt dann nur von den Werten von T(m) ab für eine endliche Menge von $m < n$. Zur expliziten Berechnung solcher rekurrenter Gleichungen kann bzw. muß man sich eines zweiten wesentlichen Konzeptes für die Konstruktion von Algorithmen bedienen: des Konzeptes des "Teile und Herrsche" (Divide and Conquer).

2.6.2 'Teile und Herrsche'-Konzept

Ein weithin üblicher Zugang zur Lösung eines Problems ist die Zerlegung des Problems in kleinere Teilprobleme und die Suche nach Lösungen für die Teilprobleme mit anschließender Zusammensetzung der Teillösungen zur Gesamtlösung (vgl. Abb. 2.7).

Dieser Zugang - zumal wenn in rekursiver Form realisierbar - liefert sehr oft effiziente Lösungen zu Problemen, bei denen die Teilprobleme kleinere Versionen des Originalproblems sind /15/.

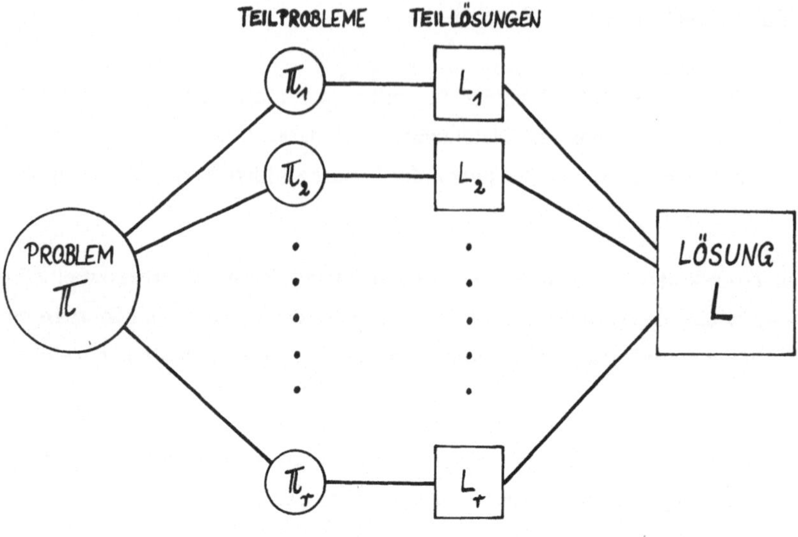

Abb. 2.7: Zum Prinzip "Teile und Herrsche"

(1) MAXMIN-Algorithmus

Es sei die Aufgabe gestellt, sowohl das Maximum als auch das Minimum in einer Menge S von n Elementen, z. B. ganzen Zahlen, zu finden. Der 'Teile-und-Herrsche'-Zugang zu diesem Problem wird die Menge S in zwei Teilmengen S_1 und S_2 aufteilen, jedes mit n/2 Elementen. Der Algorithmus wird dann das maximale und das minimale Element in jeder der beiden Hälften bestimmen, indem der Algorithmus rekursiv wiederholt angewendet wird. Aus den Maximum- und Minimum-Elementen von S_1 und S_2 kann das Maximum und das Minimum der Menge S selbst durch zwei weitere Vergleiche bestimmt werden.

Algorithmus:

a) Eingabe: Eine Menge S mit n Elementen wobei $n = 2^k$, $k \geq 1$.

b) Ausgabe: Maximum und Minimum der Elemente in S:(A,B)

c) Methode: Eine rekursive Prozedur MAXMIN wird auf S angewandt. MAXMIN hat 1 Argument, das eine Menge X mit $\|X\| = 2^r$, $r \geq 1$, ist. Die Prozedur gibt ein Paar (a,b) zurück: a = Maximum von X, b = Minimum von X.

d) Algorithmus:

```
        procedure MAXMIN(X):
(1)     if ||X|| = 2        then
            begin
(2)           let X = {a,b} ;
(3)           return (MAX (a,b), MIN (a,b))
            end
        else
            begin
(4)         zerlege X in 2 Teilmengen X1 und X2 mit je der Hälfte der Elemente
            von X;
(5)         (max1, min1) <- MAXMIN(X1);
(6)         (max2, min2) <- MAXMIN(X2);
(7)         return (MAX (max1, max2), (MIN (min1, min2))
            end
```

(2) Berechnung der Komplexität

Es sei T(n) die Zahl der Vergleiche zwischen Elementen von S, die die Prozedur MAXMIN erfordert, um das Maximum und das Minimum unter den n Elementen von S zu finden. (Die Vergleiche werden in den Schritten 3 und 7 durchgeführt).

Es ist jedenfalls:

$$T(2) = 1$$

Wenn $n > 2$, so ist T(n) die Gesamtzahl der Vergleiche, die in den Aufrufen von MAXMIN in den Schritten 5 und 6 bzgl. der Mengen der jeweils halben Größe angestellt werden sowie zusätzlich 2 Vergleiche im Schritt 7.

Daraus läßt sich die rekurrente Beziehung aufstellen:

$$T(n) = \begin{cases} 1 & \text{für } n = 2, \\ 2T(\frac{n}{2}) + 2 & \text{für } n > 2. \end{cases}$$

Diese Relation wird gelöst durch die Funktion

$$T(n) = \frac{3}{2}n - 2,$$

denn sie löst die rekurrente Gleichung für n = 2:

$$T(2) = 1.$$

Wenn wir annehmen, daß sie die Relation für $n = m$ erfüllt, mit $m \geq 2$, dann ist für $m' = 2m$:

$$T(2m) = 2\,(\frac{3m}{2} - 2) + 2 = \frac{3}{2}\,(2m) - 2,$$

das liefert aber den Induktionsschluß für die Lösung, wenn n eine Potenz von 2 ist.

Hätten wir zur Bestimmung des Maximal- und Minimal-Elementes von S den offensichtlichsten Weg gewählt, so wären wir so vorgegangen:

a) Bestimmung des Maximalelements in den n Elementen von S durch sequentielles Vergleichen:

```
begin
      MAX ← irgendein Element aus S;
      for {alle anderen Elemente X in S} do
            if X > MAX then MAX ← X
end
```

Das verlangt n-1 Vergleiche.

b) In ähnlicher Weise: anschließende Bestimmung des Minimalelementes der verbleibenden n-1 Elemente. Dieser Schritt verlangt n-2 Vergleiche.

Insgesamt sind also 2n-3 Vergleiche notwendig.

Demgegenüber benötigt aber der "Divide-and-Conquer"-Algorithmus nur

$$T(n) = \frac{3}{2}n-2.$$

Es läßt sich zusätzlich zeigen, daß auf jeden Fall $\frac{3}{2}n-2$ Vergleiche für das Problem notwendig sind; T(n) liefert also die untere Schranke. Somit ist der Algorithmus optimal bzgl. der Vergleiche.

Während in dem behandelten Problem das 'Divide-and-Conquer'-Prinzip die Komplexität nicht in der Ordnung reduzieren konnte, sondern den Aufwand um einen konstanten Faktor ($\sim\frac{3}{4}$) minderte, gibt es Probleme, bei denen die Ordnung reduziert wird.

Ein Beispiel ist die Multiplikation von zwei n-Bit-Zahlen:

a) Die traditionelle Methode erfordert $O(n^2)$ Bit-Operationen.

b) Die Methode auf der Grundlage des "Divide-and-Conquer" erfordert

$$O(n^{\log 3}) \simeq O(n^{1.59})$$

Bit-Operationen (vgl. Aho, Hopcroft and Ullman /15/, S. 62).

(3) Allgemeine Rekurrenz

Die Zeitkomplexität von Algorithmen, die nach dem "Teile-und-Herrsche"-Konzept entwickelt werden können, läßt sich durch rekurrente Gleichungen beschreiben, in die der Aufwand für die Teilprobleme eingeht sowie ggf. ein Anteil, der der akuten Problemgröße proportional ist. Wir wollen deshalb die Lösung einer allgemeineren Beziehung betrachten:

$$T(n) = \begin{cases} b & \text{für } n = 1 \\ aT(\frac{n}{c}) + bn & \text{für } n > 1. \end{cases}$$

SATZ: Es seien a, b und c nicht-negative Konstante.
Die Lösung der rekurrenten Gleichung

$$T(n) = \begin{cases} b & \text{für } n = 1, \\ aT(\frac{n}{c}) + bn & \text{für } n > 1. \end{cases}$$

ist für $n = c^k$ gegeben durch

$$T(n) = \begin{cases} O(n), & \text{wenn } a < c, \\ O(n\log n), & \text{wenn } a = c, \\ O(n^{\log_c a}), & \text{wenn } a > c. \end{cases}$$

Aus diesem Satz sehen wir, daß die Zerlegung eines Problems in zwei Teilprobleme der halben Größe, d.h. a = c = 2, in einem Algorithmus A resultiert, der die Zeitkomplexität hat:

$$T(A;n) = O(n\log n)$$

Wir erkennen daraus, daß der Erfolg des "Divide-and-Conquer" kein Zufall war. Eine Grundregel zu gutem Algorithmen-Entwurf ist die Gewährleistung einer gewissen Ausgewogenheit. Das zeigt sich auch bei den erfolgreichen Sortier-Algorithmen.

3. Elemente paralleler Algorithmen

3.1 Prozessor-Voraussetzungen

Da wir die Betrachtungen über parallele Algorithmen weitgehend losgelöst von derzeitigen Realisierungen der Vektor/Pipeline-Prozessoren anstellen wollen, um die Möglichkeiten von originären parallelen Algorithmen für echt parallel arbeitende p-Prozessor-Systeme zu analysieren, legen wir den Betrachtungen einen gewissermaßen hypothetischen Rechner zugrunde; dabei sollen die Überlegungen insbesondere hinsichtlich der Kommunikation zwischen den Prozessoren und zwischen Prozessoren und Speichereinheiten später berücksichtigt werden (vgl. Kap. 7 und /17, 18/).

Der hypothetische Parallelprozessor soll die folgenden Eigenschaften haben:

(I) Die mit dem Prozessorsystem zu behandelnden Probleme lassen sich darstellen als parallel oder sequentiell zu verarbeitende Mengen von binären Operationen (die auf jeweils 2 Operanden wirken).

Die Menge B der erlaubten Operationen sei

$$B := \{ +, -, *, / \} .$$

(Dabei ist zugelassen, daß '+' dem logischen 'ODER' und '*' dem logischen 'UND' entsprechen können, wenn die Operanden logische Variablen statt arithmetische Variablen sind.)

(II) Jeder einzelne der (p) Prozessoren des Parallelprozessors kann zu jedem Zeitpunkt eine der Operationen aus B ausführen.

(III) Verschiedene Prozessoren des Systems können zu jedem Zeitpunkt verschiedene Operationen aus B ausführen.

(IV) Für die Ausführung jeder Operation aus B wird genau eine Zeiteinheit (Zeitschritt) benötigt.

- Datentransfer (E/A usw.),
- Speicherung,
- An- und Umordnung der Daten,
- Steuerung der Prozessoren u.a.,

sollen keine Zeit beanspruchen. Zugriffskonflikte auf Speichereinheiten und Prozessoren sollen nicht auftreten.

(VI) Das Parallelprozessorsystem enthalte p individuelle 'parallele' Prozessoren, wobei p je nach Situation als beliebig (unbegrenzter Parallelismus) oder fest vorgegeben vorausgesetzt wird.

Mit gewissen Einschränkungen kommt diesem hypothetischen System der Begriff "Paracomputer" bzw. "Ultracomputer" von Schwartz nahe /14/.

3.2 Parallele Zeitkomplexität: Definitionen

Auf der Grundlage des hypothetischen Parallelprozessorsystems wollen wir nicht abstrakte Komplexitätstheorie betreiben, sondern pragmatisch vorgehen, indem wir für die zu diskutierenden Probleme jeweils die Anzahl der Zeitschritte bestimmen - wenigstens der Ordnung nach -, die ein Algorithmus A_p, der für ein System aus p Prozessoren entwickelt wurde, tatsächlich bzw. in den Grenzfällen benötigt /19/.

(I) p sei die Anzahl Prozessoren im zugrundegelegten Parallelprozessor.

(II) T_p sei die Zeitkomplexität eines parallelen Algorithmus für das p-Prozessor-System, d.h. die Anzahl der Zeitschritte.

(III) T_1 ist dementsprechend die Zeitkomplexität, die derselbe oder in entsprechender (d.h. das Problem lösender, ggf. dieselbe Methode benutzender) Algorithmus auf einem seriellen Rechner (mit einem Prozessor entsprechend angepaßter Leistung) benötigt.

Als Schreibweise wird auch gelegentlich

$$T_p(A) \text{ bzw. } T_p(n) \text{ bzw. } T_p(A;n)$$

verwendet.

(IV) Dabei ist n das bei seriellen Algorithmen diskutierte Maß für die "Problem-Größe".

(V) Bei Parallelprozessoren kann es durchaus sinnvoll sein, trotz des in der Regel negativen Einflusses auf die Genauigkeit der Ergebnisse (Rundungsfehler!) zugunsten einer kürzeren Gesamtrechenzeit für eine bestimmte Berechnung, d.h. für ein vorgegebenes Problem, in einem geeigneten Algorithmus während der Parallelverarbeitung zusätzliche Operationen auszuführen, sofern dafür genügend Prozessoren zur Verfügung stehen. Daher ist es angemessen, als entsprechende neue Maßzahl auch die Gesamtzahl der mit p Prozessoren für die Berechnung auszuführenden Operationen zu betrachten. Dieses Maß werde mit Z_p bezeichnet. Entsprechend ist Z_1 die Zahl der Operationen für den sequentiellen Algorithmus auf dem seriellen Prozessor : $Z_1 = T_1$.

(VI) Damit läßt sich die Operations-Redundanz R_p definieren:

$$R_p = \frac{Z_p}{Z_1} \geqslant 1.$$

(VII) Aus den Zeitkomplexitäten läßt sich eine der wichtigsten Maßzahlen der Parallelverarbeitung definieren: der "Speedup", als Maß für den Zeitgewinn durch Parallelisierung, den wir ja schon verschiedentlich so verwendet haben:

$$S_p = \frac{T_1}{T_p}$$

Der Speedup liegt in den Grenzen:

$$1 \leqslant S_p \leqslant p.$$

(VIII) Eine Kenngröße des Parallelprozessorsystems bezogen auf den angewendeten Algorithmus ist die Auslastung der p Prozessoren während der Ausführung des Algorithmus, die Effizienz des Systems ("efficiency"):

$$E_p = \frac{S_p}{p} \leqslant 1.$$

(IX) Ein der Effizienz gegenüberstehendes Maß für die Ausnutzung des Systems (im Sinne von Belastung durch den parallelen Algorithmus infolge der Gesamtzahl der auszuführenden Operationen Z_p) ist die sog. Auslastung ("Utilization"):

$$U_p = \frac{Z_p}{p.T_p} \leqslant 1;$$

dabei ist ja $p \,.\, T_p$ die maximale Zahl der Operationen, die mit p Prozessoren in T_p Zeitschritten ausgeführt werden könnte.

Die Auslastung U_p läßt sich mittels der Operationsredundanz R_p umschreiben:

$$U_p = \frac{R_p \,.\, Z_1}{p \,.\, T_p} = \frac{R_p \,.\, T_1}{p \,.\, T_p} \;;$$

also:

$$U_p = R_p \,.\, E_p \,.$$

Daraus ergibt sich der folgende Hinweis: Wenn die Beobachtung eines Parallelprozessorsystems mit p Prozessoren ergibt, daß alle p Prozessoren ständig mit der Ausführung von Operationen beschäftigt sind, so können wir zunächst nur schließen, daß

$$U_p = 1 \,,$$

aber (wegen der Möglichkeit, daß $R_p > 1$) nicht:

$$E_p = 1 \,.$$

(X) Für verschiedene Algorithmen und Berechnungsklassen interessiert man sich für den maximalen Speedup durch einen Algorithmus bei minimaler Zahl von Prozessoren.

In diesen Fällen wird oft diese Minimalzahl von Prozessoren, die maximalen Speedup leistet, mit P bezeichnet und entsprechend die anderen zugehörigen Kenngrößen mit

$$T_P\,,\ S_P,\ E_P,\ R_P,\ Z_P,\ U_P.$$

3.3 Darstellung paralleler Operationen

Eine effektive Darstellungsweise der Abfolge parallel auszuführender Operationen liefern die binären Bäume.

- Einerseits liefern sie eine illustrative graphische Darstellung der parallelen Berechnung im Vergleich zur seriellen.

- Andererseits liefert diese Darstellungsform auch die quantitativ aussagefähigen analytischen Instrumente, wie sie z. B. in den Algorithmen zur Abarbeitung binärer Bäume und ihrer Strukturanalyse vorliegen.

- Die Analyse der Bäume bietet im Prinzip die Möglichkeit, die Struktur des zu einer Berechnung gehörenden Baumes entsprechend bestimmten Kriterien zu optimieren, wie dies ja bei den Parser-Analysen in Compilern für serielle Programme geschieht.

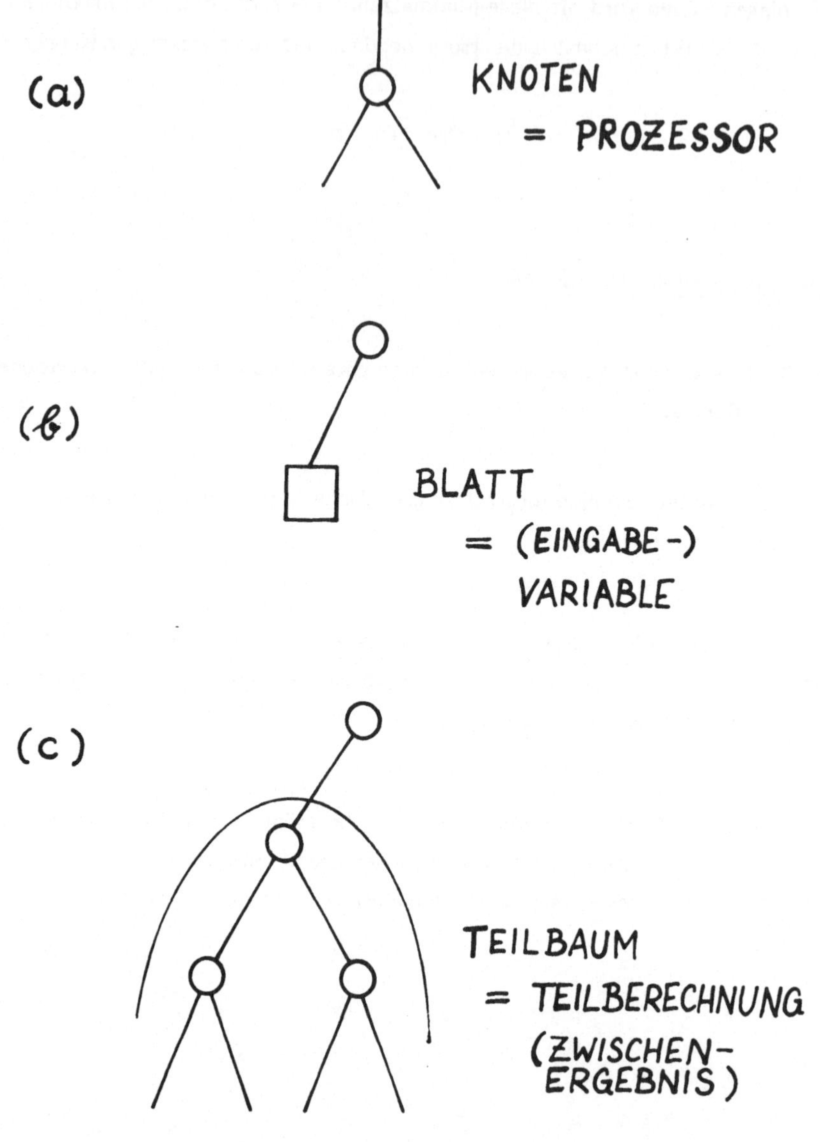

Abb. 3.1: Zur Darstellung paralleler Berechnungen durch binäre Bäume

Für die Darstellung einer Berechnung mit Hilfe eines binären Baumes trifft man die folgenden Zuordnungen (Abb. 3.1):

(I) Die Knoten eines binären Baumes entsprechen den Prozessoren, die die binären

Operationen, welche durch die Menge B charakterisiert worden waren, ausführen.

(II) Die Blätter des Baumes entsprechen den ursprünglichen Operanden, auf die im ersten Schritt die Prozessoren wirken, welche im Baum den Blättern folgen: Variablen.

(III) Jeder Unterbaum entspricht einem im Laufe der Ausführung der Berechnung entstehenden Zwischenergebnis als Operanden für den nächsten Operationsschritt: Teilberechnung.

Als Beispiel wollen wir die Berechnung des Ausdruckes

$$A = (a_1 * a_2 + a_3 * a_4) * (a_5 * a_6 + a_7 * a_8)$$

zur Parallelverarbeitung mit einem System aus 3 Prozessoren, die entweder eine Addition oder eine Multiplikation ausführen können, in einem binären Baum darstellen (Abb. 3.2).

Aus der Darstellung ist ablesbar, daß mit dem System aus 3 Prozessoren die Berechnung in dieser Form der Parallelverarbeitung 4 Zeitschritte benötigt.

Im seriellen Fall waren hierfür ja bekanntlich n-1=7 Schritte erforderlich.

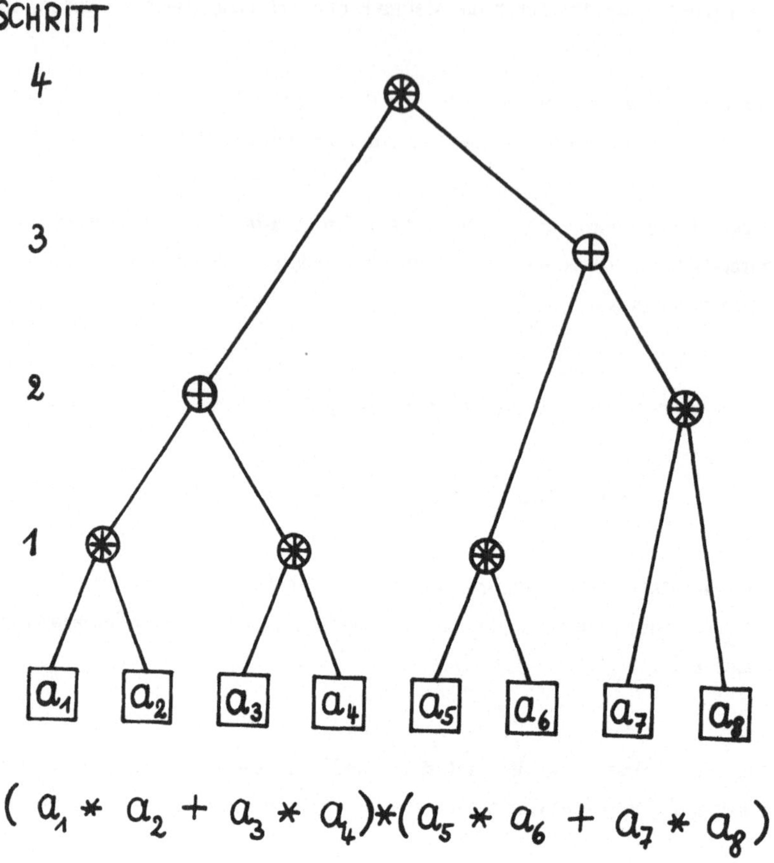

Abb. 3.2: Beispiel eines Parserbaumes für die parallele Berechnung von arithmetischen Ausdrücken

3.4 Satz von Munro und Paterson (1973)

I. Munro und M. Paterson haben 1973 ein Ergebnis veröffentlicht, das insbesondere dahingehend wichtig ist, daß es die Übertragung von gewissen Sätzen der Komplexität sequentieller Berechnungen auf parallele Algorithmen gestattet /21, 22/.

Satz:

Seien für die Berechnung eines einzelnen Elementes Q insgesamt $q \geq 1$ sequentielle binäre arithmetische Operationen erforderlich.

Dann erfordert die kürzeste Berechnung von Q auf der Basis von p Prozessoren mindestens

1) $\lceil \log(q+1) \rceil$ Schritte,

   wenn $q < 2^{\lceil \log p \rceil}$;

2) $\lceil (q+1-2^{\lceil \log p \rceil})/p \rceil + \lceil \log p \rceil$ Schritte,

   wenn $q \geq 2^{\lceil \log p \rceil}$.

Dabei haben wir die (übliche) Notation verwendet:

a) $\lceil x \rceil$ kleinste ganze Zahl ξ, so daß $\xi \geq x$;

$\lfloor y \rfloor$ größte ganze Zahl η, so daß $\eta \leq y$.

b) $\log z \equiv \log_2 z$. (Wir wollen stets die log-Funktion zur Basis 2 verstehen, sofern nichts anderes angegeben ist.)

Beweis: Der Beweisgang gründet sich erneut auf die Darstellung mit binären Bäumen.

Es sei T die Zahl der Schritte, die ein Algorithmus zur Berechnung von Q unter Einsatz p paralleler Prozessoren benötigt; wir nehmen an, daß $2^k < p < 2^{k+1}$.

a) Zur Zeit T, d.h. im letzten Schritt, kann höchstens 1 Prozessor nutzbringend eingesetzt werden, da es sich ja

1) um ein einziges zu berechnendes Ergebnis Q,

2) um binäre Operationen handelt.

b) Zur Zeit T-1, d.h. im vorletzten Schritt, können entsprechend höchstens 2 Prozessoren sinnvoll, d.h. zur Ausführung notwendiger Operationen, eingesetzt werden.

c) Allgemein können zur Zeit T-r, für alle $r \geqslant 0$, höchstens

$$\pi_r = \min \ (p, \ 2^r)$$

Prozessoren zur Berechnung von Zwischenergebnissen für die Berechnung von Q nutzbringend eingesetzt werden.

d) Im Falle, daß die Beschränktheit des verfügbaren Parallelismus die Berechnung beeinträchtigt, d.h. falls

$$q > 2^{\lceil \log p \rceil} - 1 = \sum_{i=1}^{\lceil \log p \rceil} 2^{i-1}$$

und somit die Zahl der Prozessoren nicht zum vollständigen Aufbau eines binären Baumes mit mindestens q Knoten ausreicht, so ist die Gesamtzeit T größer als die Höhe des Baumes:

$$T > \lceil \log p \rceil .$$

Daher ist die Gesamtzahl nützlicher Operationen, die der Algorithmus ausführen kann, gegeben durch maximal:

$$Z_p = 1 + 2 + 4 + \ldots\ldots + 2^{\lfloor \log p \rfloor} + p + \ldots\ldots + p$$

(T Terme insgesamt)

$$= (2^{\lfloor \log p \rfloor + 1} - 1) + p(T - \lfloor \log p \rfloor - 1)$$

Wenn $2^k < p < 2^{k+1}$, dann ist

$$Z_p = (2^{\lceil \log p \rceil} - 1) + p(T - \lceil \log p \rceil)$$

Da $q \leqslant Z_p$, folgt aus

$$q \leqslant (2^{\lceil \log p \rceil} - 1) + p(T - \lceil \log p \rceil) :$$

$(q-2^{\lceil \log p \rceil}+1) \leq p\,(T-\lceil \log p \rceil),$

also

$T \geq (q+1-2^{\lceil \log p \rceil})/p \;+ \lceil \log p \rceil$

e) Im anderen Fall, d.h. wenn

$T \leq \lceil \log p \rceil$ oder $q \leq 2^{\lceil \log p \rceil}-1,$

ist die maximale Zahl nützlicher Operationen in T Schritten, wobei $q \leq Z_p$,

$$Z_p = \sum_{i=0}^{T-1} 2^i = 2^T-1 \geq q \curvearrowright T \geq \lceil \log(q+1) \rceil .$$

Der Vollständigkeit halber seien die entsprechenden Relationen angegeben für den Fall $p = 2^k$. Es ergeben sich entsprechend:

1) $\lceil \log(q+1) \rceil$ Schritte, wenn $q < 2^{\lfloor \log p \rfloor +1}$;

2) $\lceil (q+1-2^{\lfloor \log p \rfloor +1})/p \rceil + (\lfloor \log p \rfloor +1),$

wenn $q \geq 2^{\lfloor \log p \rfloor +1}$.

3.5 Satz von Brent (1974)

In der Praxis realer Systeme kann man in der Regel nicht davon ausgehen, daß für eine Berechnung beliebig viele Prozessoren zur Verfügung stehen.

Es interessiert daher die Frage, wie sich die Zeitkomplexität verändert, wenn die Zahl der verfügbaren Prozessoren für die parallele Berechnung gegenüber der idealen Situation beliebig vieler Prozessoren begrenzt ist. R.P. Brent hat 1974 dazu einen wichtigen Satz veröffentlicht /23/.

SATZ:

Wenn Q eine parallele Berechnung ist, die aus q Operationen besteht und t Zeitschritte unter Voraussetzung einer unbegrenzten Prozessorzahl braucht, dann kann diese Berechnung mit einem System aus nur p Prozessoren in einer Weise ausgeführt werden, die

$$T_p \leq t + \frac{(q-t)}{p}$$

Zeitschritte erfordert.

<u>Beweis:</u>

Seien $q_1, q_2, \ldots, q_t$ die jeweiligen Anzahlen von Operationen, die für Q in den Zeitschritten 1, 2, ... , t ausgeführt werden.

Dann ist natürlich:

$$q = \sum_{i=1}^{t} q_i$$

Wir benutzen die p Prozessoren, um die Berechnung Q zu simulieren.

1) Da bei unbegrenzter Prozessor-Zahl für die Berechnung Q im 1. Schritt q_1 Operationen gleichzeitig ausgeführt werden, benötigen p Prozessoren für die gleiche Aufgabe

$$\tau_1 = \left\lceil \frac{q_1}{p} \right\rceil \quad \text{Zeitschritte.}$$

2) Für q_2, im 2. Schritt bei unbegrenzter Prozessorzahl ausgeführt, brauchen die p Prozessoren entsprechend

$$\tau_2 = \left\lceil \frac{q_2}{p} \right\rceil \quad \text{Zeitschritte, usw.}$$

3) Insgesamt benötigen die p Prozessoren also

$$T_p = \sum_{i=1}^{t} \left\lceil \frac{q_i}{p} \right\rceil \quad \text{Zeitschritte.}$$

Es gilt nun die Relation:

$$\left\lceil \frac{q_i}{p} \right\rceil \leq \frac{q_i}{p} + 1 - \frac{1}{p};$$

denn setzen wir (mit μ, ν ganzzahlig)

$$q_i = \nu \cdot p + \mu \ , \quad 0 \leq \mu < p \ ,$$

so können wir die zwei Fälle unterscheiden:

(I) $\mu = 0$:

Da $\left\lceil \frac{q_i}{p} \right\rceil = \frac{q_i}{p}$ und $1 - \frac{1}{p} \geq 0$ für $p \geq 1$, so gilt:

$$\left\lceil \frac{q_i}{p} \right\rceil \leq \frac{q_i}{p} + 1 - \frac{1}{p} \ .$$

(II) $\mu > 0$:

Es ist:
$$\frac{q_i}{p} = \nu + \frac{\mu}{p} = \nu + 1 - 1 + \frac{\mu}{p}$$

$$= \left\lceil \frac{q_i}{p} \right\rceil - 1 + \frac{\mu}{p} \ ;$$

also folgt

$$\left\lceil \frac{q_i}{p} \right\rceil = \frac{q_i}{p} + 1 - \frac{\mu}{p} \leq \frac{q_i}{p} + 1 - \frac{1}{p} \ .$$

Mit dieser Ungleichung folgt daher:

$$T_p \leq \sum_{i=1}^{t} (q_i + p - 1)/p \quad = \quad \frac{1}{p} \sum_{i=1}^{t} q_i + t - \frac{t}{p} \ .$$

Also ist:

$$T_p \leq \frac{(q-t)}{p} + t \ .$$

3.6 Rekursives Doppeln

Ein überaus mächtiges Prinzip zur Erzeugung paralleler Algorithmen führt zurück zur Methode der Problemzerlegung, wie wir sie bereits bei den sequentiellen Algorithmen im Prinzip des "Divide and Conquer" kennengelernt hatten. Das Prinzip heißt rekursives Doppeln ("recursive doubling"). Die Idee dahinter ist im wesentlichen identisch mit "Teile und Herrsche", indem wiederholt - rekursiv - jede Berechnung in zwei unabhängige Teile gleicher Komplexität zerlegt wird. Die beiden Teilprobleme werden jetzt aber - im Gegensatz zu der Vorgehensweise bei den sequentiellen Algorithmen - parallel ausgeführt; dieses Prinzip ist somit ein Spezialfall des "Teile und Herrsche".

Betrachten wir die beiden Beispiele:

(1) $b = \sum_{i=0}^{n-1} a_i \quad , \qquad a_i \in R^1, n > 1,$

wobei aber die Additionsoperation '+' auch durch die logische Operation 'ODER' und die Summanden a_i durch logische Variable ersetzt werden können;

(2) $c = \prod_{i=0}^{n-1} a_i \quad , \qquad a_i \in R^1, n > 1,$

wobei die Multiplikation '.' durch die logische Operation 'UND' und die Faktoren durch logische Variable ersetzt werden können.

Ohne Einschränkung der Allgemeinheit wollen wir der Einfachheit halber annehmen, n sei eine Potenz von 2:

$$n = 2^k$$

Um nun beispielsweise b zu berechnen, gehen wir nicht sequentiell vor, was n-1 Einzelschritte verlangen würde, sondern wir zerlegen das Problem in die 2 Teilprobleme:

$$b = \sum_{i=0}^{n-1} a_i = (\sum_{i=0}^{\nu-1} a_i) + (\sum_{i=\nu}^{n-1} a_i)$$

wobei $\nu = n/2 = 2^{k-1}$.

Diese beiden Teilprobleme zerlegen wir ihrerseits erneut jeweils in 2 Teilprobleme. So fahren wir fort, bis wir das Gesamtproblem reduziert haben in die Elementarprobleme:

$(a_0 + a_1), (a_2 + a_3), \ldots\ldots, (a_{n-2} + a_{n-1})$.

Mit n/2 Prozessoren lassen sich parallel im Schritt 1 diese Elementarprobleme berechnen.

Im Schritt 2 kombinieren wir erneut paarweise, jetzt aber die jeweiligen Zwischenergebnisse, und berechnen mit n/4 Prozessoren die nächste Stufe:

$$(a_0 + a_1) + (a_2 + a_3) \quad , \ldots\ldots, \quad (a_{n-4} + a_{n-3}) + (a_{n-2} + a_{n-1})$$

So fahren wir fort, bis wir nach insgesamt k = logn Schritten das Ergebnis b erzielen.

Formal läßt sich dieses Berechnungsschema folgendermaßen angeben:

1. Schritt: $\quad a_i^{(1)} = a_{2i} + a_{2i+1} \quad , \quad i = 0, 1, \ldots\ldots, (\frac{n}{2}) -1$

2. Schritt: $\quad a_i^{(2)} = a_{2i}^{(1)} + a_{2i+1}^{(1)} \quad , \quad i = 0, 1, \ldots\ldots, (\frac{n}{4}) -1$

und so fort (es ist j' = j+1):

j'-ter Schritt: $\quad a_i^{(j+1)} = a_{2i}^{(j)} + a_{2i+1}^{(j)}, \quad i = 0, 1, \ldots\ldots, (\frac{n}{2s}) -1$

wobei $s = 2^j$, j'_{max} = logn = k. So wird nach k = logn Schritten das Ergebnis b erzielt.

Die Komplexität dieses Algorithmus mit rekursivem Doppeln ist also gegenüber $T_1 = n-1$,

$$T_p = O(\log n),$$

$$P = \frac{n}{2} = O(n).$$

Ist n nicht eine Potenz von 2, so geht man analog vor mit der Zerlegung

$$\sum_{i=0}^{n-1} a_i = (\sum_{i=0}^{\nu-1} a_i) + (\sum_{i=\nu}^{n-1} a_i),$$

wobei jetzt aber $\nu = \lceil n/2 \rceil$. Durch fortgesetzte Zerlegung der Summation läßt sich das Ergebnis in $\lceil \log n \rceil$ Schritten mit $\lfloor n/2 \rfloor$ Prozessoren berechnen.

Entsprechend verfahren wir bei der Berechnung von c im 2. Beispiel der Multiplikation.

Das rekursive Doppeln ergibt also einen Speedup

$$S_P = O(\frac{n}{\log n}), \text{ wobei } P = \frac{n}{2} .$$

Dieses Prinzip des rekursiven Doppelns läßt sich nun nicht nur auf arithmetische Addition oder Multiplikation von Elementen a_i anwenden, sondern es läßt sich verallgemeinern:

Sei dazu $a = (a_0, \ldots, a_{n-1})$ eine Menge aus (der Einfachheit halber) $n = 2^k$ Elementen und sei die

Operation "o"

eine beliebige assoziative binäre (d.h. zwei Elemente jeweils verknüpfende) Operation auf der Menge a. Das heißt: Die Operation "o" kann z. B. definiert sein als Addition oder Multiplikation von Skalaren, Vektoren oder Matrizen (oder als logische Operationen "ODER" und "UND").

Das Prinzip des rekursiven Doppelns liefert für die Berechnung

$$A = a_0 \circ a_1 \circ \ldots \circ a_{n-1}$$

ebenfalls die Zeitkomplexität

$$T_P = O(\log n) \text{ bei } P = n/2.$$

Bei der Anwendung dieses Prinzips brauchen die Teilprobleme der Zerlegung nicht unbedingt kleinere Versionen des ursprünglichen Problems zu sein wie in den beiden Beispielen; jedoch sollten die Teilprobleme assoziative Eigenschaften aufweisen, die eine Fortführung der Zerlegung erlauben /20/.

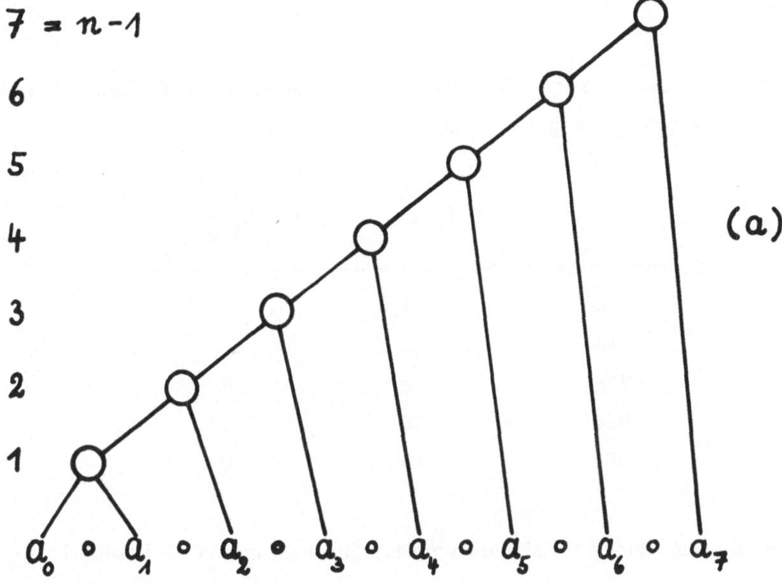

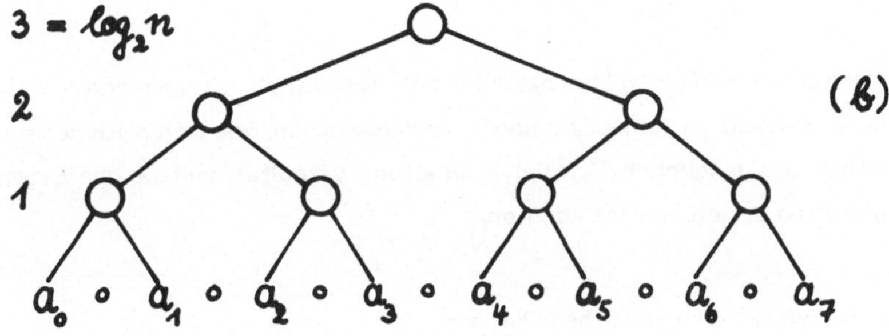

Abb. 3.3: Zum Prinzip des Rekursiven Doppelns

Die Verhältnisse lassen sich sehr anschaulich durch binäre Bäume darstellen:

(a) Für den seriellen Fall ergibt sich:

$T_1 = n-1 = 7$ für $n = 2^3$ (vgl. Abb. 3.3a).

(b) Mit dem erzielten parallelen Algorithmus folgt eine Reduktion der Baumhöhe von n-1 auf logn (vgl. Abb. 3.3b).

Aus der Darstellung wird deutlich, daß für allgemeines ganzzahliges positives n folgt:

$T_P = \lceil \log n \rceil , \quad P = \lfloor \frac{n}{2} \rfloor$

Für wachsendes n macht die folgende Zusammenstellung den Gewinn durch Parallelverarbeitung zahlenmäßig deutlich:

n	$T_P = \log n$	$S_P = O(\frac{n}{\log n})$
4	2	2
16	4	4
256	8	32
1024	10	102
16.384	14	1.170

Es sei daran erinnert, daß die Komplexität im seriellen Fall jeweils $T_1 = n-1$ ist.

3.7 Parallele Berechnung arithmetischer Ausdrücke

Arithmetische Ausdrücke bilden natürlich sehr wesentliche Komponenten in Berechnungen. Wir wollen deshalb im folgenden einen Überblick geben, wie sich arithmetische Ausdrücke hinsichtlich der möglichen Parallelverarbeitung verhalten und welche Ergebnisse in den letzten Jahren erzielt werden konnten.

Wir setzen wieder die dyadischen Operatoren

$$B: = (+, -, *, /)$$

voraus, die ggf. auch durch die logischen Operatoren 'ODER' und 'UND' ergänzt bzw. ersetzt werden können, wenn der Algorithmus oder Ausdruck dies erfordert. Wir wollen uns aber hier auf die Operatoren, wie sie in B enthalten sind, beschränken.

Ein arithmetischer Ausdruck werde bezeichnet mit E (e), wobei e die Zahl der sog. Atome des Ausdrucks ist. Die Atome sind die Operanden in einem Ausdruck, d.h. also alle Variablen, Konstanten, Vektoren, Matrizen und mehrdimensionale Felder. Bei der Bestimmung der Zahl der Atome eines Ausdrucks zählen wir jeden Operanden als 1 Atom, wobei jeweils das mehrfache Auftreten desselben Symbols wie verschiedene Symbole (Atome) gezählt wird.

Beispiel:

$$E(7) = (a + 5) / (2 * b + a * 5 + c)$$

3.7.1 Komplexitätsgrenzen: absolut

Aus der Tatsache, daß in einem Ausdruck E(e) alle e Atome bei der Berechnung miteinander dyadisch verknüpft werden müssen, wozu im seriellen Fall $T_1 = e - 1$ Zeitschritte erforderlich sind, sowie aus den Überlegungen, wie wir sie mit Hilfe des binären Baumes beim Übergang von der seriellen Verarbeitung zum parallelen Algorithmus angestellt haben, läßt sich der folgende Satz formulieren:

SATZ: Wird mit $T_p(E(e))$ die Zeitkomplexität der Berechnung des Ausdruckes E(e) mit einem Parallelprozessor aus p Prozessoren bezeichnet und ist der Parallelismus p beliebig, so gelten die folgenden Grenzen:

$$\lceil \log e \rceil \leq T_p(E(e)) \leq e-1$$

Der Beweis der unteren Grenze läßt sich führen durch den Aufbau eines maximal besetzten binären Baumes minimaler Baumhöhe, wie wir es bereits früher durchgeführt haben.

3.7.2 Transformation

Im Prinzip gibt es keine Vorschrift oder Einschränkung hinsichtlich der Verarbeitung der Ausdrücke und der Reihenfolge der Berechnungsschritte, sofern nicht die arithmetischen Gesetzmäßigkeiten verletzt werden oder Auswirkungen auf die Genauigkeit berücksichtigt werden sollen. Vielmehr stehen gerade die Gesetzmäßigkeiten für arithmetische Operationen zur Verfügung, um gegebene arithmetische Ausdrücke derart zu transformieren, daß eine schnellere Abarbeitung bei der seriellen Berechnung, insbesondere aber bei der parallelen Berechnung erzielt wird, ohne daß die Garantie der formalen Äquivalenz des Ausdrucks berührt wird.

Diese verfügbaren Gesetzmäßigkeiten sind:

(I) das assoziative Gesetz:

$$a + (b + c) = (a + b) + c$$

$$a * (b * c) = (a * b) * c$$

(II) das kommutative Gesetz:

$$a + b = b + a$$

$$a * b = b * a$$

(III) das distributive Gesetz (der Multiplikation):

$$a * (b + c) = a * b + a * c$$

<u>Beispiel:</u> $E(8) = (d * e * f + g + c) * b + a + h$

1) seriell: $T_1(E(8)) = 7$ (Abb. 3.4a).

2) parallel nach Transformation mittels assoziativem und kommutativem Gesetz:

$$E(8) = a + h + b * (c + g + d * e * f)$$

Auf der Grundlage von $P = 2$ Prozessoren, die sinnvoll parallel eingesetzt werden können, ergibt sich daraus (vgl. Abb. 3.4b):

$$T_2(E(8)) = 5.$$

3) parallel nach zusätzlicher Transformation mittels distributivem Gesetz:

$$E(8) \rightarrow E(10) = a + h + b * c + b * g + b * d * e * f$$

Daraus gewinnt man auf der Basis von $P = 3$ Prozessoren einen Baum der Höhe (vgl. Abb. 3.4c):

$$T_3(E(10)) = 4.$$

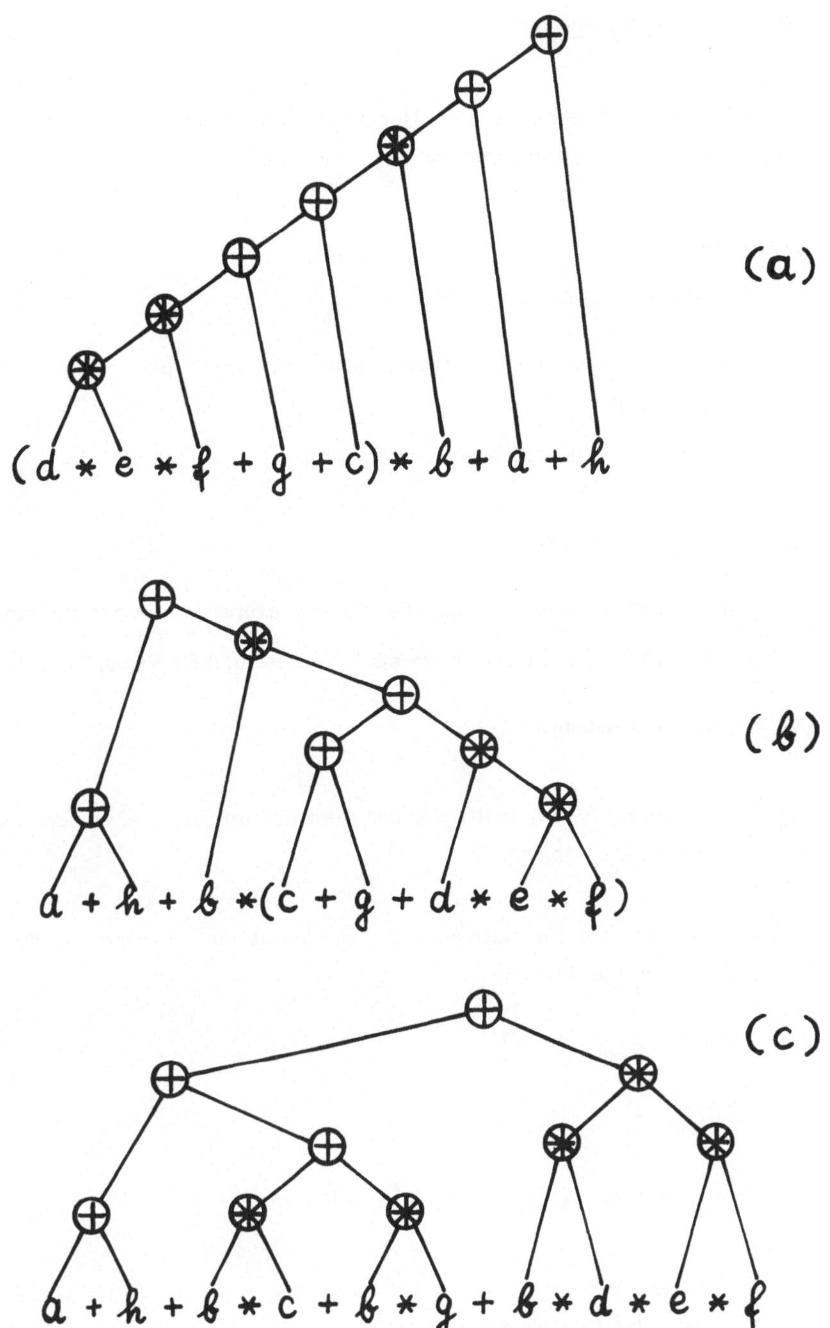

Abb. 3.4: Zur Baumhöhenreduktion bei arithmetischen Ausdrücken (Beispiel)

3.7.3 Reduktion bei Klammerung

Eine besondere Frage bei der Reduktion und Transformation von arithmetischen Ausdrücken ist die Klammerung und die Schachtelung von Klammern.

Hierzu wurden von

1) D.J. Kuck u. Y. Muraoka /122/:

   Bounds on the parallel evaluation of arithmetic expressions using associativity and commutativity

   Acta Informatica 3 (1974), No. 3, 203-216;

2) R. Brent u. R. Towle /123/:

   On the time required to parse an arithmetic expression for parallel processing

   Proc. 1976 Internat. Conf. on Parallel Processing, IEEE Press, N.Y., 1976, pp. 254.

die Grenzen angegeben:

SATZ: Es sei E(e/d) ein arithmetischer Ausdruck mit der Tiefe d der Klammerschachtelung und e Atomen.

Mittels des assoziativen und kommutativen Gesetzes läßt sich E(e/d) so tranformieren, daß

mit $P \leq \lceil \frac{e}{2} - d \rceil$

und $Z_P = e\text{-}1$ gilt:

$$\lceil \log e \rceil \leq T_P(E(e/d)) \leq \lceil \log e \rceil + 2d + 1$$

Daraus läßt sich ersehen, daß, wenn die Tiefe der Schachtelung d klein ist, T_P dem idealen Wert der unteren Grenze $\lceil \log e \rceil$ sehr nahe kommt.

3.7.4 Komplexitätsgrenzen: Status

Im folgenden wollen wir eine Übersicht geben über die bei arithmetischen Ausdrücken erzielten Komplexitätsschranken, wobei jeweils zu unterscheiden ist, ob

1) in den Ausdrücken die Division auftritt oder nicht,

2) der Parallelismus in Gestalt der Zahl verfügbarer Prozessoren unbegrenzt ist oder durch eine Zahl P fest vorgegeben ist.

Für eine vollständige und gerechte Beurteilung der aufgeführten Verfahren und Grenzen muß in der Praxis neben der Rechenzeit in Form der Zeitkomplexität auch die Zahl der schließlich auszuführenden Operationen Z_p berücksichtigt werden; denn diese beeinflußt die Rundungsfehler.

Für die folgende Darstellung in Tab. 3.1 ersetzen wir die Zahl der Atome, e, durch die Problemgröße n als Symbol wie bislang.

Tabelle 3.1

Parallelisierung arithmetischer Ausdrücke

Autoren (Jahr)	Division	Komplexität T_p	Anzahl Operationen Z_p	Parallelismus p
Winograd (75)	ohne	$3n/2p + O(\log^2 n)$	-	P (fest)
Winograd (75)	mit	$5n/2p + O(\log^2 n)$	-	P (fest)
Snir / Barak (77)	ohne	$3n/(2p+1) + O(p^2)$	$1.5n + O(p^3)$	P (fest)
Snir / Barak (77)	mit	$5n/(2p+3) + O(p^2)$	$2.5n + O(p^3)$	P (fest)
Maruyama (73)	mit	$\leq 6 \log_2 n + 4$	-	6n
Brent (73)	ohne	$\leq 4 \log_2 n$	$\leq 2(n-1)$	$\leq n-1$
Brent (73)	ohne	$\leq 3 \log_2 n$	$\leq 2.5(n-1)$	$\leq n-1$
Brent / Kuck / Maruyama (73)	ohne	$\leq 3 \log_2 n$	$\leq 3n^{1.585}$	$O(n^{1.585})$
Brent / Kuck / Maruyama (73)	ohne	$2.465 \log_2 n + O(1)$	$O(n^r)$, $r > 1$	$O(n^{1.712})$
Brent (74)	mit	$\leq 4 \log_2 n$	$\leq 10n - 18$	$\leq 3(n-1)$
Winograd (75)	ohne	$(\log_2 n)^2 + O(\log_2 n)$	$1.5n - 0.5\log_2 n$	-
Winograd (75)	mit	$(\log_2 n)^2 + O(\log_2 n)$	$2.5n - 1.5\log_2 n$	-
Vanek (75)	mit	$\leq 4 \log_2 n$	$\leq n^4$	$\leq 0.5 n^4$
Muller / Preparata (76)	ohne	$\leq 2.081 \log_2 n$	$O(n^{1.82})$	$O(n^{1.82})$
Muller / Preparata (76)	mit	$\leq 2.88 \log_2 n + 1$	$O(n^{1.44})$	$O(n^{1.44})$

Die Tabelle 3.1 ergänzt die von M. Feilmeier, G. Joubert, G. Segerer und U. Schendel /124/ in den Kursmaterialien: Dynamische Systeme und Signalverarbeitung 68, Technische Universität Berlin 1979 gegebene Übersicht; ihr liegt die folgende Literatur zugrunde:

- Brent, R.P. /125/:

  The Parallel Evaluation of Arithmetic Expressions in Logarithmic Time,
  in: Traub, J.F. (ed): Complexity of Sequential and Parallel Numerical Algorithms,
  Academic Press, New York (1973), 83-102

- Brent, R.P., Kuck, D., Maruyama, K. /126/:

  The Parallel Evaluation of Arithmetic Expressions Without Division,
  IEEE Trans. Comp. C-22 (1973), 532-534

- Brent, R.P. /23/:

  The Parallel Evaluation of General Arithmetic Expressions,
  J. ACM 21 (1974), 201-206

- Maruyama, K. /127/:

  The Parallel Evaluation of Arithmetic Expressions,
  IBM Thomas J. Watson Research Center, Yorktown Heights
  N.Y., Research Report RC-4217 (1973)

- Muller, D.E., Preparata, F.P. /128/:

  Restructuring of Arithmetic Expressions For Parallel Evaluation,
  J. ACM 23 (1976), 534-543

- Snir, M., Barak, A.B. /129/:

  A Direct Approach to the Parallel Evaluation of Rational Expressions with a Small Number of Processors,
  IEEE Trans. Comp. C-26 (1977), 933-937

- Winograd, S. /130/:

  On the Parallel Evaluation of Certain Arithmetic Expressions,
  J. ACM 22 (1975), 477-492

3.8 Speedup-Klassen paralleler Algorithmen

Entsprechend der Speedup-Hierarchie lassen sich 4 Typen von Algorithmen unterscheiden; diese 4 Typen kennzeichnen den maximalen Speedup, der durch Parallelalgorithmen gegenüber dem schnellsten seriellen Algorithmus möglich ist, dessen Zeit für die Berechnung mit T_1 bezeichnet werde.

(0) TYP-0-Algorithmen:

Typ-0-Algorithmen zeichnen sich durch einen maximalen Speedup

$$S_P = O(T_1)$$

aus; Beispiele sind die Ausführung logischer Operationen 'OR' bzw. 'AND' auf die einzelnen Bits zweier Worte aus n Bits oder die komponentenweise Addition zweier Vektoren. Dies entspricht der Auflösung einfacher DO-Loops in seriellen Programmen durch Parallelisierung.

(1) TYP-1-Algorithmen:

Diese Klasse ist gekennzeichnet durch den maximalen Speedup

$$S_P = O\left(\frac{T_1}{\log T_1}\right).$$

Beispiele dafür sind alle Algorithmen, die sich auf das Prinzip des rekursiven Doppelns stützen.

Im allgemeinen ist die Berechnung eines arithmetischen oder Booleschen Ausdrucks wie auch die Lösung gewisser arithmetischer oder logischer linearer rekurrenter Systeme von dieser Typ-1-Kategorie (rekurrente Systeme mit konstanten Koeffizienten und rekurrente Systeme erster Ordnung R(n, 1)).

(2) TYP-2-Algorithmen:

Diese Algorithmenklasse zeichnet sich aus durch einen maximalen Speedup

$$S_P = O\left(\frac{T_1}{\log^2 T_1}\right).$$

Beispiele dafür sind bei bestimmten rekurrenten Systemen zu finden, wie später noch zu diskutieren sein wird (vgl. "Produkt-Form-Algorithmus" in Abschnitt 4.5.4 und 4.5.6).

(3) TYP-3-Algorithmen:

In dieser Kategorie werden Algorithmen zusammengeschlossen, deren maximaler Speedup in der Größenordnung unterhalb der Typ-2-Kategorie liegt.

Hierher gehören z. B. gewisse nicht-lineare rekurrente Systeme, deren bester bekannter Speedup von der Ordnung O(1) ist.

Die Klassifizierung paralleler Algorithmen nach ihrem Speedup muß naturgemäß, entsprechend dem eindimensionalen Kriterium des Speedup, die Struktur der Algorithmen und die Einbettung in die Parallelprozessorarchitektur unberücksichtigt lassen. H.T. Kung hat in dem Beitrag "The Structure of Parallel Algorithms" zu dem 1980 erschienenen Band 19 der Reihe Advances in Computers (Herausgeber: M.C. Yovits), Academic Press, den Versuch gemacht, den mehrdimensionalen Raum der Kategorien paralleler Algorithmen zu strukturieren. Er beschränkt sich schließlich auf die drei Dimensionen /99/:

- Concurrency Control (Parallelitätssteuerung)
- Communication Geometry (Kommunikationsgeometrie)
- Module Granularity (Programmgranularität).

Hinsichtlich der Einbettung in parallele Architekturen klassifiziert Kung letztenendes 3 Kategorien:

- "Systolische" Algorithmen,
- SIMD-Algorithmen,
- MIMD-Algorithmen.

3.9 Literaturübersicht: neuere Algorithmen

In den letzten Jahren erschienen wesentliche Arbeiten, die die Entwicklung paralleler Algorithmen für Anwendungen insbesondere bei Problemen der linearen Algebra, aber auch bei der Quadratur sowie bei Sortierproblemen /33/ gefördert haben; das letzte Gebiet ist besonders interessant, da lange Zeit die Meinung herrschte, daß Parallelprozessoren für Sortieren nicht geeignet seien.

Im folgenden werden einige neuere Arbeiten angegeben; dabei wird jedoch nicht der Anspruch auf Vollständigkeit erhoben.

- Heller, D.: A Survey of Parallel Algorithms in Numerical Linear Algebra, SIAM Rev. 20 (1978), 740 (/6/).
- Sameh, A.H., and Kuck, D.J.: On Stable Parallel Linear System Solvers, J. ACM 25 (1978), 81 (/131/).
- Csanky, L.: Fast Parallel Matrix Inversion Algorithms, SIAM J. Comput. 5 (1976), 618 (/39/).
- Chen, S.C., Kuck, D.J., and Sameh, A.H.: Practical Parallel Triangular System Solvers, ACM TOMS 4 (1978), 270 (/132/).
- Swarztrauber, P.N.: A Parallel Algorithm for Solving Tridiagonal Equations, Mathematics of Computation 33 (1979), 185 (/133/).
- Rodrigue, G.H., Madsen, N.K., and Karush, J.I.: Odd-Even Reduction for Banded Linear Equations, J. ACM 26 (1979), 72 (/134/).
- Zave, P., and Rheinboldt, W.C.: Design of an Adaptive, Parallel Finite-Element System, ACM TOMS 5 (1979), 1 (/46/).
- Muraoka, Y.: Parallelism Exposure and Exploitation in Programs, Ph D Thesis, Univ. of Illinois, Dept. Comp. Sci., Report 71-424, 1971 (/135/).
- Sameh, A.H., and Brent, R.P.: Solving Triangular Systems on a Parallel Computer, SIAM J. Numer. Anal. 14 (1977), 1101 (/42/).
- Miranker, W.L.: Hierarchical Relaxation, Computing 23 (1979), 267 (/136/).
- Sameh, A.H., Chen, S.C., and Kuck, D.J.: Parallel Poisson and Biharmonic Solvers, Computing 17 (1976), 219 (/45/).
- Johnson, O.G., and Paul, G.: Vector Algorithms for Elliptic Partial Differential Equations Based on the Jacobi Method, Research Report RC 8372, IBM Watson Research Center, Yorktown Heights, N.Y., 1980 (/48/).

o Lemme, J.M., and Rice, J.R.: Speedup in Parallel Algorithms for Adaptive Quadrature, J. ACM 26 (1979), 65 (/137/).

o Thompson, C.D., and Kung, H.T.: Sorting on a Mesh-Connected Parallel Computer, Comm. ACM 20 (1977), 263 (/138/).

o Preparata, F.P.: New Parallel-Sorting Schemes, IEEE Trans. Comput. C-27 (1978), 669 (/35/).

o Hirschberg, D.S.: Fast Parallel Sorting Algorithms, Comm. ACM 21 (1978), 657 (/36/).

o Baudet, G., and Stevenson, D.: Optimal Sorting Algorithms for Parallel Computers, IEEE Trans. Comput. C-27 (1978), 84 (/37/).

o Nassimi, D., and Sahni, S.: Bitonic Sort on a Mesh-Connected Parallel Computer, IEEE Trans. Comput. C-28 (1979), 2 (/34/).

Arbeiten über rekurrente Systeme werden hier nicht explizit aufgeführt, da diese Systeme in Kapitel 4 noch ausführlich behandelt werden.

Im übrigen sei hier auch auf die Bibliographie, die J.T. Schwartz im Rahmen seiner Veröffentlichung "Ultracomputers" in ACM TOPLAS 2 (1980), 484-521 zusammengestellt hat /14/, und auf die in den Kapiteln 4-6 zitierten Arbeiten verwiesen.

Da das Ziel der Parallelverarbeitung ja letztenendes nicht die teilweise Vektorisierung konventioneller Programme und Programmsysteme ist, müssen originäre parallele, d.h. den Parallelprozessorstrukturen optimal angepaßte Algorithmen entwickelt werden, die das Leistungspotential der sich abzeichnenden innovativen Architekturen effektiv ausnutzen, und umgekehrt.

In dieser Hinsicht erscheinen die heutigen Perspektiven recht vielversprechend, obwohl sich der Fortschritt bei den Programmiersprachen für parallele Algorithmen nur langsam einstellt, wenn man von den pragmatischen Erweiterungen von Fortran absieht, die sich natürlich in der Praxis als außerordentlich wertvoll erweisen (vgl. /94-96/).

4. Algorithmen der Linearen Algebra

Im folgenden wollen wir einige parallele Algorithmen kennenlernen und dabei, im Vergleich mit seriellen Verfahren, die oftmals völlig anders gearteten Entwurfsansätze und die Änderungen in der Komplexität bei parallelen Algorithmen herausstellen, die durch die gleichzeitige Verarbeitung von arithmetischen Operationen auf parallelen Prozessoren möglich werden (Ähnliches gilt für logische Operationen).

Wir hatten (in Kap. 3, Abschnitt 4 und 5) bereits durch zwei Sätze quantitative Aussagen gefunden bzgl. der Zahl der Schritte, die wir beim Übergang vom seriellen Prozessor auf ein Parallelprozessorsystem aus p Prozessoren einerseits und beim Übergang von dem sog. unbegrenzten Parallelismus, bei dem die Zahl der verfügbaren Prozessoren beliebig angenommen wird, zu einem in der Prozessorzahl begrenzten Parallelsystem mit fest vorgegebenen p Prozessoren andererseits erwarten müssen.

(1) Satz von Munro und Paterson (1973):

Seien für die Berechnung eines einzelnen Elementes Q insgesamt $q \geq 1$ sequentielle binäre arithmetische Operationen erforderlich.

Dann erfordert die kürzeste Berechnung von Q auf der Basis von p Prozessoren mindestens

1) $\lceil \log(q+1) \rceil$ Schritte,

falls $q < 2^{\lceil \log p \rceil}$,

2) $\lceil (q+1-2^{\lceil \log p \rceil})/p \rceil + \lceil \log p \rceil$ Schritte,

falls $q \geq 2^{\lceil \log p \rceil}$.

(2) Satz von Brent (1974):

Wenn Q eine parallele Berechnung ist, die aus q Operationen besteht und t Zeitschritte unter Voraussetzung einer unbegrenzten Prozessorzahl ("unbegrenzter Parallelismus") braucht, dann kann diese Berechnung mit einem System aus nur p Prozessoren in einer Weise ausgeführt werden, die

$$T_p \leq t + \frac{q-t}{p}$$

Zeitschritte erfordert.

Diese beiden Sätze grenzen im gewissen Sinne auch unseren Erwartungshorizont hinsichtlich paralleler Algorithmen ein.

In diesem Kapitel wollen wir uns auf das Gebiet der Linearen Algebra konzentrieren, deren numerische Verfahren einerseits für die naturwissenschaftlich-technischen Problemstellungen (von der Berechnung der mechanischen Eigenschaften komplexer Konstruktionen mittels Finite-Element-Methoden am einen Ende der Skala bis zu statistischen Ausgleichsproblemen am anderen Ende der Skala) eine besondere Bedeutung haben und andererseits wegen der zugrundeliegenden Vektor- und Matrix-Konzeptionen für Parallelprozessoren, und zwar für Pipeline- und Array-Prozessoren und allgemeiner strukturierte Parallelprozessorsysteme gleichermaßen, sich als besonders geeignet erweisen.

4.1 Berechnung von A^n

Wenden wir uns zunächst einer Fragestellung zu, die nicht unmittelbar einen Bezug zur linearen Algebra zu haben scheint: der Berechnung der n-ten Potenz einer reellen Zahl, X^n.

4.1.1 Serielles Verfahren

Setzen wir einen seriellen Rechner voraus und sei X vorgegeben, so liefert das orthodoxe Verfahren der hintereinander ausgeführten Multiplikation etwa nach dem Schema

```
  Y = X
  DO 1   I = 2,N
1 Y = Y * X
```

nach n-1 Multiplikationen das Ergebnis X^n:

$$T_1 = n-1 = O(n).$$

Ohne Zweifel ist diese Methode nicht sonderlich einfallsreich oder effektiv, aber naheliegend.

Schon 1939 hat A. Bauer /139/ gezeigt, daß unter dem seriellen Modell X^n mit

$$T_1(X^n) = \log n + O(\log n/\log\log n)$$

Multiplikationen erhalten werden kann. Wir wollen aber hier auf diesen Algorithmus nicht eingehen, sondern uns gleich den parallelen Algorithmen zur Berechnung der Potenz X^n zuwenden.

4.1.2 Paralleler Algorithmus für X^n

(1) Rekursives Doppeln

Nachdem wir das Prinzip des Rekursiven Doppelns kennengelernt haben, könnten wir auf die naheliegende Idee kommen, X^n nach dem Schema eines binären Baumes zu berechnen, so daß wir mit

$$P = \left\lfloor \frac{n}{2} \right\rfloor \text{ Prozessoren}$$

die Potenz X^n in

$$T_P = \lceil \log n \rceil$$

Zeitschritten erhalten würden (vgl. Abb. 4.1).

Dieser wegen der Zeitkomplexität $T_P = O(\log n)$ sehr gute Algorithmus ist aber bezüglich der Prozessorzahl mit wachsendem n zunehmend aufwendiger und daher nicht eigentlich akzeptabel, zumal es sich stets um dieselben Faktoren einer reellen Zahl handelt, die diesen großen Aufwand erfordern.

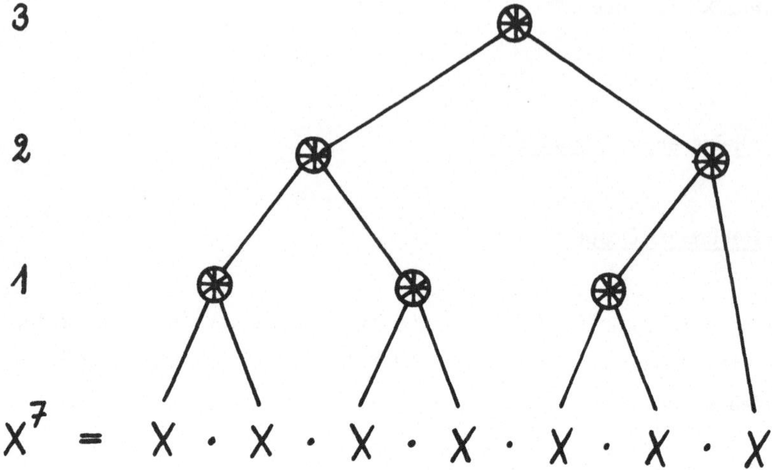

$$P = \left\lfloor \frac{n}{2} \right\rfloor = \lfloor 3{,}5 \rfloor = 3$$

$$T_3 = \lceil \log_2 n \rceil = \lceil 2{,}81 \rceil = 3$$

Abb. 4.1: Zur Berechnung von X^n durch Rekursives Doppeln

(2) Binärdarstellung von n

Es läßt sich zeigen, daß zur Berechnung von X^n in der Komplexität $T_P = \lceil \log n \rceil$ zwei parallele Prozessoren ausreichen.

Dazu wählen wir die Binärdarstellung von n:

$$n = \nu_{r-1} \cdot 2^{r-1} + \nu_{r-2} \cdot 2^{r-2} + \ldots\ldots + \nu_1 \cdot 2^1 + \nu_0$$

mit $r = \lceil \log n \rceil$ und $\nu_{r-1} = 1$.

Wir gehen jetzt davon aus, daß X bekannter Input ist und daß zwei parallele Prozessoren verfügbar sind.

Dann können wir den folgenden Algorithmus realisieren (vgl. Abb. 4.2):

(I) Prozessor 1 berechnet in sukzessiven Schritten durch Multiplikation von X mit sich selbst im 1. Schritt und sodann durch Multiplikation des jeweiligen Zwischenproduktes mit sich selbst die folgenden Potenzen:

$$X^2, X^4, X^8, \ldots, X^{2^{r-1}}$$

(II) Prozessor 2 akkumuliert nach Maßgabe der Binärkoeffizienten von n das Produkt aus seinem Zwischenergebnis und dem aktuellen Ergebnis des Prozessors 1 vom vorhergehenden Schritt, entsprechend der Summation der Exponenten:

$$X^n = X^{\nu_0} . X^{\nu_1 . 2^1} . X^{\nu_2 . 2^2} \ldots . X^{\nu_{r-1} . 2^{r-1}} .$$

D.h.: Ist $\nu_j = 1$, so wird das Ergebnis des j-ten Schrittes im Prozessor 1 im Prozessor 2 mit dem dort vorhandenen Akkumulat multipliziert. (Der Anfangswert im Prozessor 2 ist X, wenn $\nu_0 = 1$, oder 1, wenn $\nu_0 = 0$). Ist $\nu_j = 0$, so wird im Prozessor 2 das Akkumulat unverändert gelassen.

Auf diese Weise wird nach r-1 Schritten im Prozessor 1 und um einen Schritt versetzt im Prozessor 2, da $\nu_{r-1} = 1$, das Ergebnis in

$$T_2 = \lceil \log n \rceil \quad \text{Multiplikationsschritten}$$

erzielt. Es wird aber auch deutlich, daß dieser Algorithmus auch die logarithmische Komplexitätsordnung liefert, wenn er auf nur einem Prozessor realisiert wird: $T_1 = 2 \lceil \log n \rceil$.

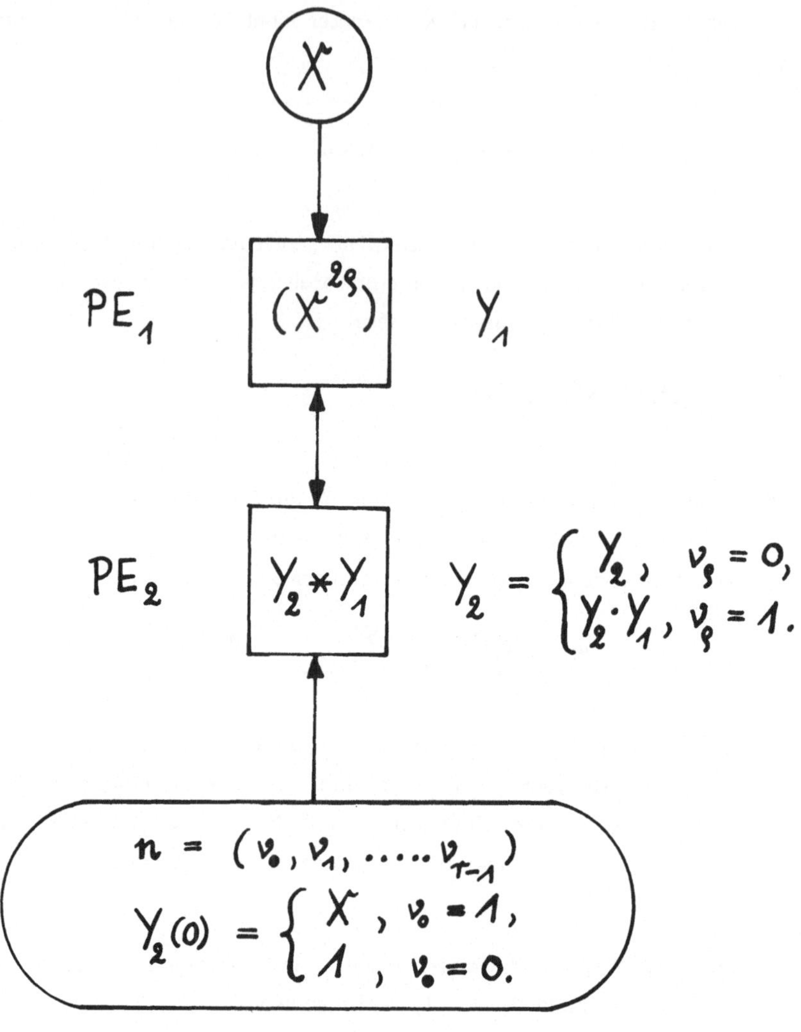

Abb. 4.2: Zur Berechnung von X^n mit zwei parallelen Prozessoren

(3) Methode nach Kung (1974)

Im Jahre 1974 hat H.T. Kung ein Ergebnis veröffentlicht ("Some Complexity Bounds for Parallel Computation", Proc. of 6th Annual ACM Symp. on Theory of Computing 1974, pp. 323-333), das gegenüber dem soeben diskutierten Ansatz überrascht /140/.

Kung hat gezeigt, daß die Berechnung von X^n über dem Körper der komplexen Zahlen nur 2 parallele Schritte erfordert, in denen komplexe Multiplikationen oder Divisionen ausgeführt werden müssen; zusätzlich sind $\lceil \log n \rceil$ Schritte mit Additionen erforderlich.

Die Konstruktion basiert auf der folgenden Identität:

$$\frac{n}{X^n-1} = \sum_{j=1}^{n} \frac{W_j}{X-W_j},$$

wobei (W_j) die Menge der n-ten Einheitswurzeln ist.

Die Menge der n-ten Einheitswurzeln ist gegeben durch:

$$(W_j) = (E^j), (j = 1, 2, \dots , n), \text{ mit } E = e^{\frac{2\pi i}{n}};$$

also $\quad W_1 = e^{\frac{2\pi i}{n}}, \; W_2 = e^{\frac{2\pi i}{n}\cdot 2}, \; \dots , \; W_j = e^{\frac{2\pi i}{n} j}, \; \dots$

..... bis: $W_n = e^{2\pi i} = 1$, wobei $i = (-1)^{1/2}$.

Die Identität erhält man aus der Partialbruchzerlegung:

Ist g(x) ein Polynom mit den Nullstellen W_j, $j = 1, 2, \dots , n$, wobei n der Grad des Polynoms ist:

$$g(x) = (x-W_1)(x-W_2) \dots (x-W_n)$$

so gilt die Partialbruchzerlegung von $(g(x))^{-1}$:

$$\frac{1}{g(x)} = \sum_{j=1}^{n} \frac{a_j}{x-W_j}$$

wobei die Gewichte gegeben sind durch:

$$a_j = \frac{1}{g'(W_j)} = \frac{1}{\prod_{i \neq j}^{n} (W_j-W_i)}$$

Im vorliegenden Fall ist: $g(x) = x^n-1$.

Also: $g'(x) = n \cdot x^{n-1}$,

$$g'(W_j) = n \cdot (W_j)^{n-1} = n \cdot \frac{(W_j)^n}{W_j} = \frac{n \cdot (1)}{W_j}$$

Daher: $a_j = \frac{1}{g'(W_j)} = \frac{W_j}{n}$, woraus die Identität folgt.

Zur parallelen Berechnung von X^n gehen wir jetzt folgendermaßen vor:

(I) Wir berechnen die Summanden mit n Prozessoren:

$$\frac{W_j}{X-W_j} \quad \text{für } j = 1, \ldots\ldots, n;$$

i) in 1 parallelen Schritt, der nur Additionen (n parallele Subtraktionen) enthält: $X - W_j$,

ii) in 1 Divisionsschritt: $W_j/(X-W_j)$ (für alle j parallel).

(II) Wir berechnen $n/(X^n-1)$ durch Anwendung des Rekursiven Doppelns auf die Summenbildung

$$\sum_{j=1}^{n} \left(\frac{W_j}{X-W_j}\right).$$

Dies erfordert ausschließlich Additionsoperationen; mit $\lfloor n/2 \rfloor$ Prozessoren:

$\lceil \log n \rceil$ Additionsschritte.

(III) In 1 weiteren Divisionsschritt aus

$$A = \frac{n}{X^n-1}$$

erhalten wir (mit 1 Prozessor):

$$B = X^n-1 = \frac{n}{A}$$

(IV) In 1 weiteren Additionsschritt erhalten wir (mit 1 Prozessor):

$$X^n = B + 1.$$

Insgesamt benötigt dieser Ansatz zur parallelen Berechnung von X^n insgesamt n Prozessoren für

i) $\lceil \log n \rceil + 2$ (komplexe) Additionen,

ii) 2 (komplexe) Divisionen.

Es hängt so von der jeweiligen Realisierung des Parallelprozessorsystems ab, welcher Algorithmus günstiger ist. Voll zum Tragen kommt der Komplexitätsgewinn bei der parallelen Berechnung der Potenzen X^n für große Datenfelder.

4.1.3 Potenzen quadratischer Matrizen

Da die parallelen Algorithmen zur Berechnung von X^n mit Hilfe der Binärdarstellung von n und mittels Rekursiven Doppelns nur die Assoziativität des Produktes benutzen, lassen sich diese beiden Methoden auch ausdehnen auf die Berechnung des n-fachen Produktes quadratischer Matrizen A(mxm):

$$M = A^n .$$

Der gesamte Aufwand setzt sich dann in Zeitschritten so zusammen:

$$T_p = \lceil \log n \rceil \cdot T_{p'}(A^2) .$$

wobei $T_{p'}(A^2)$ die Zeit für die Durchführung der Matrixmultiplikation zweier (mxm)-Matrizen ist.

Dabei bedeuten p die Gesamtzahl der notwendigen Prozessoren und p' die Zahl der für die individuelle Matrixmultiplikation nötigen Prozessoren.

4.1.4 Berechnung von $(X, X^2, \ldots, X^n)$

Die Berechnung aller Potenzen X^ν für $\nu = 1, 2, \ldots, n$ durch einen parallelen Algorithmus läßt sich mit $\lfloor n/2 \rfloor$ Prozessoren in $\lceil \log n \rceil$ Zeitschritten mit n-1 Operationen ausführen.

Dabei ist die Zahl der Zeitschritte optimal ebenso wie die Zahl der auszuführenden Operationen (vgl. Borodin und Munro, The Computational Complexity of Algebraic and Numeric Problems, Elsevier 1975, p. 128; /22/).

Der Algorithmus ist so aufgebaut, daß zu jedem Zeitschritt $t = 1, 2, \ldots, \lceil \log n \rceil$ die folgenden Potenzen von X berechnet werden (jeweils 2^{t-1} relativ höchste Potenzen):

t-ter Schritt: $X^{2^{t-1}+1}, X^{2^{t-1}+2}, \ldots, X^{2^t},$

und zwar jeweils in den ersten 2^{t-1} Prozessoren.

Dabei macht man von der Broadcasting-Funktion Gebrauch, indem man das im Prozessor 2^{t-1} anfallende Ergebnis der relativ höchsten Potenz (X^{2^t}) im Prozessor 2^t abspeichert und an alle Prozessoren der Nummer $1, 2, \ldots, 2^t$ verteilt und in einem 2. Register speichert; die Ergebnisse

$$X^{(2^{t-1}+1)}, X^{(2^{t-1}+2)}, \ldots, X^{(2^{t-1}+2^{t-1}-1)}, X^{2^t}$$

werden in dem jeweils 1. Register der Prozessoren der Nummer $(2^{t-1}+1), (2^{t-1}+2), \ldots, (2^t)$ abgespeichert, nachdem sie berechnet worden sind.

Nach $T = \lceil \log n \rceil$ Schritten ist die Menge aller Potenzen berechnet:

$$(X, X^2, X^3, \ldots, X^n).$$

Für den Fall n = 16 ergibt sich das in Abb. 4.3 dargestellte Abspeicherungs-und Broadcasting-Schema sowie der Ausführungsablauf.

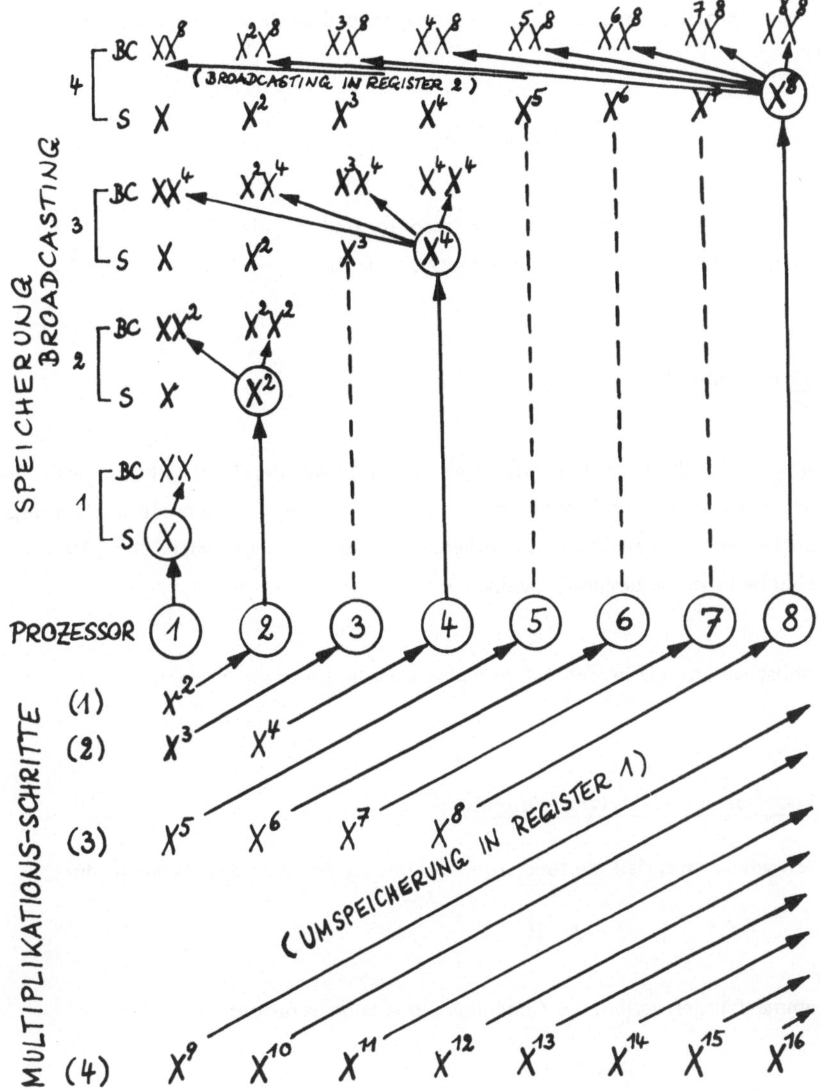

Abb. 4.3: Zur parallelen Berechnung von $(X, X^2, \ldots, X^n)$ mit n/2 Prozessoren und Broadcasting

Auch dieses algorithmische Schema läßt sich auf die Berechnung aller Matrix-Potenzen A^ν, $1 \leq \nu \leq n$, übertragen, da die Assoziativität nicht verletzt wird.

Als "Prozessor-Schritt" ist in diesem Falle natürlich die jeweils parallele Ausführung von

2^{t-1} Matrixmultiplikationen zu verstehen, so daß auch in diesem Fall für die Gesamtzeit gilt:

$$T_p = \lceil \log n \rceil \cdot T_{p'}(A^2)$$

wobei p die Gesamtzahl der Prozessoren und p' die Zahl der für die individuelle Matrixmultiplikation nötigen Prozessoren bedeuten.

4.2 Matrixmultiplikation

In diesem Abschnitt wollen wir uns mit der Frage der Multiplikation von Vektoren und Matrizen befassen, und zwar wollen wir bei dieser Gelegenheit auch einige Ideen bei sequentiellen Algorithmen aufzeigen, die für den Entwurf von Algorithmen einen erheblichen Anstoß gegeben haben.

Zunächst wollen wir jedoch die orthodox-serielle Methode betrachten.

4.2.1 Orthodox-serielle Matrixmultiplikation

Setzen wir voraus, daß die Matrizen A, B und C, die über das Matrixprodukt

$$C = A \cdot B$$

zusammenhängen sollen, die folgenden Dimensionen haben:

$$A = (n \times m);$$

$$B = (m \times l);$$

also: $$C = (n \times l).$$

Die orthodoxe Multiplikation erfolgt nach dem Schema: Multiplikation jeder Zeile von A mit jeder Spalte von B:

$$\begin{bmatrix} & \vdots & \\ - - - & c_{ij} & - - \\ & \vdots & \end{bmatrix} = \begin{bmatrix} & & \\ - - - & a_{i.} & - - - \\ & & \end{bmatrix} \cdot \begin{bmatrix} & \vdots & \\ & b_{.j} & \\ & \vdots & \end{bmatrix}$$

Jedes der n.l Elemente c_{ij} wird nacheinander berechnet durch Bildung des Skalarproduktes aus i-tem Zeilenvektor von A und j-tem Spaltenvektor von B:

$$c_{ij} = \sum_{k=1}^{m} a_{ik} \cdot b_{kj} , \qquad 1 \leqslant i \leqslant n, \quad 1 \leqslant j \leqslant l.$$

Jede Berechnung des Skalarproduktes der beiden m-Vektoren $(a_{i.})$ und $(b_{.j})$ braucht:

	m	Multiplikationen,
	m-1	Additionen,
also:	2m-1	Operationen,

so daß sich für die serielle Zeitkomplexität T_1 der gesamten Matrixmultiplikation ergibt:

$$T_1 \,(n, m, l; C = A \,.\, B) = nl\,(2m - 1).$$

Betrachten wir den Fall quadratischer (nxn)-Matrizen, so ergibt sich also:

$$T_1 = n^2 \,(2n-1) = O(n^3).$$

Da das Produkt C ja aus n.l bzw. n^2 Elementen besteht, die es einzeln im allgemeinen Fall zu berechnen gilt, muß für die serielle Matrixmultiplikation diese Zahl n . l bzw. n^2 als absolute untere Grenze für die Komplexität angesehen werden:

$$T_1^{(inf)} = O(n^2).$$

In den letzten 13 Jahren wurden Algorithmen entwickelt, die - theoretische - Verbesserungen gegenüber der orthodoxen Methode und ihrer Komplexität brachten (vgl. dazu z. B.: L. I. Kronsjö, Algorithms: Their Complexity and Efficiency, J. Wiley & Sons, 1979 /141/).

4.2.2 Die Winograd-Identität:

Betrachten wir die folgende Identität:

$$X_1 Y_1 + X_2 Y_2 = (X_1 + Y_2) \,.\, (X_2 + Y_1) - X_1 X_2 - Y_1 Y_2.$$

Daraus läßt sich durch die Ausweitung auf die gerade Zahl n = 2k paarweiser Produkte die sog. Winograd-Identität gewinnen (Winograd 1967, 1968, 1970):

$$\sum_{i=1}^{2k} X_i Y_i = \sum_{r=1}^{k} (X_{2r-1} + Y_{2r}) \cdot (X_{2r} + Y_{2r-1})$$

$$- \sum_{r=1}^{k} X_{2r-1} X_{2r} - \sum_{r=1}^{k} Y_{2r-1} Y_{2r}$$

Die orthodoxe Summation auf der linken Seite erfordert bekanntlich

$2k-1$	$= n-1$	Additionen
$2k$	$= n$	Multiplikationen

Die rechte Seite erfordert dagegen:

$2k + 3(k-1) + 2 \;=\; 5k-1 \;=\; \frac{5}{2}n-1$ Additionen

$3k \;=\; \frac{3}{2}n$ Multiplikationen.

Die Winograd-Identität in bezug auf ein Skalarprodukt bedeutet also einen beträchtlichen Mehraufwand gegenüber der orthodoxen paarweisen Multiplikation und Addition. Die Identität wird jedoch vorteilhaft gegenüber der orthodoxen Methode, wenn wir von der Berechnung eines Skalarproduktes übergehen zur Matrixmultiplikation, da hier die 2. und 3. Summenbildung weniger oft ausgeführt werden muß.

4.2.3 Winograd-Algorithmus der Matrixmultiplikation

Es seien wieder die Matrizen A, B, C gegeben:

$A = (n \times m)$

$B = (m \times l)$

also: $C = (n \times l)$

Wir setzen wieder voraus, daß die bzgl. der Skalarproduktbildung maßgebliche Dimension gerade sei:

$m = 2k$

Dann besteht der auf der Winograd-Identität beruhende Algorithmus für die Matrixmultiplikation aus den 3 Abschnitten:

(I) Berechne für alle i = 1, ..., n:

$$f_i = \sum_{r=1}^{k} a_{i,\,2r-1} \cdot a_{i,\,2r}$$

(II) Berechne für alle j = 1, ..., l:

$$g_j = \sum_{r=1}^{k} b_{2r-1,\,j} \cdot b_{2r,\,j}$$

(III) Berechne für alle i = 1, ..., n und j = 1, ..., l:

$$c_{ij} = \sum_{r=1}^{k} (a_{i,\,2r-1} + b_{2r,\,j}) \cdot (a_{i,\,2r} + b_{2r-1,\,j}) - f_i - g_j$$

Dieser Algorithmus erfordert für die Prozesse (I), (II) und (III) insgesamt:

1) $\frac{nml}{2} + \frac{m}{2}(n+l)$ Multiplikationen,

2) $\frac{3}{2}nml + nl + (\frac{m}{2} - 1)(n + l)$ Additionen.

Diese Zahlen muß man mit den entsprechenden Zahlen der Standardmethode vergleichen:

i) $n \cdot ml$ Multiplikationen

ii) $n(m-1) \cdot l$ Additionen

Daraus sehen wir, daß durch die Ausnutzung der Winograd-Identität die Zahl der Multiplikationen etwa um den Faktor 2 herabgesetzt wird, während ein gewisser Preis bei den Additionen zu zahlen ist (ca. 50 % mehr, wenn alle Dimensionen vergleichbar sind).

Da in der Praxis realer Systeme die Multiplikationen aufwendiger sind, läßt sich bei großen Matrizen ein beträchtlicher Gewinn erzielen, obwohl die Ordnung der Komplexität (für n=m=l)

$$O(n^3)$$

nicht reduziert wird.

4.2.4 Strassen-Algorithmus für (2x2)-Matrizen

Eine Reduktion der Komplexität für die Matrixmultiplikation quadratischer Matrizen ist erst 1969 durch den Algorithmus von Strassen möglich geworden /116/.

Setzen wir jetzt voraus, daß A und B (2x2)-Matrizen seien; also auch C:

$$\begin{bmatrix} c_{11} & c_{12} \\ c_{21} & c_{22} \end{bmatrix} = \begin{bmatrix} a_{11} & a_{12} \\ a_{21} & a_{22} \end{bmatrix} \cdot \begin{bmatrix} b_{11} + b_{12} \\ b_{21} + b_{22} \end{bmatrix}$$

Die orthodoxe Multiplikation erfordert:

$n^2 \,.\, n \quad = 2^2 \,.\, 2 = 8$ Multiplikationsoperationen,

$n^2(n-1) \quad = 2^2 \,.\, 1 = 4$ Additionsoperationen.

V. Strassen (1969) entdeckte eine Methode, um (2x2)-Matrizen zu multiplizieren mit

7 Multiplikationsoperationen,

18 Additionsoperationen.

Dazu werden die folgenden Teilberechnungen ausgeführt:

$$q_1 = (a_{11} + a_{22}) \cdot (b_{11} + b_{22})$$

$$q_2 = (a_{21} + a_{22}) \cdot b_{11}$$

$$q_3 = a_{11} \cdot (b_{12} - b_{22})$$

$$q_4 = a_{22} \cdot (-b_{11} + b_{21})$$

$$q_5 = (a_{11} + a_{12}) \cdot b_{22}$$

$$q_6 = (-a_{11} + a_{21}) \cdot (b_{11} + b_{12})$$

$$q_7 = (a_{12} - a_{22}) \cdot (b_{21} + b_{22})$$

Daraus werden die Elemente c_{ij} wie folgt berechnet:

$$c_{11} = q_1 + q_2 - q_4 + q_6 ,$$

$$c_{12} = q_4 + q_5 ,$$

$$c_{21} = q_6 + q_7 ,$$

$$c_{22} = q_2 - q_3 + q_5 - q_7 .$$

Durch Einsetzen läßt sich in einfacher algebraischer Übung zeigen, daß tatsächlich:

$$c_{11} = a_{11}b_{11} + a_{12}b_{21} ,$$

$$c_{12} = a_{11}b_{12} + a_{12}b_{22} ,$$

$$c_{21} = a_{21}b_{11} + a_{22}b_{21} ,$$

$$c_{22} = a_{21}b_{12} + a_{22}b_{22} .$$

Das Auszählen ergibt:

7 Multiplikationen,

18 Additionen.

Das bemerkenswerte Charakteristikum an dieser Form des Strassen-Algorithmus für (2x2)-Matrizen ist nun aber - und das ist entscheidend für die Ausweitung des Ansatzes -, daß an keiner Stelle von der Kommutativität der Multiplikation Gebrauch gemacht wurde. Dadurch läßt sich der Ansatz übertragen auf Matrizen größerer Dimension, deren Elemente nach Partitionierung selbst Matrizen sind.

4.2.5 Strassen-Algorithmus für $n = m \,.\, 2^{k+1}$

Es seien jetzt A und B zwei Matrizen der Dimension:

$$n = m \,.\, 2^{k+1}$$

und das Produkt von A und B sei

$$C = A \,.\, B$$

Wir zerlegen jetzt die Matrizen A, B und C durch Halbieren der Dimension derart, daß

$$A = \begin{bmatrix} A_{11} & A_{12} \\ A_{21} & A_{22} \end{bmatrix},$$

$$B = \begin{bmatrix} B_{11} & B_{12} \\ B_{21} & B_{22} \end{bmatrix},$$

$$C = \begin{bmatrix} C_{11} & C_{12} \\ C_{21} & C_{22} \end{bmatrix},$$

wobei nunmehr die Matrizen A_{ij}, B_{ij}, C_{ij} die Dimension haben:

$$n_k = \frac{n}{2} = m \cdot 2^k$$

Indem wir nunmehr in dem Strassen-Algorithmus für (2x2)-Matrizen die Elemente a_{ij}, b_{ij}, c_{ij} durch die Matrixsymbole A_{ij}, B_{ij}, C_{ij} substituieren, erhalten wir den entsprechenden allgemeineren Algorithmus:

$$Q_1 = (A_{11} + A_{22}) \cdot (B_{11} + B_{22})$$

$$Q_2 = (A_{21} + A_{22}) \cdot B_{11}$$

$$Q_3 = A_{11} \cdot (B_{12} - B_{22})$$

$$Q_4 = A_{22} \cdot (-B_{11} + B_{21})$$

$$Q_5 = (A_{11} + A_{12}) \cdot B_{22}$$

$$Q_6 = (-A_{11} + A_{21}) \cdot (B_{11} + B_{12})$$

$$Q_7 = (A_{12} - A_{22}) \cdot (B_{21} + B_{22})$$

$$C_{11} = Q_1 + Q_4 - Q_5 + Q_7$$

$$C_{21} = Q_2 + Q_4$$

$$C_{12} = Q_3 + Q_5$$

$$C_{22} = Q_1 + Q_3 - Q_2 + Q_6$$

Dieser Algorithmus läßt sich nun rekursiv bzgl. der Untermatrizen A_{ij}, B_{ij}, Q_j bzw. ihrer Entstehung auffassen.

Zur Bestimmung der Zeitkomplexität des Algorithmus definieren wir:

i) a(m,k): = Algorithmus für die Multiplikation zweier Matrizen der Dimension

$$n_k = m \cdot 2^k$$

ii) a(m,0): = orthodoxer Algorithmus zur Multiplikation zweier m-dimensionaler Matrizen.

Er erfordert bekanntlich:

m^3 Multiplikationen,

$m^2(m-1)$ Additionen.

iii) Ma(m,k): = Zahl der Multiplikationen, die der Algorithmus a(m,k) erfordert; also: $Ma(m,0) = m^3$.

iv) Sa(m,k): = Zahl der Additionen oder Subtraktionen, die a(m,k) erfordert; also: $Sa(m,0) = m^2(m-1)$.

Von der Entwicklung des Algorithmus fanden wir, daß der Algorithmus a(m,k) 7 Multiplikationen von Matrizen der Dimension

$$n_{k-1} = m2^{k-1}$$

erfordert; also gilt:

$$\begin{aligned} Ma(m,k) &= 7 \cdot Ma(m,k-1) \\ &= 7^k \cdot Ma(m,0) \\ &= 7^k \cdot m^3 \end{aligned}$$

Ebenso fanden wir, daß der Algorithmus a(m,k) 18 Additionen von Matrizen der Dimension

$$n_{k-1} = m2^{k-1}$$

erfordert.

Darüber hinaus erfordern die 7 Multiplikationen von Matrizen der Dimension $n_{k-1} = m \cdot 2^{k-1}$ ihrerseits jeweils Sa(m,k-1) Additionen (oder Subtraktionen).

Also ist:

$$Sa(m,k) \quad = \quad 18(m \cdot 2^{k-1})^2 + 7 \cdot Sa(m,k-1)$$

Dies ist eine rekurrente Beziehung für Sa(m,k), welche die Lösung besitzt:

$$Sa(m,k) \quad = \quad (5 + m)\, m^2 \cdot 7^k - 6(m2^k)^2$$

Der Beweis läßt sich durch Induktion führen:

(1) k = 0:

$$Sa(m,0) = (5+m)m^2 - 6m^2 = m^2(m-1);$$

das ist aber richtig, denn $m^2(m-1)$ war die Zahl der Additionen der Standardmethode für (mxm)-Matrizen.

(2) Nehmen wir an, die Lösung sei als richtig bewiesen für irgendein $k > 0$.

(3) Dann haben wir die Richtigkeit für k+1 zu beweisen:

Also:

$$\begin{aligned} Sa(m,k+1) &= 18(m2^k)^2 + 7 \cdot Sa(m,k) \\ &= 18(m2^k)^2 + 7 \cdot (5+m)m^2 7^k - 6(m2^k)^2 \\ &= 7 \cdot (5+m)m^2 \cdot 7^k + (18-42)(m2^k)^2 \\ &= (5+m)m^2 \cdot 7^{k+1} - 24(m2^k)^2 \\ &= (5+m)m^2 \cdot 7^{k+1} - 6 \cdot (m2^{k+1})^2, \end{aligned}$$

und damit gilt die Lösung für k+1, was den Induktionsschluß liefert.

Aus Ma(m,k) und Sa(m,k) gewinnen wir die Zeitkomplexität als Gesamtzahl arithmetischer Operationen:

$$T_1 = 7^k \cdot m^3 + (5+m)m^2 7^k - 6(m2^k)^2$$
$$= (5+2m)m^2 7^k - 6(m2^k)^2$$

Für den Fall $n = 2^{k+1}$, d.h. $m = 1$, erhalten wir daraus:

$$T_1(n) = 7 \cdot 7^k - 6(2^k)^2$$
$$= 7^{k+1} - 6 \cdot (\frac{2^{k+1}}{2})^2$$
$$= 7^{\log 2^{k+1}} - 6(\frac{2^{k+1}}{2})^2$$
$$= 7^{\log n} - 6\,(\frac{n}{2})^2$$
$$= n^{\log 7} - 6(\frac{n}{2})^2$$
$$= n^{2.81} - 6(\frac{n}{2})^2$$
$$= O(n^{2.81})$$

gegenüber $O(n^3)$ bei der orthodoxen Methode.

Dieses Ergebnis können wir für $n = 2^r$ auch noch direkter aus einer rekurrenten Beziehung für T(n) herleiten für $n \geq 2$:

$$T(n) = 7 \cdot T(\frac{n}{2}) + 18 \cdot (\frac{n}{2})^2.$$

Es läßt sich direkt zeigen, daß die Lösung der Rekurrenz die Gestalt hat

$$T(n) = 7^{\log n} - 6n^2$$
$$= n^{\log 7} - 6n^2,$$

denn durch Einsetzen findet man:

$$T(n) = 7 \cdot (7^{\log(\frac{n}{2})} - 6(\frac{n}{2})^2) + 18(\frac{n}{2})^2$$

$$= 7^{\log(\frac{n}{2})+1} - 42(\frac{n}{2})^2 + 18(\frac{n}{2})^2$$

$$= 7^{\log n-1+1} - 24(\frac{n}{2})^2$$

$$= 7^{\log n} - 6n^2$$

Welcher Gewinn durch $O(n^{\log 7})$ gegenüber $O(n^3)$ erwartet werden kann, zeigt die kleine Tabelle:

n	logn	$n^{\log 7}$	n^3	$n^3/n^{\log 7}$
2	1	7	8	1,14
4	2	49	64	1,31
32	5	16.807	32.768	1,95
1024	10	$2{,}8 \cdot 10^8$	$10{,}7 \cdot 10^8$	3,82
65.536	16	$3{,}3 \cdot 10^{13}$	$28{,}1 \cdot 10^{13}$	8,52

4.2.6 Winograd's Variante

Im Jahre 1973 hat Winograd die Zahl der Additionen im Strassen-Algorithmus auf 15 (gegenüber 18) reduzieren können. Das verbesserte natürlich nicht die Komplexitätsordnung, sondern den relativen Aufwand. Diese Variante geht auf P.C. Fischer und R.L. Probert /142/ auf der Grundlage der von Winograd gewonnenen Ergebnisse zurück. Diese Variante nach Winograd beinhaltet die folgenden Berechnungsschritte:

$$Q_1 = A_{21} - A_{11}$$
$$Q_2 = A_{11} + A_{12}$$
$$Q_3 = A_{12} - Q_1$$
$$Q_4 = A_{22} - Q_3$$
$$Q_5 = B_{22} - B_{21}$$
$$Q_6 = B_{12} - B_{11}$$
$$Q_7 = B_{11} + Q_5$$
$$Q_8 = B_{21} - Q_7$$

8 Additionen

$$M_1 = A_{21} \cdot B_{11}$$
$$M_2 = A_{22} \cdot B_{21}$$
$$M_3 = Q_1 \cdot Q_5$$
$$M_4 = Q_2 \cdot Q_6$$
$$M_5 = Q_4 \cdot B_{22}$$
$$M_6 = A_{12} \cdot Q_8$$
$$M_7 = Q_3 \cdot Q_7$$

7 Multiplikationen

$$Q_9 = M_1 + M_7$$
$$Q_{10} = Q_9 + M_7$$
$$Q_{11} = M_4 + M_5$$

3 Additionen

$$C_{11} = Q_{10} + M_6$$
$$C_{12} = Q_{10} + M_4$$
$$C_{21} = M_1 + M_2$$
$$C_{22} = Q_9 + Q_{11}$$

4 Additionen

Bezüglich der Implementierungsfragen bei diesen Algorithmen sei auf den Jül-Bericht von M. Kellermann u. C. Schröck-Pauli verwiesen /143/.

4.2.7 Die Karatsuba-Makarov-Methode

Der Vollständigkeit halber sei noch auf die Methode von Karatsuba eingegangen (Karatsuba 1962), die von Makarov (1975) wieder aufgegriffen wurde (vgl. /141/).

Während diese Methode dieselbe Zahl von Multiplikationen wie die orthodoxe Methode erfordert:

$$Ma(m,k) \quad = \quad n_k^3 \qquad \text{mit } n_k = m2^k,$$

ist die Zahl der Additionen reduziert:

$$Sa(m,k) \quad = \quad n_k^3 - 2n_k^2 = n_k^2\,(n_k-2).$$

Mit den Zerlegungen wie beim Strassen-Algorithmus werden hier die Elemente der Untermatrizen von C z. B. nach folgendem Schema gewonnen:

$$C_{11} = A_{11} \cdot (B_{11} + B_{21}) + (A_{12} - A_{11})\,B_{21}$$

$$C_{12} = A_{12} \cdot (B_{22} + B_{12}) - (A_{12} - A_{11})\,B_{12}$$

$$C_{21} = A_{21} \cdot (B_{11} + B_{21}) + (A_{22} - A_{21})\,B_{21}$$

$$C_{22} = A_{22} \cdot (B_{22} + B_{12}) - (A_{22} - A_{21})\,B_{12}$$

4.2.8 Paralleler Algorithmus für Arrayprozessoren

Im folgenden wollen wir die Möglichkeiten paralleler Matrixmultiplikationsalgorithmen untersuchen. Dazu gehen wir nochmals zurück zur Standardmethode serieller Matrixmultiplikation:

$$c_{ij} = \sum_{k=1}^{m} a_{ik}\, b_{kj} \qquad , \quad 1 \leq i \leq n,\ 1 \leq j \leq l.$$

Ein zugehöriges FORTRAN-Programm hätte etwa das folgende Aussehen:

```
      DO  1    I = 1, N
      DO  2    J = 1, L
          T = 0
      DO  3    K = 1, M
          T = T + A(I,K) * B(K,J)
3     CONTINUE
      C(I,J) = T
2     CONTINUE
1     CONTINUE
```

Die drei Schleifen bewirken für die Komplexität (für N = M = L):

$$T_1(N) = O(N^3)$$

(1) Parallelisierung

Wenn wir nun in der Lage wären, FORTRAN zu erweitern um eine DO-Anweisung für die parallele Ausführung der Operationen, auf die diese Anweisung bezugnimmt, also etwa durch

```
DO SIM { (Operation) / (Indexmenge) } ,
```

die bedeuten soll, daß simultan, d.h. parallel auf entsprechend vielen Prozessoren, die Operation für die vorgegebene Indexmenge ausgeführt werden soll, dann könnten wir die orthodoxe Methode parallelisieren, indem wir das folgende parallele Programm entwerfen:

```
      DO  SIM  { C(I;J) = 0 / (I = 1,N; J = 1,L) }
      DO  1      K = 1, M
      DO  SIM  { C(I,J) = C(I,J) + A(I,K) * B(K,J) /
                 (I = 1,N; J = 1,L) }
1     CONTINUE
```

Setzen wir P = N . L parallele Prozessoren voraus, denen jeweils ein fester Index der

Matrix, (I,J), zugeordnet wird, so lassen sich die Matrizen A und B in einer einzigen seriellen Schleife miteinander multiplizieren.

Dieser parallele Algorithmus erfordert insgesamt also, wenn wir das initiale Nullsetzen von C vernachlässigen, M Zeitschritte, in denen eine Multiplikation und eine Addition erfolgen, d.h. insgesamt an arithmetischen Schritten:

$$T_p = 2M \,, \qquad p = N \,.\, L \,.$$

Gehen wir der Anschaulichkeit willen zu quadratischen Matrizen über, so erhalten wir für den Algorithmus der Multiplikation von Matrizen

$$T_p = O(N) \quad \text{mit} \quad p = N^2 \,.$$

Gegenüber der seriellen Standardmethode erzielen wir also einen Speedup

$$S_p = O(N^2)$$

und eine Effizienz

$$E_p = \frac{S_p}{p} = O(1),$$

was bedeutet, daß die Prozessoren ständig gleichmäßig belastet sind.

(2) Realisierung mit Arrayprozessor

Wenn wir uns die SIM-Anweisung innerhalb der K-Schleife genauer ansehen, so erkennen wir, daß der K-Schleifendurchlauf bezogen auf einen festen Index (I,J) durch die Inkrementierung von K auf K+1 nacheinander alle Spalten von A und alle Zeilen von B über den Index (I,J) hinwegschiebt.

Dadurch läßt sich der Algorithmus sehr einfach mit einem Arrayprozessor realisieren, dessen Prozessorelemente jeweils 4 Register haben sollen:

AREG
BREG
CREG
TREG

Die einzelnen Prozessorelemente seien mit ihren 4 nächsten Nachbarn über ein Verbindungsnetzwerk verbunden, so daß zwischen nächsten Nachbarn Daten ausgetauscht werden können. Wir setzen voraus, daß der Arrayprozessor aus N^2 Prozessorelementen besteht, die matrixförmig quadratisch angeordnet sind, so daß jedem Prozessor ein Indexpaar (I, J) zugeordnet werden kann. Die Randelemente sollen zyklisch mit den ihnen gegenüberliegenden Prozessorelementen verbunden sein (Abb. 4.4).

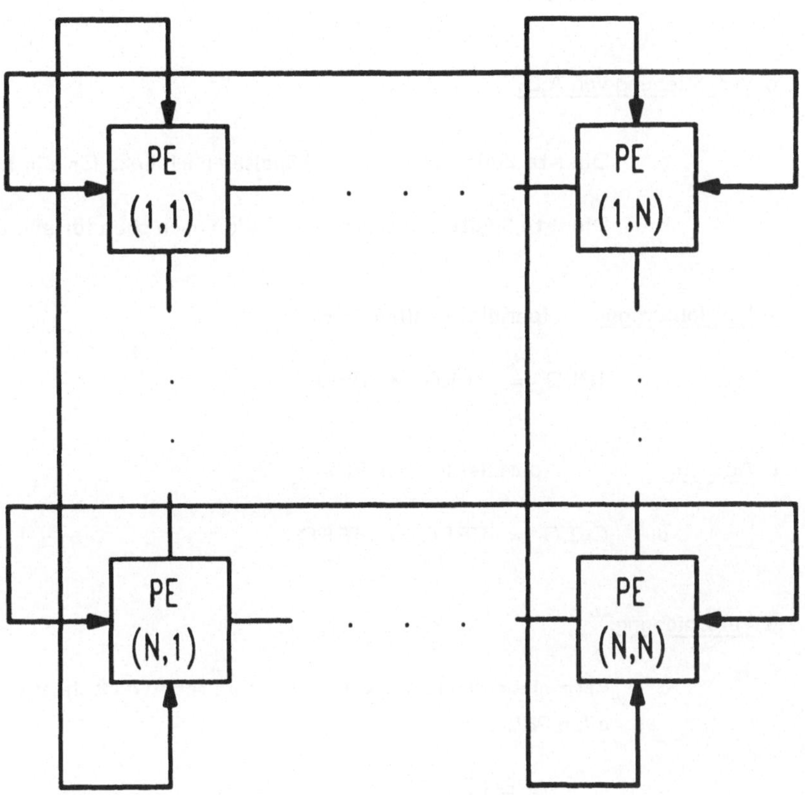

Abb. 4.4: (NxN)-Parallelprozessor-Array zur parallelen Matrixmultiplikation

Wir können jetzt den Algorithmus zur Multiplikation zweier (N x N)-Matrizen A und B folgendermaßen für einen (N x N)-Arrayprozessor der vorausgesetzten Struktur formulieren.

Algorithmus:

o Initialisierung 1: Laden von A, B; Nullsetzen von C (parallel in allen PE's).

- o CREG (I,J) = 0
- o BREG (I,J) = B(I,J)
- o AREG (I,J) = A(I,J)

für alle (I,J) gleichzeitig in den zugehörigen Prozessorelementen PE(I,J).

o Verschiebung von A,B:

- o Die I-te Zeile von A um (I-1) Spalten nach links für alle I $\leq$ N.
- o Die J-te Spalte von B um (J-1) Zeilen nach oben für alle J $\leq$ N.

+ Multiplikation: (parallel in allen PE's)

- o TREG = AREG * BREG

o Addition: (parallel in allen PE's)

- o CREG = CREG + TREG

o Verschiebung:

- o Verschiebe den Inhalt von AREG zum rechten Nachbarn, parallel von allen PE's aus:

  AREG (I,J+1) $\longleftarrow$ AREG (I,J)

  unter zyklischem Schließen.

- o Verschiebe den Inhalt von BREG zum unteren Nachbarn, parallel von allen PE's aus:

  BREG (I+1,J) $\longleftarrow$ BREG (I,J)

  unter zyklischem Schließen.

o Sprung

o Wenn nicht der N-te Durchgang:
Springe zur Multiplikation (+).

In CREG (I,J) wird das Ergebnis C(I,J) erhalten.

Dieser Algorithmus wurde 1969 von Cannon für einen bestimmten Arrayrechner mit festem Anwendungsspektrum entwickelt (vgl. /1/).

(3) "Systolischer" Algorithmus für Bandmatrizen:

Algorithmen wie dieser Cannon-Algorithmus, deren Funktionsweise auf rhythmischen Strömen von Daten durch Prozessorfelder beruht, gewinnen mehr und mehr an Interesse, da sie sich sehr gut für die vollständige Hardware-Implementierung mit der VLSI-Technologie eignen (vgl. dazu /99/: H.T. Kung, The Structure of Parallel Algorithms, in: Advances in Computers, Vol. 19, Academic Press 1980). Solche Algorithmen werden wegen ihrer rhythmischen Struktur neuerdings "systolische" Algorithmen genannt (vgl. 7.3).

In Abb. 4.5 ist das Ablaufschema für die Multiplikation zweier Bandmatrizen mit einem "systolischen" Algorithmus auf einer hexagonalen Prozessorarray-Struktur dargestellt; neben den Datenströmen der Eingangsmatrizen ist auch der virtuelle Strom der Ergebnismatrix angegeben.

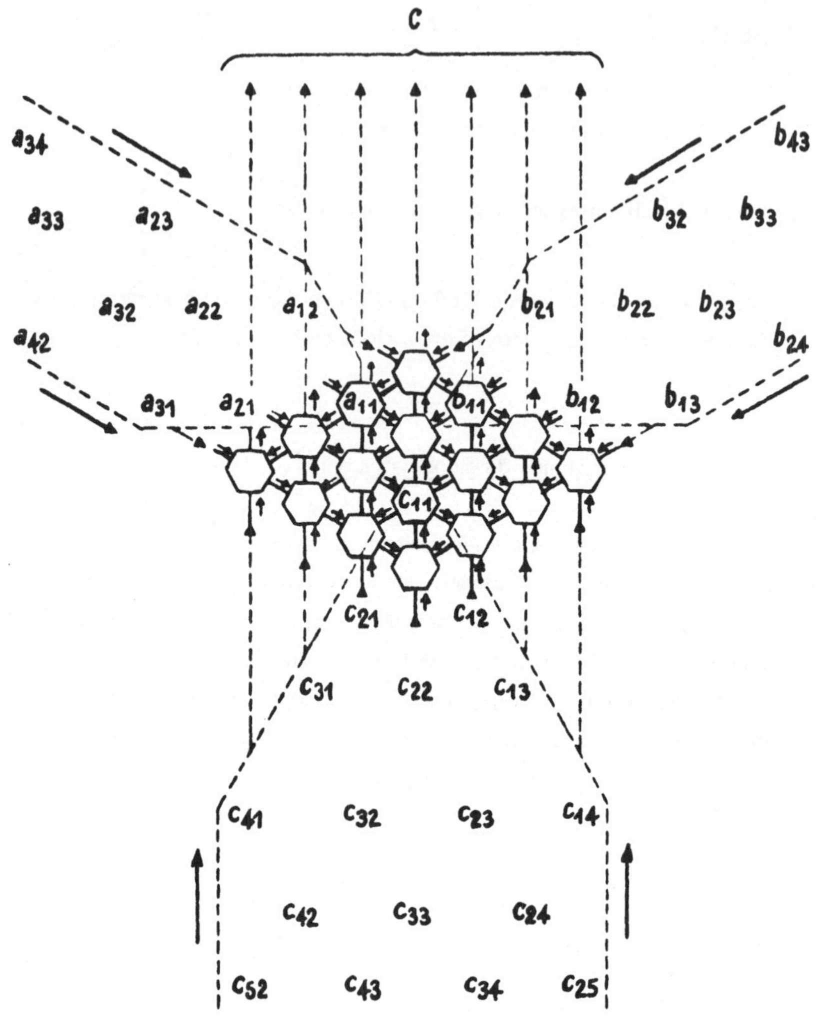

Abb. 4.5: Systolischer Algorithmus zur Multiplikation von Bandmatrizen (nach Kung)

4.2.9 Parallele Berechnung des Skalarproduktes

Die Multiplikation zweier Matrizen A(nxm) und B(mxl) bedeutet die Berechnung von n . l Skalarprodukten zweier m-Vektoren, die aus dem i-ten Zeilenvektor von A und dem j-ten Spaltenvektor von B gebildet werden, wenn das Element c_{ij} berechnet werden soll.

Wir haben es also mit Berechnungen zu tun der Art:

$$z = \sum_{k=1}^{m} x_k \cdot y_k ,$$

die seriell m-1 Additionen und m Multiplikationen erfordert.

Darauf können wir aber das Prinzip des Rekursiven Doppelns anwenden:

<u>1. Stufe:</u> Parallele Multiplikation von x_k mit y_k für alle $1 \leq k \leq m$, in 1 Schritt mit m Prozessoren.

<u>2. Stufe:</u> Rekursives Doppeln bzgl. der Summenbildung mit den Produkten aus Stufe 1 in $\lceil \log m \rceil$ Additionsschritten mit $\lfloor m/2 \rfloor$ Prozessoren.

Die Berechnung des einen Skalarproduktes benötigt insgesamt also

$$T_p = \lceil \log m \rceil + 1 \quad \text{Schritte}$$

und $P = m$ Prozessoren.

4.2.10 Paralleler Algorithmus mit O(logn)

Setzen wir jetzt ein Parallelprozessorsystem aus $p = (n \cdot m \cdot l)$ Prozessoren als gegeben voraus, so lassen sich alle

$$c_{ij} = \sum_{k=1}^{m} a_{ik} b_{kj}$$

als Skalarprodukte parallel in ebenfalls nur

$$T_p = \lceil \log m \rceil + 1 \quad \text{Schritten}$$

berechnen.

Nehmen wir der Einfachheit halber wieder quadratische Matrizen der Dimension n an, so liefert das Rekursive Doppeln einen parallelen Algorithmus für die Matrixmultiplikation mit der Zeitkomplexität

$$T_P = \lceil \log n \rceil + 1 = O(\log n)$$

mit der Prozessorzahl:

$$P = n^3$$

Es läßt sich also zur seriellen Standardmethode mit $O(n^3)$ ein Speedup

$$S_P = O\left(\frac{n^3}{\log n}\right)$$

bei einer Effizienz

$$E_P = O\left(\frac{1}{\log n}\right)$$

erzielen.

4.2.11 Matrix-Kettenprodukt

Setzen wir quasi unbegrenzten Parallelismus voraus, so können wir durch Anwendung des soeben diskutierten parallelen Algorithmus für die Matrixmultiplikation und weitere Anwendung des Rekursiven Doppelns allgemeine Kettenprodukte von Matrizen

$$M = A_1 \cdot A_2 \cdot \ldots\ldots \cdot A_r$$

berechnen in

$$T_p = O(\log r \cdot \log n)$$

mit Prozessorzahlen

$$P = O(r \cdot n^3),$$

wobei wir der Einfachheit halber die Dimensionen von A_i durch n nach oben abgeschätzt haben.

4.3 Transponieren von Matrizen

Eine der Notwendigkeiten bei numerischen Verfahren der linearen Algebra, aber auch insbesondere bei der Bildverarbeitung und der Fouriertransformation, ist das Transponieren von Matrizen, d.h. die Umordnung einer Matrix A (N x M)

$$A(N \times M) = (a_{ij}), \quad 1 \leqslant i \leqslant N, \quad 1 \leqslant j \leqslant M$$

in eine neue Matrix B (M x N) = A^T:

$$A^T(M \times N) = (b_{ij}), \quad 1 \leqslant i \leqslant M, \quad 1 \leqslant j \leqslant N$$

so daß

$$b_{ij} = a_{ji}$$

Es wird noch wesentlich dringender, nach schnellen Verfahren der Matrix-Transposition zu suchen, wenn wir vom seriellen Rechner übergehen zu Parallelprozessoren und die Möglichkeiten der Parallelisierung von Problemen ausnutzen wollen.

Bei vielen Fragestellungen brauchen wir parallelen Zugriff sowohl auf die Zeilen als auch auf die Spalten einer Matrix oder mehrerer Matrizen. Dieser Problemkreis des parallelen Zugriffs auf Vektoren und Matrizen, der dabei auftretenden Konflikte und ihrer Vermeidungsmöglichkeiten ist im Zusammenhang mit der parallelen Speicherorganisation und den Verbindungsnetzwerken zu sehen. Stichworte sind hier: Skewing-Schemata, Interconnection Networks und Perfect-Shuffle-Prinzip (vgl. dazu /4/).

4.3.1 Das Perfect-Shuffle-Prinzip

Wir wollen uns hier zunächst mit der wichtigen Klasse der Vektoren und Matrizen befassen, deren Dimensionen Potenzen von 2 sind.

Wir bezeichnen die Dimension mit

$$M = 2^m$$

Wir wollen zeigen, daß sich die Transposition von $(2^m \times 2^m)$-Matrizen bei Parallelprozessoren durch eine Verbindungsstruktur realisieren läßt, die auf dem Perfect-Shuffle-Prinzip beruht (Abb. 4.6).

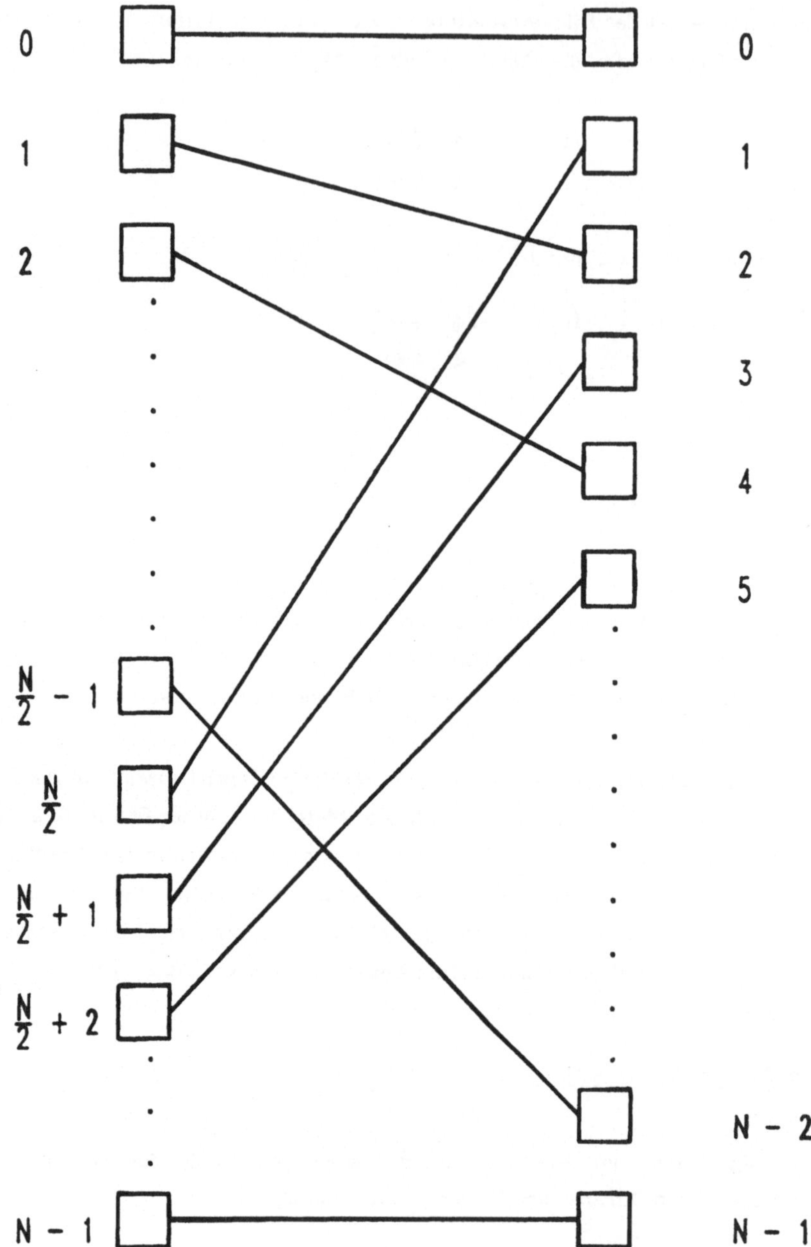

Abb. 4.6: Prinzip des Perfect Shuffle

Der Perfect-Shuffle-Prozeß auf eine geordnete Adressenliste
$L = (i \,/\, 0 \leqslant i \leqslant N-1)$, $N = 2^l$: $L = (0, 1, \ldots, N-1)$ erzeugt die Permutation der Adressen $P(i)$ nach der Formel /60/:

$$P(i) = \begin{cases} 2i & \text{für } 0 \leqslant i \leqslant \frac{N}{2} - 1, \\ 2i + 1 - N & \text{für } \frac{N}{2} \leqslant i \leqslant N-1 . \end{cases}$$

Dieser Prozeß läßt sich interpretieren als eine zyklische Linksverschiebung des Bit-Musters

$$\beta_i = (i_{l-1}, i_{l-2}, \ldots, i_1, i_0), \quad i_j = 0 \text{ oder } 1, \; 0 \leqslant j \leqslant l,$$

das aus der Binärdarstellung der Adresse i erhalten wird.

Der Perfect-Shuffle-Prozeß liefert also:

$$PS(\beta_i) = (i_{l-2}, i_{l-3}, \ldots, i_0, i_{l-1})$$

4.3.2 Transposition von $(2^m \times 2^m)$-Matrizen

In den Rechenanlagen können Matrizen entweder zeilenmäßig ("row major") oder spaltenmäßig ("column major") abgespeichert sein.

(1) Speicherordnung

Wir nehmen an, daß die Elemente der Matrix

$$A = A\,(2^m \times 2^m)$$

zeilenmäßig geordnet abgespeichert sind. D.h.: der Zeilenindex ist der Hauptschlüssel und der Spaltenindex der Nebenschlüssel bei der Indizierungsordnung.

Explizit bedeutet die Transposition der Matrix A, daß der Übergang von der zeilenmäßigen Speicherung zur spaltenmäßigen Speicherung vollzogen werden muß, also von der

<u>"normalen"</u> (zeilenmäßigen) Ordnung (A)	zur	<u>transponierten</u> (spaltenmäßigen) Ordnung (A^T)
A (1,1)		A (1,1)
A (1,2)		A (2,1)
.		.
.		.
.		.
.		.
.		.
$A(1,2^m)$		$A(2^m, 1)$
A (2,1)		A (1,2)
A (2,2)		A (2,2)
.		.
.		.
.		.
.		.
$A(2,2^m)$		$A(2^m,2)$
.		.
.		.
.		.
.		.
$A(2^m,1)$		$A(1,2^m)$
$A(2^m,2)$		$A(2,2^m)$
.		.
.		.
.		.
.		.
$A(2^m,2^m)$		$A(2^m, 2^m)$

Bei der zeilenmäßigen Ordnung von A beträgt die Verschiebung ("Displacement") des Elementes A(i,j) gegenüber A(1,1), der Basis des Feldes:

$$D_Z = (i-1) \cdot 2^m + (j-1)$$

Das Transponieren der Matrix A geschieht durch Vertauschen von i und j und somit durch den Übergang zur spaltenweisen Ordnung des Feldes A (i,j). In dieser Ordnung ist die Verschiebung des Elementes A(i,j) relativ zu A (1,1) gegeben durch

$$D_S = (j-1) \cdot 2^m + (i-1).$$

(2) Perfect-Shuffle:

Wir betrachten zur Realisierung der Transposition mit einem Perfect-Shuffle-System ein Schieberegister, das aus

$$l = 2m \quad \text{binären Stufen}$$

besteht. Die m höchsten Stufen sollen die Bits der Binärdarstellung der Index-Adresse (i-1), die m niedrigsten Stufen die Bits der Binärdarstellung der Indexadresse (j-1) enthalten, so daß sich das Bild in Abb. 4.7a ergibt.

Für $0 \leq i-1 \leq 2^m-1$, $0 \leq j \leq 2^m-1$ gilt dabei:

$$I' = i-1 = (i_{m-1}, i_{m-2}, \ldots, i_0)$$

$$J' = j-1 = (j_{m-1}, j_{m-2}, \ldots, j_0)$$

als Binärdarstellungen.

Das Schieberegister enthält somit insgesamt die Darstellung der Verschiebung:

$$D_Z = (i-1) \cdot 2^m + (j-1),$$

da die Darstellung von (i-1) ja mit 2^m multipliziert die Linksverschiebung um m Stufen ergibt.

Da der Perfect-Shuffle-Prozeß die zyklische Verschiebung des Bitmusters verursacht, liefert die m-fache Anwendung der Perfect-Shuffle entsprechend die zyklische Verschiebung um m Schieberegister-Stufen, so daß nach m-facher Anwendung das Schieberegister den Inhalt hat, wie er in Abb. 4.7b dargestellt ist, also die Darstellung der Verschiebung

$$D_S = (j-1) \cdot 2^m + (i-1)$$

Das bedeutet aber, daß das Element A (i,j) aus der relativen Position D_Z in die neue Position D_S gegenüber A (1,1) abgebildet worden ist. Somit haben wir die Ordnung der Transponierten von A.

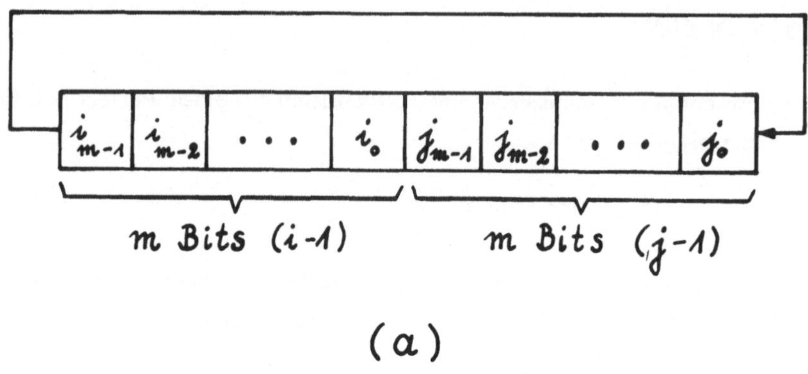

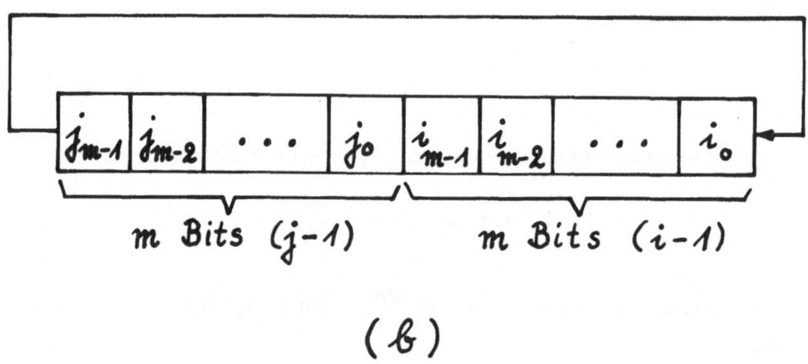

Abb. 4.7: Matrixtransposition durch Perfect Shuffle

Dieser Perfect-Shuffle-Algorithmus zur Transposition von quadratischen ($2^m \times 2^m$)-Matrizen hat also bezogen auf die parallel auszuführenden Umordnungen bzw. Umspeicherungen die Zeitkomplexität

$$T^{PS}(A^T;M) = O(\log M).$$

Der Algorithmus läßt sich natürlich erweitern. Ist die Dimension der Matrix A(N x N) nicht eine Potenz von 2, so läßt sich A in eine $(2^m \times 2^m)$-Matrix einbetten, wobei

$$m = \lceil \log N \rceil$$

zu wählen ist. Durch geeignete Maskierung läßt sich dann der Algorithmus analog anwenden. (Das gilt im Prinzip auch für Rechteckmatrizen.)

Für einen Arrayprozessor würde die Realisierung des Algorithmus den Ersatz der Nächste-Nachbarn-Verbindungsstruktur durch eine Perfect-Shuffle-Struktur verlangen.

4.3.3 Algorithmus nach Schumann

Das Problem des Transponierens von Matrizen stellt natürlich auch für den seriellen Rechner schwierige Aufgaben, insbesondere wenn die Dimensionen der zu behandelnden Matrizen groß werden.

In den letzten Jahren haben sich verschiedene Autoren dieses Problems erneut angenommen:

o J.O. Eklundh /144/:

A Fast Computer Method for Matrix Transposing

IEEE Trans. Comput. C-21 (1972), S. 801

o H.K. Ramapriyan /145/:

A Generalization of Eklundh's Algorithm for Transposing Large Matrices

IEEE Trans. Comput. C-23 (1975), S. 1221

o R.E. Twogood and M.P. Ekstrom /146/:

An Extension to Eklundh's Matrix Transposition Algorithm and its Application in Digital Image Processing

IEEE Trans. Comput. C-24 (1976), S. 950

o M. Ben Ari /147/:

On Transposing Large $2^n \times 2^n$ Matrices

IEEE Trans. Comput. C-27 (1979), S. 72

Wir wollen hier auf diese seriell orientierten Methoden nicht eingehen, sondern noch einen Ansatz kennenlernen, den U. Schumann /148/ ebenfalls für einen seriellen Transpositions-Algorithmus verwendet hat, der aber im Ursprung eine gewisse Ähnlichkeit mit dem Perfect-Shuffle-Prinzip hat und sich mit entsprechenden Kommunikationsstrukturen wirkungsvoll parallelisieren ließe.

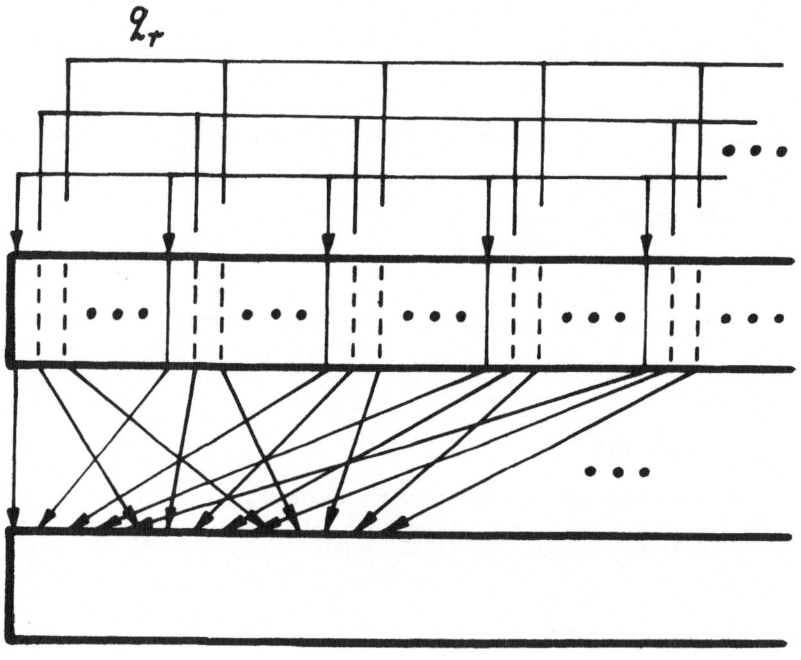

Abb. 4.8: Sortierphasen der Matrixtransposition nach Schumann

Das Verfahren von Schumann läuft in L Phasen ab (vgl. Abb. 4. 8):

(i) In der r-ten Phase ($r = 1, 2, \ldots, L$) wird damit begonnen, daß die erste Information (auf Speicherplatz 1) vom Eingabeband gelesen und auf den ersten Platz des Ausgabebandes geschrieben wird; dann wird die Information, die auf dem Eingabeband q_r Plätze weiter steht, gelesen und auf den 2. Platz des Ausgabebandes geschrieben usw., bis das Ende des Eingabebandes nach $(N_S/q_r) \cdot N_Z$ Lese- und Schreibschritten erreicht ist.

(ii) Anschließend wird das Eingabeband zurückgespult und bei dem 2. Platz mit dem Lesen in Schritten von q_r Plätzen begonnen und fortlaufend auf das Band 2 geschrieben.

(iii) Dieser Vorgang läuft q_r-mal ab.

(iv) Danach sind alle Daten vom Eingabeband - in entsprechender Umordnung - auf das Ausgabeband gebracht.

(v) Beide Bänder werden zurückgespult.

(vi) Für die folgende Phase (r+1) werden Band 1 und Band 2 vertauscht, falls $r < L$. (Die erhaltene Ausgabeordnung wird zur Eingabeordnung für die folgende Phase.)

Damit ist die Phase r abgeschlossen. In jeder Phase muß also q_r-mal zurückgespult werden. Nach L Phasen wurde somit jedes der Bänder Q-mal entweder gelesen oder beschrieben und zurückgespult:

$$Q = \sum_{r=1}^{L} q_r \, .$$

Nach dem Durchlaufen von L Phasen enthält das Ausgabeband die Transponierte der Matrix A in zeilenmäßiger Speicherordnung.

Wie bei den Interconnection Networks und beim Perfect-Shuffle-System sind in diesen Verfahren Prinzipien enthalten, wie sie bei den Sortierproblemen und Sortieralgorithmen angewendet werden (vgl. D.E. Knuth, The Art of Computer Programming, Vol. 3: Sorting and Searching, Addison-Wesley, 1973, /33/).

Eine Matrixtransposition ist natürlich einem Sortierproblem verwandt. Im Unterschied zu den normalen Sortieraufgaben wirkt das Ordnungskriterium auf die Position innerhalb des linearen Feldes und nicht auf die Daten.

(1) Das Verfahren

Das Verfahren von Schumann geht von Matrizen der Gestalt aus:

$$A\,(N_Z \times N_S)\,,$$

wobei für die Spaltenzahl N_S die Zerlegung in Primzahlfaktoren gegeben sei:

$$N_S = \prod_{r=1}^{L} q_r \quad , \quad q_r \geqslant 2$$

Schumann hat den Algorithmus für 2 Bänder entwickelt: ein Eingabeband und ein Ausgabeband, die zu bestimmten Zeiten ausgetauscht werden.

Die Ausgangsmatrix A wird als zeilenmäßig auf Band 1 gespeichert vorausgesetzt:

(1,1)	(1,2)	....	$(1,N_S)$	(2,1)	(2,2)	....	$(2,N_S)$	....	(N_Z,N_S)
(1)	(2)	....	(N_S)	(N_S+1)	(N_S+2)	....	$(2N_S)$	....	$(N_Z N_S)$

Die Verschiebung D_Z ist also hier:

$$D_Z = (j-1) + (i-1) \cdot N_S$$

(2) Beispiel:

Ausgangsmatrix sei eine Matrix aus $N_S = 6$ Spalten und $N_Z = 2$ Zeilen:

$$A = A(2 \times 6)$$

Die Primfaktorzerlegung von $N_S = 6$ liefert:

$$q_1 = 2,$$

$$q_2 = 3,$$

$$L = 2,$$

$$Q = 5.$$

Der Verfahrensablauf dafür ist schematisch in Abb. 4.9 dargestellt.

MATRIX $A(i,j)$, $1 \leq i \leq 2$, $1 \leq j \leq 6$

$N_Z = 2$; $N_S = 6$:

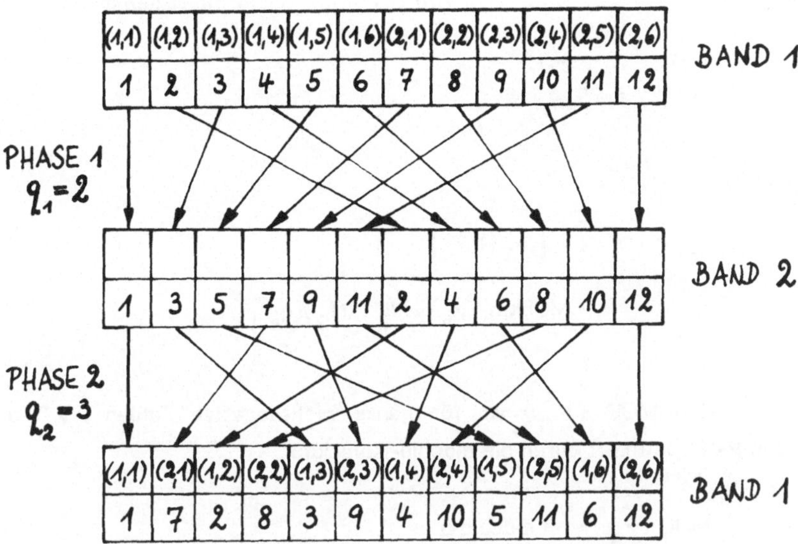

Abb. 4.9: Matrixtransposition nach Schumann (Beispiel)

(3) Formale Darstellung:

Formal läßt sich das Verfahren wie folgt definieren:

Gegeben sei ein lineares Feld:

$$(F_m^{(o)} \ / \ m = 1, 2, \ldots, N_Z \cdot N_S)$$

und eine Primzahlzerlegung:

$$N_S = \prod_{r=1}^{L} q_r \quad , \quad q_r \geq 2.$$

Das Feld $F_m^{(o)}$ enthält zeilenmäßig geordnet die Matrix $A = A(N_Z \times N_S)$:

$$D_Z = (j-1) + (i-1) \cdot N_S.$$

In jeder Phase r, r = 1, 2, ... , L, wird das Feld transformiert gemäß

$$F^{(r)}_{k_r(m)} = F^{(r-1)}_m$$

wobei

$$(+) \qquad k_r(m) = 1 + \lfloor (m-1)/q_r \rfloor + MOD(m-1, q_r) \cdot N_Z \cdot (N_S / q_r)$$

Die Funktion MOD (ν, μ) ist für ganze nichtnegative Zahlen $\mu > 0$ und ganze Zahlen $\nu \geq 0$ definiert durch die modulo-Relation:

$$MOD(\nu, \mu) = \nu \text{ modulo } \mu .$$

Wenn wir die Plätze von 0 an zählen: $0 \leq m' < N_Z \cdot N_S$, so ist der transformierte Platz, der sich aus (+) ergibt:

$$(++) \qquad k'_r(m') = \left\lfloor \frac{m'}{q_r} \right\rfloor + MOD(m', q_r) \cdot N_Z \cdot (N_S / q_r) ;$$

dabei gibt der zweite Term mit der Zahl der Rückspulungen vor dem Lesen von m' den letzten Schreibplatz an und der erste Term liefert die relative Adresse der Abspeicherung beim q_r-Sprung im entsprechenden richtigen Zyklus.

Die Position des Matrixelementes A(i,j) im Feld $F^{(o)}$ ist nach Voraussetzung

$$m = j + (i-1) \cdot N_S = D_Z + 1$$

Nach Transposition muß es die Position haben:

$$m^T = i + (j-1) \cdot N_Z = D_S + 1$$

Mithilfe der Transformationsvorschrift (+) läßt sich durch vollständige Induktion beweisen, daß sich das Element A(i,j) nach r Transformationen in dem linearen Feld $F^{(r)}$ an der Position k_r befindet, wobei

$$k_r = 1 + \left\lfloor \frac{j-1}{q_1 \cdot q_2 \cdot \ldots\ldots \cdot q_r} \right\rfloor$$

$$+ \quad \frac{(i-1) \cdot N_S}{q_1 \cdot q_2 \cdot \ldots\ldots \cdot q_r}$$

$$+ \quad N_Z \cdot \left\{ \mathrm{MOD}\,(j-1, q_1) \cdot \frac{N_S}{q_1 \cdot q_2 \cdot \ldots\ldots \cdot q_r} \right.$$

$$+ \mathrm{MOD}\,\left(\left\lfloor \frac{j-1}{q_1} \right\rfloor, q_2\right) \cdot \frac{N_S}{q_2 \cdot q_3 \cdot \ldots\ldots \cdot q_r}$$

$$+ \mathrm{MOD}\,\left(\left\lfloor \frac{j-1}{q_1 \cdot q_2} \right\rfloor, q_3\right) \cdot \frac{N_S}{q_3 \cdot q_4 \cdot \ldots\ldots \cdot q_r}$$

$$+ \ldots\ldots\ldots\ldots\ldots\ldots\ldots\ldots\ldots\ldots\ldots\ldots\ldots\ldots$$

$$\left. + \mathrm{MOD}\,\left(\left\lfloor \frac{j-1}{q_1 \cdot q_2 \cdot \ldots\ldots \cdot q_{r-1}} \right\rfloor, q_r\right) \cdot \frac{N_S}{q_r} \right\}$$

Die Beziehung läßt sich sukzessive entwickeln aus der Transformationsvorschrift für die reduzierte Adresse:

$$(0) \quad m'_r = \left\lfloor \frac{m'_r - 1}{q_r} \right\rfloor + \mathrm{MOD}\,(m'_{r-1}, q_r) \cdot N_Z \cdot \frac{N_S}{q_r}$$

Daraus ergibt sich z. B. mit $m'_0 = (j-1) + (i-1) \cdot N_S$:

$$(1) \quad m'_1 = \left\lfloor \frac{(j-1) + (i-1)\, N_S}{q_1} \right\rfloor + \mathrm{MOD}\,(((j-1) + (i-1)\, N_S), q_1) \cdot N_Z \cdot \frac{N_S}{q_1}$$

$$= \left\lfloor \frac{(j-1)}{q_1} \right\rfloor + (i-1)\,\frac{N_S}{q_1} + \mathrm{MOD}\,(j-1, q_1) \cdot N_Z \cdot \frac{N_S}{q_1}$$

und durch Einsetzen von (1) in (0), für r = 2:

$$(2)\quad m'_2 = \left\lfloor \frac{j-1}{q_1 \cdot q_2} \right\rfloor + (i-1) \cdot \frac{N_S}{q_1 q_2} + \left\{ MOD(j-1, q_1) \cdot N_Z \cdot \frac{N_S}{q_1 \cdot q_2} \right.$$

$$+ MOD\left(\left[\left\lfloor \frac{(j-1)}{q_1} \right\rfloor + (i-1) \frac{N_S}{q_1} + MOD(j-1, q_1) \cdot N_Z \cdot \frac{N_S}{q_1} \right], q_2 \right)$$

$$\left. \cdot \frac{N_Z N_S}{q_2} \right\}$$

$$= \left\lfloor \frac{(j-1)}{q_1 q_2} \right\rfloor + (i-1) \frac{N_S}{q_1 \cdot q_2} + \left\{ MOD(j-1, q_1) \cdot N_Z \cdot \frac{N_S}{q_1 q_2} \right.$$

$$\left. + MOD\left(\left\lfloor \frac{(j-1)}{q_1} \right\rfloor, q_2 \right) \cdot \frac{N_Z N_S}{q_2} \right\}$$

usw. für alle $r \leqslant L$.

Nach L Phasen befindet sich A(i,j) danach also in der Position:

$$k_L = 1 + 0 + (i-1) +$$

$$+ N_Z \cdot \left\{ MOD(j-1, q_1) \right.$$

$$+ MOD\left(\left\lfloor \frac{j-1}{q_1} \right\rfloor, q_2 \right) \cdot q_1$$

$$+ \ldots\ldots\ldots\ldots\ldots\ldots\ldots\ldots$$

$$\left. + MOD\left(\left\lfloor \frac{j-1}{q_1 q_2 \cdots q_{L-1}} \right\rfloor, q_L \right) \cdot (q_1 q_2 \cdots q_{L-1}) \right\}$$

Der zweite Summand verschwindet, weil der Nenner gleich N_S und $j-1 < N_S$ ist; auch sonst wurde N_S gekürzt, wo immer es möglich war.

Aus der Zahlentheorie läßt sich nun das Ergebnis verwenden, daß sich durch sukzessives Dividieren mit Rest jede ganze Zahl $X \geqslant 0$ darstellen läßt in der Gestalt:

$$X = (\ldots ((n_L \cdot q_L + s_L) \cdot q_{L-1} + s_{L-1}) \cdot q_{L-2} + \ldots + s_2) \cdot q_1 + s_1$$

Für X = j-1 muß wegen j-1 < N_S gelten:

$$n_L = 0.$$

(Für $n_L > 0$ wäre $X \geq N_S$).

Damit läßt sich durch Einsetzen oder Vergleich zeigen, daß die ganze Klammer sich reduziert auf:

$$(j-1) = \{ \ldots\ldots\ldots\ldots\ldots\ldots \}$$

im Ausdruck für k_L.

Damit erhalten wir für die Schlußposition von A(i,j) nach L Phasen:

$$k_L = i + (j-1) \, . \, N_Z \, .$$

Das ist aber die für die Transformierte A^T von A erforderliche Speicherstelle.

(4) Parallelisierung mittels "q-närem Unshuffle"

Betrachten wir das diskutierte Beispiel und den Abbildungsmechanismus des Schumann-Verfahrens, so finden wir, daß entsprechend der Transformation in der Phase r (mit $m = k_{r-1}$ und $k_0 = j + (i-1) \, . \, N_S$):

$$k_r = 1 + \left\lfloor \frac{m-1}{q_r} \right\rfloor + \text{MOD}\,(m-1, q_r) \, . \, N_Z \, . \, \left(\frac{N_S}{q_r}\right)$$

eine Permutation der Plätze erzeugt wird, die man als "q-näres Unshuffle" (in Analogie zur Umkehrung des Perfect-Shuffle) bezeichnen könnte. Das Diagramm in Abb. 4.9 legt ja die Parallelisierung nahe. Die Schwierigkeit ist hier die Konstruktion des Netzwerkes.

Die Realisierung eines parallelen Algorithmus auf der Basis dieses Schemas würde die Zeitkomplexität liefern:

$$T(A^T) = L$$

und damit besser sein als der Algorithmus nach dem Perfect-Shuffle-Prinzip (für (2^m

x 2^m)-Matrizen). Denn nehmen wir den Fall von (15 x 15)-Matrizen mit der Primzahlzerlegung

$$N_S = 15 = 3 \cdot 5,$$

also: $$q_1 = 3, \quad q_2 = 5, \quad L = 2,$$

so ergibt der Vergleich mit (16 x 16)-Matrizen $T^{(PS)} = \log 16 = 4$ gegenüber $T^{(qS)} = L = 2$.

Die Zahl der Faktoren L ist erheblich kleiner als logM. Die Primzahlzerlegung läßt sich optimieren, wenn das Auffüllen der Matrizen durch Nullen erlaubt ist.

4.4 Lineare Gleichungssysteme

In diesem Abschnitt wollen wir uns mit der Lösung linearer Gleichungssysteme der allgemeinen Form

$$Ax = v,$$

einem für die Praxis sehr wichtigen Teil der linearen Algebra, und ihrer Umsetzung in numerische Verfahren befassen.

Wir wollen also zunächst die Matrix A nicht auf eine spezielle Form beschränken, sondern sie als allgemeine (nxn)-Matrix

$$A = \begin{bmatrix} a_{11} & a_{12} & a_{13} & a_{1n} \\ a_{21} & a_{22} & a_{23} \cdots & a_{2n} \\ \cdots & \cdots & \cdots & \cdots \\ a_{n1} & a_{n2} & a_{n3} & a_{nn} \end{bmatrix}$$

und den Vektor v als entsprechenden n-Vektor voraussetzen:

$$v = \begin{bmatrix} v_1 \\ v_2 \\ v_3 \\ . \\ . \\ . \\ v_n \end{bmatrix}$$

Sollen in bestimmten Fällen zur Matrix A für mehrere Vektoren der rechten Seite, v_k, $1 \leq k \leq m$, die jeweils zugehörigen Lösungsvektoren x_k berechnet werden, so können wir formal für die Vektoren x und v Matrizen X und V einführen:

$$X = (n \times m) \quad , \qquad V = (n \times m)$$
$$\quad = (x_{ik}) \qquad\qquad \quad = (v_{ik})$$

Wir wollen uns hier beschränken auf sog. "direkte Verfahren" (im Gegensatz zu den sog. iterativen Verfahren).

Ein "direktes Verfahren" zur Lösung von $Ax = v$ ist ein Verfahren, das den Lösungsvektor x auf die Form einer endlichen Zahl von Operationen mit Skalaren zurückführt und dabei, abgesehen von Rundungsfehlern, die exakte Lösung liefert.

Also etwa die (oft nur theoretisch bedeutende) Vorschrift:

$$x = A^{-1} v.$$

Im Gegensatz zu den direkten Verfahren gehen die iterativen Verfahren von einer Näherungslösung für x aus und approximieren die Lösung iterativ bis zur Erfüllung von Abbruchkriterien.

Zu den direkten Verfahren gehören etwa:

- der Gaußsche Algorithmus der Elimination,
- das Gauß-Jordan-Verfahren,
- das Cholesky-Verfahren.

Zu den iterativen Verfahren gehören:

- das Gesamtschrittverfahren,
- die Relaxationsverfahren.

Wir wollen hier (einige) repräsentative direkte Verfahren für die serielle Verarbeitung und ihre Übersetzung in parallele Algorithmen kennenlernen und darüber hinaus parallele Algorithmen analysieren, die als originär parallel angesehen werden können.

4.4.1 Lösungsbedingungen

Es sei also ein System von n linearen Gleichungen mit n Unbekannten x_i gegeben, das wir schreiben:

$$Ax = v,$$

wobei die Elemente a_{ij} der quadratischen Matrix A reell sein sollen:

$$a_{ij} \in \mathbb{R} \quad , \quad 1 \leq i, j \leq n,$$

ebenso wie die Elemente des Vektors v der rechten Seite des Systems: $v_i \in \mathbb{R}$.

Definition:

1) Ein Gleichungssystem $Ax = v$ heißt homogen, wenn v der Nullvektor ist: $v_i = 0$, $1 \leq i \leq n$.

2) Anderenfalls (d.h. $v \not\equiv 0$, $1 \leq i \leq n$) heißt das System inhomogen.

Die Bedingungen für die Lösbarkeit linearer Gleichungssysteme werden von der Linearen Algebra geliefert. Wir wollen hier die wichtigsten Ergebnisse nur angeben:

1) Das homogene Gleichungssystem: $Ax = 0$:

   a) $\det A \neq 0$: Es existiert nur die triviale Lösung $x = 0$, d.h. $x_i = 0$, $1 \leq i \leq n$.

   b) $\det A = 0$: Die Matrix A habe den Rang r, d.h. es gibt mindestens eine r-reihige

Unterdeterminante von A, die nicht verschwindet, während alle s-reihigen Unterdeterminanten für $n \geq s > r$ verschwinden. Dann besitzt das System genau n-r linear unabhängige Lösungen.

2) Das inhomogene Gleichungssystem: $Ax = v$:

a) $\det A \neq 0$: Es existiert genau eine Lösung; sie lautet:

$$x = A^{-1} v .$$

b) $\det A = 0$: i) Das System ist dann und nur dann lösbar, wenn v orthogonal zu den n-r linear unabhängigen Lösungen x_j^h, $1 \leq j \leq n-r$, des homogenen transponierten Systems $A^T x = 0$ ist, d.h. wenn das Skalarprodukt $(v, x_j^h) = 0$ für $1 \leq j \leq n-r$.

ii) Ist das System lösbar, so ist die Lösung nicht eindeutig bestimmt. Die Lösungen ergeben sich als Summe der Linearbombination der linear unabhängigen Lösungen des homogenen Systems und einer speziellen Lösung des inhomogenen Systems:

$$x = \sum_{j=1}^{n-r} c_j \cdot x_j^h + x_o^{inh} .$$

Nun ist im allgemeinen bei einem linearen Gleichungssystem mit einer großen Zahl von Gleichungen schwer nachzuprüfen, ob die Lösbarkeitsbedingungen erfüllt sind oder nicht. Bei den direkten Methoden beantworten sich diese Fragen während der Durchführung von selbst.

Wir wollen aber im folgenden ausschließlich inhomogene Gleichungssysteme betrachten und stets voraussetzen, daß diese lösbar sind, also:

$$\det A \neq 0.$$

4.4.2 Die Gauß-Elimination

Das Prinzip des Gaußschen Algorithmus, auch Gaußsches Eliminationsverfahren genannt, ist die Überführung eines gegebenen Gleichungssystems der Form

$$A\,x = v$$

mit quadratischer Matrix A in ein gestaffeltes Gleichungssystem

$$B\,x = b,$$

das durch eine obere Dreiecksmatrix B bestimmt ist:

$$B = \begin{bmatrix} b_{11} & b_{12} & \cdots\cdots & b_{1,n-1} & b_{1n} \\ 0 & b_{22} & \cdots\cdots & b_{2,n-1} & b_{2n} \\ 0 & 0 & b_{33} & b_{3,n-1} & b_{3n} \\ \cdots & \cdots & \cdots & \cdots & \cdots \\ 0 & 0 & 0 \ldots 0 & & b_{nn} \end{bmatrix}$$

Aus diesem transformierten System $Bx = b$ lassen sich die Unbekannten x_i, $1 \leq i \leq n$, beginnend mit der letzten Zeile

$$b_{nn}\,x_n = b_n\,,$$

durch Rücksubstitution einfach rekursiv bestimmen. Der im folgenden behandelte Algorithmus von Gauß hat alle späteren Vorschläge zur Verminderung des seriellen Arbeitsaufwandes der Systemlösung sehr gut überdauert, weil er die Anzahl der erforderlichen Operationen anderer Verfahren unterbietet. Es wurde durch viele Untersuchungen festgestellt, daß dieses Verfahren zuverlässig und effizient ist (vgl. etwa auch: G. Jordan-Engeln u. F. Reutter, Numerische Mathematik für Ingenieure, BI Hochschultaschenbücher Bd. 104, 1978 /149/).

(1) Konstruktion des Verfahrens

Die "Gauß-Elimination" ist der Prozeß, durch Subtraktion geeigneter vielfacher jeder Zeile des Gleichungssystems von allen nachfolgenden Zeilen eine obere Dreiecksmatrix B zu erzeugen. Wenn die rechte Seite v des Systems wie eine zusätzliche Spalte behandelt wird, sind diese Operationen als Vorwärts-Elimination bekannt.

Bekanntlich ist die Lösung eines Gleichungssystems unabhängig von der Anordnung der

Gleichungen. Wir können also o. B. d. A. eine Zeilenvertauschung derart vornehmen, daß das betragsgrößte Element der ersten Spalte von A in die erste Zeile kommt. Die durch diese eventuelle Umordnung entstandene Matrix bezeichnen wir mit $A^{(o)}$:

$$A \longrightarrow A^{(o)},$$

die zugehörigen Elemente und rechten Seiten mit $a_{ij}^{(o)}$ bzw. $v_i^{(o)}$:

$$a_{ij} \longrightarrow a_{ij}^{(o)}$$

$$v_i \longrightarrow v_i^{(o)};$$

so wird das äquivalente System erhalten:

$$A^{(o)}x = v^{(o)}.$$

Da, wie vorausgesetzt, det $A \neq 0$, so gilt für das betragsgrößte Element der ersten Spalte:

$$a_{11}^{(o)} \neq 0,$$

da sonst alle $a_{i1} = 0$ und det $A = 0$ wären.

Zur Elimination von x_1 aus den Gleichungen $i = 2, 3, \ldots, n$ multiplizieren wir die 1. Gleichung

$$a_{11}^{(o)} x_1 + a_{12}^{(o)} x_2 + \ldots + a_{1n}^{(o)} x_n = v_1^{(o)}$$

mit

$$-w_{i1} = -\frac{a_{i1}^{(o)}}{a_{11}^{(o)}}, \quad i = 2, 3, \ldots, n,$$

und addieren sie jeweils zur i-ten Gleichung. Dadurch erhalten wir für $i = 2, 3, \ldots, n$ zusammen mit der unveränderten 1. Zeile in diesem

<u>1. Eliminationsschritt:</u>

$$
\begin{array}{llllll}
a_{11}^{(o)} x_1 & + a_{12}^{(o)} x_2 & + & \ldots\ldots\ldots + a_{1n}^{(o)} x_n & = & v_1^{(o)} \\
 & \tilde{a}_{22}^{(1)} x_2 & + & \ldots\ldots\ldots + \tilde{a}_{2n}^{(1)} x_n & = & \tilde{v}_2^{(1)} \\
 & \cdot & & \cdot & & \cdot \\
 & \cdot & & \cdot & & \cdot \\
 & \cdot & & \cdot & & \cdot \\
 & \tilde{a}_{n2}^{(1)} x_2 & + & \ldots\ldots\ldots + \tilde{a}_{nn}^{(1)} x_n & = & \tilde{v}_n^{(1)}
\end{array}
$$

mit

$$\tilde{a}_{ij}^{(1)} = 0 \qquad \text{für } j = 1, i = 2, 3, \ldots\ldots, n$$

$$\tilde{a}_{ij}^{(1)} = a_{ij}^{(o)} - a_{1j}^{(o)} \cdot \frac{a_{i1}^{(o)}}{a_{11}^{(o)}} \qquad \text{für} \quad j = 2, 3, \ldots, n, \quad i = 2, 3, \ldots, n;$$

$$\tilde{v}_i^{(1)} = v_i^{(o)} - v_1^{(o)} \cdot \frac{a_{i1}^{(o)}}{a_{11}^{(o)}}, \qquad i = 2, 3, \ldots\ldots, n.$$

Das System besteht also nach dem 1. Eliminationsschritt aus 1 Gleichung mit den n Unbekannten $x_1, x_2, \ldots\ldots, x_n$ und (n-1) Gleichungen mit den (n-1) Unbekannten $x_2, x_3, \ldots\ldots, x_n$.

Auf die letzten (n-1) Gleichungen i = 2, 3, ..., n wenden wir das Eliminationsverfahren erneut an. Dazu müssen wir eventuell eine neue Zeilenvertauschung durchführen, so daß das betragsgrößte Element $\tilde{a}_{i2}^{(1)}$ für $2 \leq i \leq n$ in die 2. Gleichung versetzt wird. Nach der Zeilenvertauschung werden die Elemente der neu geordneten Zeilen 2 bis n mit $a_{ij}^{(1)}$ bzw. $v_i^{(1)}$ bezeichnet:

$$a_{11}^{(o)} x_1 + a_{12}^{(o)} x_2 + \dots\dots\dots + a_{1n}^{(o)} x_n = v_1^{(o)}$$

$$a_{22}^{(1)} x_2 + \dots\dots\dots + a_{2n}^{(1)} x_n = v_2^{(1)}$$

$$\vdots$$

$$a_{n2}^{(1)} x_2 + \dots\dots\dots + a_{nn}^{(1)} x_n = v_n^{(1)}$$

wegen det A $\neq$ 0 muß gelten:

$$a_{22}^{(1)} \neq 0.$$

Jetzt führen wir bzgl. des (n-1)-dimensionalen Systems die Gauß-Elimination durch:

$$w_{i2} = \frac{a_{i2}^{(1)}}{a_{22}^{(1)}}, \quad i > 2.$$

So fahren wir mit jeder weiteren Gleichung bis zur Gleichung (n-1) fort. Das sind n-1 Schritte.

Für jeden Eliminationsschritt s = 1, 2, ..., n-1 sind die Elemente nach dem folgenden Schema zu berechnen:

$$\tilde{a}_{ij}^{(s)} = \begin{cases} 0 & \text{für } j = 1, 2, \dots, s;\ i = s+1, \dots, n; \\ a_{ij}^{(s-1)} - a_{sj}^{(s-1)} \cdot \dfrac{a_{is}^{(s-1)}}{a_{ss}^{(s-1)}} & \text{für } s+1 \leq j \leq n,\ s+1 \leq i \leq n; \end{cases}$$

$$\tilde{v}_i^{(s)} = v_i^{(s-1)} - v_s^{(s-1)} \cdot \frac{a_{is}^{(s-1)}}{a_{ss}^{(s-1)}} \quad \text{für } s+1 \leq i \leq n.$$

Nach (n-1) Eliminationsschritten gewinnen wir, indem wir das letzte reduzierte Element ohne Vertauschung umbenennen,

$$\tilde{a}_{nn}^{(n-1)} \longrightarrow a_{nn}^{(n-1)} ,$$

das gestaffelte Gleichungssystem mit oberer Dreiecksmatrix:

$A^{(n-1)}x = v^{(n-1)}$,

$$a_{11}^{(o)} x_1 + a_{12}^{(o)} x_2 + a_{13}^{(o)} x_3 + \ldots\ldots + a_{1n}^{(o)} \quad x_n = v_1^{(o)}$$

$$a_{22}^{(1)} x_2 + a_{23}^{(1)} x_3 + \ldots\ldots + a_{2n}^{(1)} \quad x_n = v_2^{(1)}$$

$$a_{33}^{(2)} x_3 + \ldots\ldots + a_{3n}^{(2)} \quad x_n = v_3^{(2)}$$

$$\vdots$$

$$a_{nn}^{(n-1)} \; x_n = v_n^{(n-1)}$$

Mit der Gleichsetzung $b_{ij} = a_{ij}^{(i-1)}$, $b_i = v_i^{(i-1)}$ finden wir also die gewünschte Form wieder, die wir zur Lösung des Systems $Ax = v$ gefordert hatten: $Bx = b$.

Aus dem reduzierten System berechnen wir jetzt rekursiv die Unbekannten x_i:

$$x_n = \frac{v_n^{(n-1)}}{a_{nn}^{(n-1)}} ,$$

$$x_i = \frac{v_i^{(i-1)}}{v_{ii}^{(i-1)}} - \sum_{j=i+1}^{n} \frac{a_{ij}^{(i-1)}}{a_{ii}^{(i-1)}} x_j$$

für i = n-1, n-2, ..., 1.

Aus der Äquivalenz der Gleichungssysteme folgt auch:

$$|\det A| = \left| a_{11}^{(o)} \cdot a_{22}^{(1)} \cdot a_{33}^{(2)} \cdot \ldots\ldots \cdot a_{nn}^{(n-1)} \right| .$$

Das Produkt

$$D = \prod_{j=1}^{n} a_{jj}^{(j-1)}$$

stimmt mit det A wegen der Zeilenvertauschungen nur bis auf das Vorzeichen überein:

$$\det A = (-1)^{\nu} \cdot |D| ,$$

wenn ν die Zahl der Vertauschungen ist.

Ist es in einem der Eliminationsschritte nicht mehr möglich, ein betragsgrößtes Element

$$a_{ii}^{(i-1)} \neq 0$$

zu finden, so bedeutet dies:

$$\det A = 0.$$

<u>Bemerkung zur Matrix-Inversion:</u>

Gibt man n lineare Gleichungssysteme vor, wobei die n Unbekannten-Vektoren und die n rechten Seiten in die (n x n)-Matrizen X und V zusammengefaßt werden:

$$A \cdot X = V,$$

und die Vektoren v_k, k = 1, 2, ..., n, die Gestalt der Einheitsvektoren haben:

$$v_1 = \begin{bmatrix} 1 \\ 0 \\ \cdot \\ \cdot \\ \cdot \\ 0 \end{bmatrix}, \quad v_2 = \begin{bmatrix} 0 \\ 1 \\ 0 \\ \cdot \\ \cdot \\ 0 \end{bmatrix}, \ldots, v_n = \begin{bmatrix} 0 \\ 0 \\ \cdot \\ \cdot \\ \cdot \\ 1 \end{bmatrix},$$

also I_n = n-dim. Einheitsmatrix:

$$V = I_n$$

so liefert die Multiplikation mit A^{-1} von links:

$$X = A^{-1} \cdot I_n = A^{-1}$$

D.h.: die Lösungsvektoren x_k bauen spaltenweise die Inverse von A auf.

Man gewinnt also die Inverse A^{-1}, indem die n Systeme in einem Zuge mit dem Gaußschen Algorithmus gelöst werden.

Bemerkung zur teilweisen Pivotisierung:

Die Prozedur der Suche des betragsgrößten Elementes von $\tilde{a}_{is}^{(s-1)}$, $s \leq i \leq n$, heißt teilweise Pivotisierung. Wird die Prozedur auf die entsprechende zeilenweise Suche erweitert, die also aufwendiger ist, spricht man von vollständiger Pivotisierung (Stabilität!).

(2) Dreiecks-Zerlegung:

Es läßt sich ein enger Zusammenhang herstellen zwischen der Gauß-Elimination und der Zerlegung einer (n x n)-Matrix in die Form

$$A = L \cdot U,$$

wobei L eine untere (n x n)-Dreiecksmatrix mit Einheits-Diagonale ($l_{ii} = 1$) und U eine obere (n x n)-Dreiecksmatrix ist:

$$L = \begin{bmatrix} 1 & & & & & \\ & 1 & & & O & \\ & & \cdot & & & \\ & & & \cdot & & \\ & l_{ij} \neq 0, & & & \cdot & \\ & i > j & & & \cdot & \\ & & & & & 1 \end{bmatrix}$$

$$U = \begin{bmatrix} u_{11} & & & & u_{ij} \neq 0, \\ & u_{22} & & & i < j \\ & & \cdot & & \\ & & & \cdot & \\ & & & & \cdot \\ & O & & & \\ & & & & u_{nn} \end{bmatrix}$$

Die Lösung von Ax = v läßt sich damit zurückführen auf die sukzessive Lösung der beiden Systeme:

$$(1) \quad Ly = v,$$

$$(2) \quad Ux = y.$$

Bezeichnen wir das ursprüngliche lineare System wie vorher mit

$$A^{(o)} x = v^{(o)},$$

so führt jeder der (n-1) Schritte der Gauß-Elimination zu einem neuen Satz von Gleichungen, der zum ursprünglichen äquivalent ist.

Der im s-ten Schritt erhaltene Satz ist dann:

$$A^{(s)} x = v^{(s)}.$$

Dabei ist $A^{(s)}$ bereits bis zur einschließlich s-ten Zeile in oberer Dreiecksform, mit einer quadratischen Matrix der Ordnung n-s in der unteren rechten Ecke; z. B. für n = 5 und s = 2 ergibt sich:

$$A^{(2)} = \left[\begin{array}{cc|c} q & q & q \cdots\cdots q \\ 0 & q & q \cdots\cdots q \\ 0 & 0 & q \cdots\cdots q \\ 0 & 0 & q \cdots\cdots q \\ 0 & 0 & q \cdots\cdots q \end{array} \right] \begin{array}{l} \left.\begin{array}{l} \\ \\ \end{array}\right\} s \\ \left.\begin{array}{l} \\ \\ \\ \end{array}\right\} (n-s) \end{array}$$

$$\underbrace{\qquad\quad}_{s} \qquad \underbrace{\qquad\qquad\qquad}_{(n-s)}$$

wobei das Symbol q die Elemente bedeuten soll, die nicht identisch verschwinden.

Die Matrix $A^{(s)}$ wird von $A^{(s-1)}$ durch die Subtraktion eines vielfachen w_{is} der s-ten Zeile von der i-ten Zeile für $i = s + 1, \ldots, n$ erhalten.

Die Multiplikatoren w_{is} sind dabei ja definiert durch

$$w_{is} = \frac{a_{is}^{(s-1)}}{a_{ss}^{(s-1)}}, \quad i = s + 1, \ldots, n.$$

$a_{ss}^{(s-1)}$ heißt das s-te Privot-Element.

i) Betrachten wir jedes Element mit $i \leqslant j$:

Das Element wird in jeder Transformation modifiziert, bis $A^{(i-1)}$ erreicht ist:

$$a_{ij}^{(i-1)} = a_{ij}^{(i-2)} - w_{i,\, i-1}\, a_{i-1,j}^{(i-2)}$$

oder

$$a_{ij}^{(i-1)} = a_{ij}^{(o)} - \sum_{l=1}^{i-1} w_{il}\, a_{lj}^{(l-1)} \quad ,$$

wobei $a_{ij}^{(o)}$ Elemente der ursprünglichen Matrix sind.

ii) Betrachten wir die Elemente für $i > j$:

Das Element wird jeweils modifiziert wie in i), bis $A^{(j-1)}$ erreicht wird. $a_{ij}^{(j-1)}$ und $a_{jj}^{(j-1)}$ werden dann zur Berechnung von

$$w_{ij} = \frac{a_{ij}^{(j-1)}}{a_{jj}^{(j-1)}}$$

benützt, und alle Elemente $a_{ij}^{(j)}$ bis $a_{ij}^{(n-1)}$ werden Null gesetzt:

$$a_{ij}^{(j-1)} = a_{ij}^{(j-2)} - w_{i,\,j-1} \; a_{j-1,j}^{(j-2)}$$

oder

$$a_{ij}^{(j-1)} = a_{ij}^{(o)} - \sum_{l=1}^{j-1} w_{il} \; a_{lj}^{(l-1)}$$

Wenn wir die Terme mit w_{il} auf die linke Seite nehmen:

i) $i \leq j$:

$$a_{ij}^{(i-1)} + \sum_{l=1}^{i-1} w_{il} \, a_{lj}^{(l-1)} = a_{ij}^{(o)}$$

und

ii) $i > j$:

$$a_{ij}^{(j-1)} + \sum_{l=1}^{j-1} w_{il} \; a_{lj}^{(l-1)} = a_{ij}^{(o)} \quad ,$$

so läßt sich die Menge aus n^2 Gleichungen zu einer einzigen Matrix-Gleichung zusammenfassen:

$$L \, . \, U = A$$

wobei

$$L = \begin{bmatrix} 1 & & & & \\ w_{21} & 1 & & & \\ w_{31} & w_{32} & 1 & & \\ . & & & . & \\ . & & & & . \\ . & & & & & . \\ w_{n1} & w_{n2} & \cdots\cdots & w_{n,\,n-1} & 1 \end{bmatrix}$$

$$
U = \begin{bmatrix}
a_{11}^{(o)} & a_{12}^{(o)} & a_{13}^{(o)} & \cdots & a_{1n}^{(o)} \\
 & a_{22}^{(1)} & a_{23}^{(1)} & \cdots & a_{2n}^{(1)} \\
 & & a_{33}^{(2)} & \cdots & a_{3n}^{(2)} \\
 & & & \ddots & \vdots \\
 & & & & a_{nn}^{(n-1)}
\end{bmatrix}
$$

(3) <u>Komplexität der Gauß-Elimination</u>

Aus der Darstellung

$$(+) \quad a_{ij}^{(i-1)} = a_{ij}^{(o)} - \sum_{l=1}^{i-1} w_{il}\, a_{lj}^{(l-1)}, \quad i \leqslant j,$$

$$(++) \quad a_{ij}^{(j-1)} = a_{ij}^{(o)} - \sum_{l=1}^{j-1} w_{il}\, a_{lj}^{(l-1)}, \quad i > j,$$

läßt sich die Zahl der arithmetischen Operationen bestimmen, welche die Gauß-Elimination benötigt:

a) Die Berechnung von $a_{ij}^{(j-1)}$ erfordert in (++) für $i > j$:

$j-1$	Additionen,
$j-1$	Multiplikationen.

b) Die Berechnung von $a_{ij}^{(i-1)}$ erfordert in (+) für $i \leqslant j$:

$i-1$	Multiplikationen,
$i-1$	Additionen.

c) Die Berechnung der $n(n-1)/2$ Multiplikatoren w_{ij}, $i > j$, erfordert

n	Divisionen (Reziproke),
$\frac{n}{2}(n-1)$	Multiplikationen.

Aus a), b) und c) folgt für die Zerlegung von A in L und U

1) Zahl der Multiplikationen:

$$Z^M = \sum_{j=1}^{n} \left(\sum_{i=1}^{j} (i-1) + \sum_{i=j+1}^{n} (j-1) \right) + \frac{n}{2}(n-1)$$

$$= \sum_{j=1}^{n} \left(\sum_{i=1}^{j} (i-j) + \sum_{i=1}^{n} (j-1) \right) + \frac{n}{2}(n-1)$$

$$= \sum_{j=1}^{n} \left(- \sum_{k=1}^{j-1} k + n(j-1) \right) + \frac{n}{2}(n-1)$$

$$= \frac{n^3}{3} - \frac{n}{3} ;$$

2) Zahl der Additionen:

$$Z^A = \sum_{j=1}^{n} \left(\sum_{i=1}^{j} (i-1) + \sum_{i=j+1}^{n} (j-1) \right)$$

$$= Z_M - \frac{n}{2}(n-1)$$

$$= \frac{n^3}{3} - \frac{n^2}{2} + \frac{n}{6} ;$$

3) Zahl der Divisionen:

$$Z^D = n \text{ (Reziproke).}$$

Als Komplexitätsordnung erhalten wir also für die LU-Zerlegung:

$$T_1(LU) = O(n^3)$$

Für die vollständige Lösung von $Ax = v$ ist noch die Modifikation des v-Vektors erforderlich. Das ist äquivalent zu den zwei Schritten:

(I) Bestimmung von y aus $Ly = v$:

Die Größen $y_1, y_2, \ldots, y_n$ werden sukzessive aus der 1., 2., ... und n-ten Gleichung bestimmt, d.h. die modifizierten Elemente des v-Vektors ergeben sich aus dem Schema:

$$y_1 = \frac{v_1}{l_{11}},$$

$$y_2 = (v_2 - l_{21}\, y_1) / l_{22}, \text{ usw.}$$

Allgemein also für y_r, $r > 1$, erforderlich:

r-1 Multiplikationen,

r-1 Additionen.

Die Division $(1/l_{rr})$ ist nicht erforderlich, da $l_{rr} = 1$; aus demselben Grunde sind nicht r Multiplikationen, sondern nur r-1 erforderlich.

Insgesamt sind notwendig:

$\frac{n}{2}(n-1)$ Multiplikationen,

$\frac{n}{2}(n-1)$ Additionen.

(II) Bestimmung von x aus $Ux = y$:

Der Aufwand zur Lösung von $Ux = y$ umfaßt $n(n-1)/2$ Additionen, aber wegen $u_{rr} \neq 1$ (wodurch r Multiplikationen pro Rekursionsschritt notwendig werden) $n(n+1)/2$ Multiplikationen.

Die Gesamtlösung von $Ax = v$ erfordert damit:

$\frac{n^3}{3} + n^2 - \frac{n}{3}$ Multiplikationen,

$\frac{n^3}{3} + \frac{n^2}{2} - \frac{5n}{6}$ Additionen,

n Reziproke (Divisionen).

4.4.3 Das Gauß-Jordan-Verfahren

Ein für die Parallelverarbeitung sehr interessante Modifikation des Gauß-Algorithmus ist das sog. Gauß-Jordan-Verfahren, welches die bei der Gauß-Elimination anzuschließende rekursive Berechnung der x_i durch eine andere Eliminationsform einspart.

(1) Konstruktion des Verfahrens

Der 1. Schritt des Verfahrens ist identisch mit dem ersten Eliminationsschritt der Gauß-Elimination:

$$
\begin{array}{lcl}
a_{11}^{(o)} x_1 + a_{12}^{(o)} x_2 + \ldots\ldots + a_{1n}^{(o)} x_n & = & v_1^{(o)} \\
\qquad\quad a_{22}^{(1)} x_2 + \ldots\ldots + a_{2n}^{(1)} x_n & = & v_2^{(1)} \\
\qquad\quad \vdots \qquad\qquad\qquad \vdots & & \vdots \\
\qquad\quad a_{n2}^{(1)} x_2 + \ldots\ldots + a_{nn}^{(1)} x_n & = & v_n^{(1)}
\end{array}
$$

Dabei sind die Gleichungen 2 bis n wieder so umgeordnet, daß $a_{22}^{(1)}$ das betragsgrößte Element der $a_{i2}^{(1)}$, $i = 2, 3, \ldots, n$, ist.

Jetzt wird die 2. Gleichung

a) für $i = 1$ mit $(- a_{12}^{(o)} / a_{22}^{(1)})$ multipliziert und zur 1. Zeile addiert,

b) für $2 \leq i \leq n$ mit $(- a_{i2}^{(1)} / a_{22}^{(1)})$ multipliziert und jeweils zur i-ten Gleichung addiert.

D.h.: das Gauß-Jordan-Verfahren modifiziert im j-ten Schritt alle Zeilen $i \neq j$ und nicht wie die Gauß-Elimination nur die nachfolgenden Zeilen.

Nach diesem 1. Jordan-Schritt verschwinden in der 2. Spalte alle Terme außer in der 2. Zeile und wir erhalten ein modifiziertes Gleichungssystem der Form:

$$
\begin{array}{llllll}
a_{11}^{<1>} x_1 & & + a_{13}^{<1>} x_3 & + \ldots\ldots + a_{1n}^{<1>} x_n & = v_1^{<1>} \\
& a_{22}^{<1>} x_2 & + a_{23}^{<1>} x_3 & + \ldots\ldots + a_{2n}^{<1>} x_n & = v_2^{<1>} \\
& & a_{33}^{<1>} x_3 & + \ldots\ldots + a_{3n}^{<1>} x_n & = v_3^{<1>} \\
& & \vdots & \vdots & \vdots \\
& & a_{n3}^{<1>} x_3 & + \ldots\ldots + a_{nn}^{<1>} x_n & = v_n^{<1>}
\end{array}
$$

Dabei ist: $a_{11}^{<1>} = a_{11}^{(o)}$,

$a_{22}^{<1>} = a_{22}^{(1)}$.

Die Gleichungen 3 bis n seien bereits so umgeordnet, daß $a_{33}^{<1>}$ das betragsgrößte Element der $a_{i3}^{<1>}$ für $3 \leq i \leq n$ ist.

Im 2. Jordan-Schritt multiplizieren wir die 3. Gleichung mit

$$(- a_{i3}^{<1>} / a_{33}^{<1>}) \text{ für } 1 \leq i \leq n, \; i \neq 3,$$

und addieren sie jeweils zur i-ten Gleichung, $i \neq 3$.

Dadurch entsteht in der linken oberen Ecke eine (3x3)-Diagonalmatrix, alle Elemente der Spalten $j \leq 3$ in den Zeilen $i > 3$ verschwinden dabei.

$$
\begin{array}{llllll}
a_{11}^{\langle 2\rangle} x_1 & & + a_{14}^{\langle 2\rangle} x_4 & + \ldots + & a_{1n}^{\langle 2\rangle} x_n & = v_1^{\langle 2\rangle} \\
& a_{22}^{\langle 2\rangle} x_2 & + a_{24}^{\langle 2\rangle} x_4 & + \ldots + & a_{2n}^{\langle 2\rangle} x_n & = v_2^{\langle 2\rangle} \\
& a_{33}^{\langle 2\rangle} x_3 & + a_{34}^{\langle 2\rangle} x_4 & + \ldots + & a_{3n}^{\langle 2\rangle} x_n & = v_3^{\langle 2\rangle} \\
& & a_{44}^{\langle 2\rangle} x_4 & + \ldots + & a_{4n}^{\langle 2\rangle} x_n & = v_4^{\langle 2\rangle} \\
& & \vdots & & \vdots & \vdots \\
& & a_{n4}^{\langle 2\rangle} x_4 & + \ldots + & a_{nn}^{\langle 2\rangle} x_n & = v_n^{\langle 2\rangle}
\end{array}
$$

In dieser Weise fortfahrend erhalten wir nach n-1 Jordan-Schritten schließlich n Gleichungen der Gestalt:

$$a_{ii}^{(n-1)} x_i = v_i^{(n-1)}, \quad 1 \leq i \leq n,$$

aus denen sich unmittelbar die Unbekannten x_i, $1 \leq i \leq n$, berechnen lassen:

$$x_i = \frac{v_i^{(n-1)}}{a_{ii}^{(n-1)}}, \quad 1 \leq i \leq n$$

Insgesamt umfaßt das Verfahren also den 1. Eliminationsschritt nach Gauß, n-1 Jordanschritte und die Bestimmung der x_i anschließend. Dabei läßt sich auch der 1. Eliminationsschritt als ein Jordan-Schritt interpretieren, so daß n Jordan-Eliminationen notwendig sind.

(2) Algorithmus

Damit können wir den Gauß-Jordan-Algorithmus allgemein folgendermaßen angeben, wenn wir die rechte Seite v als (n+1)-te Spalte von A definieren:

1. Für $j = 1, 2, \ldots, n$ transformiere sukzessive für alle $i \neq j$ die i-te Zeile $i \neq j$, $1 \leq i \leq n$ nach der Vorschrift:

$$(\text{Zeile } i) \longleftarrow (\text{Zeile } i) \; - \; (a_{ij}/a_{jj}) \; . \; (\text{Zeile } j)$$

2. Berechne die Lösungen x_i gemäß

$$x_i \;=\; \frac{a_{i,\,n+1}}{a_{ii}}\,, \qquad 1 \leq i \leq n.$$

Wenn der Algorithmus für mehrere (k) rechte Seiten zur selben Matrix A angewendet werden soll entsprechend

$$A \; . \; X = V\,,$$

wobei

$$V = (n \times k) \text{ - Matrix}$$

und

$$X = (n \times k) \text{ - Matrix},$$

so wird entsprechend im obigen Algorithmus die Matrix A erweitert auf $n + k$ Spalten.

Die Stufe 2 ändert sich dann entsprechend in:

$$x_{ir} = \frac{a_{i,\,n+r}}{a_{ii}}\,, \qquad 1 \leq i \leq n, \quad 1 \leq r \leq k.$$

(3) Arithmetische Operationen

Das Gauß-Jordan-Verfahren erfordert:

$\frac{n^3}{2} + n^2 - \frac{n}{2}$ Multiplikationen,

$\frac{n\,(n^2-1)}{2}$ Additionen,

n Reziproke (Divisionen).

Die Komplexität ergibt sich also zu:

$$T_1(\text{G.-J.}) = n^3 + O(n^2)$$

(4) Pivotisierung

Bei der Konstruktion der Verfahren hatten wir die Suche des betragsgrößten Elementes der Pivot-Spalte und den Zeilenaustausch mit einbezogen. Die Pivotisierung dient der Stabilisierung der Verfahren, ist aber entsprechend aufwendig. Den Pivotisierungsaufwand haben wir deshalb bei der Komplexitätsbestimmung nicht berücksichtigt. In gleicher Weise wollen wir die Frage der Pivotisierung als eventuell notwendigen Suchprozeß im folgenden ausklammern.

4.4.4 Paralleles Gauß-Jordan-Verfahren

Das Gauß-Jordan-Verfahren eignet sich sehr gut für die Parallelisierung. Gehen wir gleich allgemein davon aus, daß k Gleichungssysteme mit derselben Matrix A, aber k verschiedenen rechten Seiten v_k gelöst werden sollen:

$$A X = V,$$

so erweitern wir die quadratische Matrix

$$A\ (n \times n)$$

auf eine Rechteck-Matrix durch Erweiterung um die rechte Seite V des Systems:

$$A \leftarrow (A, V) = (n \times (n + k)) \text{ - Matrix}$$

Mit dieser erweiterten Matrix können wir den parallelen Gauß-Jordan-Algorithmus folgendermaßen schreiben /6/:

(1) Algorithmus:

(I) FORTRAN-Erweiterung (DO SIM ≡ Paralleloperation):

Vektorfeld ZEILE (I), ZEILE(I) = (A(I,1), A(I,2), ... , A(I, N+K))

```
      DO 1    J = 1,N

      DO SIM { ZEILE(I) = ZEILE(I) - (A(I,J) / A(J,J)) * ZEILE(J) /
                       (I = 1,N; I ≠ J)}

    1 CONTINUE

      DO SIM {X(I,J) = A(I,J) / A(I,I) / (I = 1,N; J = N+1, N+K)}
```

(II) Algol-ähnliche Sprache:

Parallelausführung durch Klammerung: $(1 \leq i \leq m)$ entspricht der Fortran-Erweiterung DO SIM.

for j = 1 step 1 until n do

$$\text{row } i \longleftarrow \text{row } i - (a_{ij}/a_{jj}) \,.\, \text{row } j, \; (1 \leq i \leq n, \; i \neq j);$$

$$x_{ij} \longleftarrow a_{ij}/a_{ii}, \; (1 \leq i \leq n; \; n+1 \leq j \leq n+k)$$

Um den Algorithmus parallel in dieser Form ausführen zu können, benötigt das System

1) in der Eliminationsphase für alle n-1 verschiedenen Zeilen (i) mit $i \neq j$ in jedem der sequentiellen j-Schritte wegen der erweiterten Matrix $A = A(n \times (n+k))$

$$P_1 = (n-1) \,.\, (n + k)$$

parallele Prozessoren;

2) für die Berechnung der k Lösungsvektoren x_r, $1 \leq r \leq k$, also der $(n \times k)$-Unbekannten-Matrix X,

$$P_2 = n \,.\, k \; < \; P_1 \text{ (in der Regel)}$$

parallele Prozessoren.

Damit braucht der Algorithmus für jedes j 1 Divisions-, 1 Multiplikations- und 1 Additionsschritt, sowie anschließend einen zusätzlichen Divisionsschritt; also:

$$T_P = 3n+1$$
$$= O(n)$$
$$\text{mit } P = (n-1)(n+k)$$
$$= O(n^2)$$

(2) Algorithmus für n Prozessoren

Wenn nur n Prozessoren zur Verfügung stehen, läßt sich der Gauß-Jordan-Algorithmus so für die Parallelverarbeitung formulieren, daß er (P = n)

$$T_n = n^2 + 2nk + k$$

arithmetische Schritte benötigt:

Paralleler Algorithmus (für n Prozessoren):

for $j = 1$ step 1 until n do

begin $t_i \leftarrow a_{ij}/a_{jj}, (1 \leq i \leq n, i \neq j)$

for $r = j+1$ step 1 until n+k do

$a_{ir} \leftarrow a_{ir} - t_i a_{jr}, (1 \leq i \leq n, i \neq j)$

end

for $j = n+1$ step 1 until n+k do

$x_{ij} \leftarrow a_{ij}/a_{ii}, (1 \leq i \leq n)$

Die erste j-Schleife erfordert an parallelen Schritten:

$$T_n^{(1)} = \sum_{j=1}^{n} (1 + (n+k-j) \cdot 2)$$

$$= n + 2n(n+k) - n(n+1)$$

$$= n^2 + 2nk.$$

Die zweite j-Schleife benötigt noch an parallelen Schritten:

$$T_n^{(2)} = k.$$

Damit gilt für P = n die Zeitkomplexität:

$$T_n = n^2 + (2n+1)\,k = O(n^2)$$

4.4.5 Parallele Matrix-Inversion nach Csanky

Für einige Zeit glaubte man, der parallele Gauß-Jordan-Algorithmus würde sich als der schnellste Algorithmus zur Berechnung von

$$x = A^{-1}v$$

herausstellen und beweisen lassen.

Die Laufzeit dieses Algorithmus war ja

$$T_p\,(G.\text{-}J.) = O(n),$$

wenn Pivotisierung nicht notwendig ist bzw. nicht angewandt wird, und wenn genügend Prozessoren verfügbar sind.

Es läßt sich aber zeigen, daß die untere Grenze der Komplexität für die Probleme

i) $I(n)$ Inversion einer (nxn)-Matrix,

ii) $E(n)$ Lösung eines linearen Gleichungssystems mit n Unbekannten,

iii) $D(n)$ Berechnung von Determinanten n-ter Ordnung,

iv) $C(n)$ Bestimmung des charakteristischen Polynoms von (nxn)-Matrizen

gegeben ist durch

$$\text{Inf } T_p(I(n)/E(n)/D(n)/C(n)) = 2 \log n.$$

Denn aus Plausibilitätsgründen muß für alle diese Probleme mindestens ein Teilergebnis eine nichttriviale Funktion von mindestens n^2 Variablen sein; dann liefert aber die Theorie der arithmetischen Ausdrücke direkt

$$\text{Inf } T_p = \log(n^2) = 2 \log n.$$

Zwischen der unteren Komplexitätsgrenze und der Komplexität des Gauß-Jordan-Algorithmus, also zwischen 2logn und O(n) tat sich eine beträchtliche Lücke auf, die es zu überbrücken galt.

Csanky hat 1976 (SIAM J. Comput. 5 (1976), No. 4, 618) einen Algorithmus angegeben, dessen Komplexität die Lücke geringer macht /39/.

Csanky wies zunächst nach, daß:

$$T_p(I(n)) = O(f(n)) \longleftrightarrow T_p(E(n)) = O(f(n))$$

$$\longleftrightarrow T_p(D(n)) = O(f(n))$$

$$\longleftrightarrow T_p(C(n)) = O(f(n)),$$

alle 4 Probleme besitzen also die gleiche Komplexitätsordnung für Parallelprozessoren.

Csanky zeigte, daß eine (nxn)-Matrix mit $P = n^4/4$ Prozessoren in

$$T_p(I(n)) = \frac{3}{2}\log^2 n + O(\log n)$$

$$= O(\log^2 n)$$

invertiert werden kann.

(1) Konstruktion des Algorithmus:

Csanky geht bei seinem Algorithmus aus vom charakteristischen Polynom $\varphi(z)$ der Matrix A(nxn):

$$\varphi(z) = \prod_{j=1}^{n} (z-\alpha_j) = \det(z \cdot I - A)$$

$$= z^n + c_1 z^{n-1} + \dots\dots + c_{n-1} z + c_n$$

Wenn A^i die Potenzen der Matrix A sind, $1 \leq i \leq n$, so gilt für die Spur s_i von A^i:

$$s_i = \text{Spur}(A^i) = \text{Tr}(A^i) = \sum_{j=1}^{n} \alpha_j^i$$

Die Nullstellen α_j und die Koeffizienten c_j, $1 \leq j \leq n$, des charakteristischen Polynoms sind nun durch die sog. Newtonschen Identitäten verknüpft; diese liefern das folgende Dreieckssystem für die Koeffizienten:

$$\begin{bmatrix} 1 & & & & & & \\ s_1 & 2 & & & & & \\ s_2 & s_1 & 3 & & & 0 & \\ s_3 & s_2 & s_1 & 4 & & & \\ \cdot & \cdot & \cdot & \cdot & \cdot & & \\ \cdot & \cdot & \cdot & \cdot & \cdot & & \\ \cdot & \cdot & \cdot & \cdot & \cdot & & \\ \cdot & \cdot & \cdot & \cdot & \cdot & & \\ s_{n-1} & s_{n-2} & \cdots & & s_2 & s_1 & n \end{bmatrix} \cdot \begin{bmatrix} c_1 \\ c_2 \\ c_3 \\ c_4 \\ \cdot \\ \cdot \\ \cdot \\ \cdot \\ c_n \end{bmatrix} = \begin{bmatrix} -s_1 \\ -s_2 \\ -s_3 \\ -s_4 \\ \cdot \\ \cdot \\ \cdot \\ \cdot \\ -s_n \end{bmatrix}$$

in Matrix-Form lautet diese der Leverrier-Methode entsprechende Darstellung:

$$S \cdot c = -s.$$

Das Cayley-Hamilton-THEOREM besagt, daß das charakteristische Polynom $\varphi(z)$, wenn es als Matrizenpolynom

$$\Phi(A) = \varphi(A)$$

geschrieben wird, in der Matrix A selbst eine "Nullstelle" hat:

$$\varphi(A) = 0;$$

d.h. aber

$$A^n + c_1 A^{n-1} + \ldots\ldots + c_{n-1} A + c_n I_n = 0,$$

und somit nach Multiplikation mit A^{-1}:

$$c_n A^{-1} = -(A^{n-1} + c_1 A^{n-2} + \ldots + c_{n-2} A + c_{n-1} I),$$

und schließlich

$$A^{-1} = -(A^{n-1} + c_1 A^{n-2} + \dots + c_{n-2} A + c_{n-1} I) / c_n$$

Aus der Polynomdarstellung von $\varphi(z)$ folgt für $z = 0$:

$$\det(-A) = f(o) = (-1)^n \prod_{j=1}^{n} \alpha_j = c_n,$$

also

$$c_n = (-1)^n \det A \neq 0,$$

da A als nichtsingulär vorausgesetzt werden muß für die Existenz der Lösung inhomogener Systeme bzw. der Inversen von A.

(2) Der Csanky-Algorithmus:

Der Csanky-Algorithmus umfaßt die folgenden Berechnungsstufen:

1) Berechnung aller Potenzen A^i von A, $1 \leq i \leq n$.

2) Berechnung der Spur s_i von A^i, $1 \leq i \leq n$.

3) Lösung des Dreieckssystems nach den Koeffizienten c_j des charakteristischen Polynoms.

4) Berechnung der Inversen A^{-1} unter Verwendung der Potenzen von A und der Koeffizienten c_j.

(3) Zeitkomplexität

Zur Bestimmung der Komplexität des Csanky-Algorithmus gehen wir folgendermaßen vor:

1) Wir erinnern uns, daß die Potenzen y^i, $1 \leq i \leq n$, in der Zeit $T_p = \lceil \log n \rceil$ mit $p = \lfloor n/2 \rfloor$ Prozessoren berechnet werden können.

Wir hatten schon darauf verwiesen, daß sich die Berechnung der Potenzen A^i einer (nxn)-Matrix demzufolge in der Zeit

$$T_p(A^i, 1 \leq i \leq n) = \lceil \log n \rceil \cdot T_{p'}(A^2)$$

durchführen läßt.

Für $T_{p'}(A^2)$ hatten wir gefunden:

$$T_{p'}(A^2) = \lceil \log n \rceil + 1$$

mit $p' = n^3$.

Lassen wir die Auf- und Abrundungen weg, so erhalten wir für die Potenzen von A:

$$T_p(A^i, 1 \leq i \leq n) = \log n\,(\log n + 1),$$

$$P = \frac{n}{2} \cdot (n^3)$$

2) Da die Spur einer Matrix M eine Summation impliziert:

$$\mathrm{Tr}(M) = \sum_{j=1}^{n} m_{jj},$$

lassen sich mit Rekursivem Doppeln die s_i, $1 \leq i \leq n$, in

$$T_p(s_i) = \lceil \log n \rceil$$

Schritten gleichzeitig für i = 1, 2, ..., n mit insgesamt

$$P = n \cdot \left\lfloor \frac{n}{2} \right\rfloor$$

Prozessoren parallel berechnen.

3) Die Lösung des Dreieckssystems nach den Koeffizienten c_j, $1 \leq j \leq n$, läßt sich in den Schritten

$$T_p(\mathrm{R.S.}) = \frac{1}{2} \log^2 n + \frac{3}{2} \log n + 3$$

mit

$$P = \frac{n^3}{68} + O(n^2)$$

Prozessoren durchführen. (Wir werden auf die Lösung sog. Rekurrenter Systeme (R.S.) gleich eingehen: vgl. Abschnitt 4.5.)

4) Die Berechnung der Inversen A^{-1} aus

$$A^{-1} = -(A^{n-1} + c_1 A^{n-2} + \dots + c_{n-2}A + c_{n-1}I)/c_n$$

kann mittels Rekursivem Doppeln (in $\lceil \log n \rceil$ Schritten für die Summation, 1 vorhergehenden Schritt für die Multiplikation mit den c_j, schließlich Division durch $-c_n$) in

$$T_p(A^{-1}) = \lceil \log n \rceil + 2$$

mit (wegen der Matrix-Addition)

$$P = n^3$$

Prozessoren durchgeführt werden.

5) Unter Berücksichtigung der Schrittfolgen 1) bis 4) und des abschließenden Abschnittes der Berechnung der Lösung

$$A^{-1}v = x,$$

der ja die Komplexität

$$T_p(A^{-1}v) = \lceil \log n \rceil + 1$$

bei $P = n^2$ Prozessoren hat, erhalten wir schließlich

$$T_p(\text{Csanky}) = \frac{3}{2} \log^2 n + O(\log n) \quad \text{mit } P = n^4/2 \text{ Prozessoren.}$$

(4) Bemerkungen zur Stabilität:

Im Hinblick auf die Stabilität des Csanky-Algorithmus muß betont werden, daß die Berechnung der Koeffizienten c_j, $1 \leq j \leq n$, extrem empfindlich gegenüber Rundungsfehlern ist, die bei der Spurberechnung entstehen.

Zusammenfassend läßt sich sagen, daß Csanky mit diesem Algorithmus ein exzellentes theoretisches Ergebnis vorgelegt hat, das die Komplexität für die Lösung von Gleichungssystemen (bzw. für die Matrixinversion) von O(n) auf $O(\log^2 n)$ reduziert. Wegen seiner inhärenten Instabilität wird der Algorithmus jedoch für reale Programme auf realen Parallelprozessorsystemen wohl nicht oder noch nicht sehr große Verbreitung finden können.

Der Csanky-Algorithmus zeigt erneut, daß originär parallele Algorithmen unkonventionelle Ansätze erfordern können. Auf diesem Wege werden sich aber auch weiterhin Fehlschläge und Mißerfolge des Algorithmenentwurfs nicht vermeiden lassen; denn in vielen Fällen stehen ja zunächst nicht die geeigneten Instrumente zur Verfügung, die es gestatten, auch die numerische Qualität der Algorithmen direkt zu bewerten - im Gegensatz zu den sequentiellen Algorithmen, die ja eine beachtliche Tradition im Vergleich zu den parallelen Algorithmen haben.

4.5 Lineare Rekurrente Systeme

Wie die Lösung allgemeiner linearer Gleichungssysteme und der Csanky-Algorithmus lassen sich viele andere Probleme zurückführen auf die rekursive Lösung von Dreieckssystemen linearer Gleichungen.

Unter den Systemen linearer Gleichungen mit Dreiecksmatrix sind daher die sog. linearen rekurrenten Systeme von großer Wichtigkeit, insbesondere wenn die zugehörige Matrix nicht nur auf die Dreieck-Form reduziert ist, sondern zusätzlich noch Bandcharakter aufweist, d.h. nicht im gesamten Dreieck gefüllt ist, sondern nur in einigen, oft nur wenigen, Nebendiagonalen im Dreieck zusammen mit der Hauptdiagonalen Matrixelemente enthält, die von Null verschieden sind. Wir beginnen mit den Definitionen linearer rekurrenter Systeme /40, 41/.

4.5.1 Definition linearer rekurrenter Systeme

<u>Definition:</u> Ein lineares rekurrentes System

$$R(n,m)$$

der Ordnung m für n Gleichungen ist definiert für

$$m \leq n - 1$$

durch

R(n,m):

$$X_k = \begin{cases} 0 & \text{für } k \leq 0, \\ C_k + \sum_{j=k-m}^{k-1} a_{kj} X_j & \text{für } 1 \leq k \leq n \end{cases}$$

Ist $m = n-1$, so wird dieses System ein gewöhnliches lineares rekurrentes System R(n) genannt.

In Matrix-Vektor-Notation erhält man mit dem "Lösungsvektor"

$$X = (X_1, \dots, X_n)^T,$$

dem "Konstantenvektor"

$$C = (C_1, \dots, C_n)^T$$

und der "Koeffizientenmatrix"

$$A = (a_{ij}), \quad 1 \leq i, j \leq n$$

die Darstellung

$$X = C + AX.$$

Die Matrix $A = (a_{ij})$ ist eine "echte untere Dreiecks-Matrix"

mit $a_{ij} = 0$ für $i \leq j$,

$a_{ij} = 0$ für $i-j > m$.

D.h. für $m < n-1$ ist die Matrix A eine Band-Matrix:

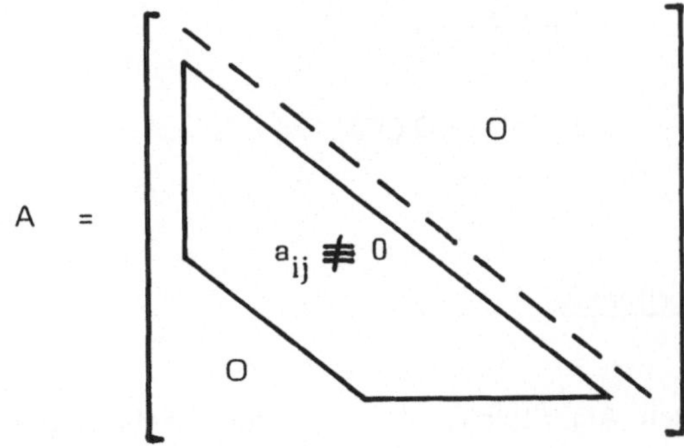

4.5.2 Serielle Rücksubstitution

In unserer Darstellung wollen wir uns zunächst und im wesentlichen auf die Behandlung gewöhnlicher rekurrenter linearer Systeme R(n) beschränken bzw. konzentrieren:

$$R(n): \quad x_k = 0 \quad \text{für} \quad k \leq 0,$$

$$x_k = c_k + \sum_{j=1}^{k-1} a_{kj} \cdot x_j \quad \text{für } 1 \leq k \leq n.$$

Betrachten wir zunächst den seriellen Algorithmus für die Lösung des rekurrenten Systems R(n) durch Rücksubstitution.

Im seriellen Fall mit einem Prozessor erhalten wir:

für jedes $k \geq 2$: k-1 Multiplikationen

k-2 Additionen der (a.x)-Summe

1 Addition von c_k zur Summe,

also insgesamt:

für jedes k: 2.(k-1) Schritte.

Da k von 1 bis n läuft, k = 1 aber keine Operation benötigt, da

$$x_1 = c_1,$$

ergibt sich insgesamt:

$$T_1 = 2\,(1+2+ \ldots + \quad (n-1) \quad)$$

$$= \frac{2n\,(n-1)}{2}$$

$$= n \cdot (n-1) = O\,(n^2)$$

4.5.3 Column-Sweep-Algorithmus

Als ersten parallelen Algorithmus, der im Zusammenhang mit rekurrenten Systemen betrachtet werden muß, wollen wir den sog. Column-Sweep-Algorithmus behandeln, der offenbar auf D.J. Kuck zurückgeht. Dies ist ein weiterer paralleler Algorithmus, der wirkungsvoll von der Funktion des Broadcasting Gebrauch macht /2/.

Der Column-Sweep-Algorithmus erweist sich zwar für gewisse rekurrente Systeme hinsichtlich der Auslastung der einzelnen Prozessoren als nicht überaus effizient, ist aber nicht nur für viele Fälle sehr schnell, sondern braucht auch nur eine niedrige Ordnung von Prozessoren, d.h.: $P(n) = O(n)$. Darüber hinaus ist dieser Algorithmus wiederum typisch für die Struktur und Funktionsweise einer Klasse paralleler Algorithmen.

(1) Der Algorithmus

Zur Konstruktion des Algorithmus gehen wir von den folgenden Voraussetzungen aus:

i) Eingabedaten:
   a) Dimension n,
   b) Konstantenvektor C,
   c) Koeffizientenmatrix A.

ii) Prozessoren: Es werden n-1 Prozessoren:

$$P = n-1$$

mit der Numerierung

$$P_2, \ldots\ldots, P_n$$

vorausgesetzt.

Den Prozessoren P_k sollen ausreichend viele lokale Register bzw. Hauptspeicher zur Verfügung stehen, um jeweils

$$C_k \ , \quad k = 1, 2, \ldots, n,$$

$$a_{kj} \ , \quad k > j, \ 1 \leq j \leq n,$$

speichern zu können.

Es werde eine Broadcasting-Funktion vorausgesetzt.

Dabei kann auch eine Beschränkung derart zugelassen werden, daß nach jedem der noch zu beschreibenden Algorithmenschritte jeweils eine Spalte ($a_{.j}$) von einem Speicher den Prozessoren elementweise, d.h. a_{kj} für festes j dem Prozessor k zugeführt wird.

Die Stufen des Algorithmus sind wie folgt:

(0) Anfang: Aufgrund der Matrix-Struktur (echte untere Dreiecksmatrix) ist für X_1 keine Operation erforderlich, denn X_1 ist von Anfang an bekannt:

$$X_1 = C_1$$

(1) Schritt 1:

- Broadcast: Das apriori bekannte X_1 wird mit der BROADCAST-Funktion an alle Prozessoren geschickt: $X_1 \rightarrow P_k$, $n \geqslant k \geqslant 2$.

- Multiplikation: In allen Prozessoren P_k wird jetzt X_1 mit dem Spaltenelement a_{k1} multipliziert (k = 2, ... , n).

- Addition: Anschließend an die Multiplikation wird zu dem Produkt das Element des Konstantenvektors C_k addiert in allen n-1 Prozessoren P_k parallel:

$$C_k^1 = a_{k1} \cdot X_1 + C_k.$$

- X_2 : Im Prozessor P_2 wird jetzt X_2 als Ergebnis erhalten:

$$(X_2 = C_2^1 = a_{21} X_1 + C_2).$$

- C-Update: C wird durch C^1 ersetzt.

Bemerkung: Da jetzt (neben X_1) die Größe X_2 bekannt ist, liegt jetzt nur noch ein gewöhnliches lineares rekurrentes System R(n-1) vor.

Dieses läßt sich entsprechend Schritt 1 für R(n) behandeln und auf ein System R(n-2) reduzieren usw.

(2) Schritt 2:

- Broadcast: X_2 an alle Prozessoren P_k, $k \geq 3$.

- Multiplikation: parallel in allen Prozessoren wird gebildet:

$$a_{k2} \cdot X_2 \text{ , } k = 3, \ldots\ldots n.$$

- Addition: Zu dem Produkt wird der intermediäre Konstantenvektor, d. h.

$$C_k^1 = a_{k1} X_1 + C_k,$$

der aus dem Schritt 1 erhalten worden war, parallel addiert.

- X_3 : X_3 in Prozessor P_3 $(X_3 = a_{32} X_2 + C_3^1)$

- C-Update: der intermediäre Konstantenvektor

$$C_k^2 = a_{k2} \cdot X_2 + C_k^1 \text{ , } k = 3, \ldots\ldots, n.$$

Jeder Zwischenschritt stellt sich folgendermaßen dar:

(k*) Schritt k*:

- Broadcast: X_{k*} an alle Prozessoren P_k, $k > k*$.

- Multiplikation: parallel in allen Prozessoren P_k, $k > k*$, wird das Produkt gebildet:

$$a_{kk*} X_{k*} \text{ , } k > k*.$$

- Addition: Zu dem Produkt wird der intermediäre Konstantenvektor addiert aus (k*-1)-ten Schritt

$$C_k^{k*} = a_{kk*} X_{k*} + C_k^{k*-1},$$

für alle $k > k*$, $k \leq n$, in allen P_k parallel mit $k > k*$.

- X_{k^*+1} : X_{k^*+1} liegt somit im Prozessor P_{k^*+1} vor.

$(X_{k^*+1} = a_{k^*+1,k^*} X_{k^*} + C_{k^*+1}^{k^*-1})$

- C-Update: der intermediäre Konstantenvektor C^{k^*-1} wird durch C^{k^*} ersetzt.

In dieser Vorschrift fährt man fort bis zum Schritt (n-1), der schließlich X_n liefert.

Damit wurde der Lösungsvektor $X = (X_1, \ldots\ldots, X_n)^T$ vollständig gewonnen.

Die Zahl der Zeitschritte für Addition und Multiplikation ergibt bei insgesamt n-1 Iterationsschritten des Algorithmus:

$$T_P = 2\,(n-1)\,.$$

Die Zahl der notwendigen Prozessoren ist dabei im ersten Schritt maximal:

$$P = n-1.$$

(2) Speedup und Effizienz

Daraus ergibt sich für den Column-Sweep-Algorithmus unter der Voraussetzung, daß die Broadcast-Funktion und evtl. Umspeicherungen gegenüber den arithmetischen Operationen vernachlässigt werden, ein Speedup:

- <u>Speedup:</u> $$S_p = \frac{T_1}{T_p} = \frac{n(n-1)}{2(n-1)} = \frac{n}{2}$$

d. h.: $$S_P = O\,(n).$$

Die Effizienz E_p des Algorithmus ergibt sich daraus zu:

- <u>Effizienz:</u> $$E_P = \frac{S_P}{P} = \frac{n}{2(n-1)} > \frac{1}{2}$$

Während die serielle Methode die Zeitkomplexität hat

$$T_1 = O(n^2),$$

liefert der Column-Sweep-Algorithmus einen beträchtlichen Gewinn für gewöhnliche lineare rekurrente Systeme.

Für lineare rekurrente Systeme R(n, m) mit $m \ll n$ stellt sich dieser Algorithmus allerdings als nicht effizient heraus, so daß andere parallele Algorithmen vorzuziehen sind in diesen Fällen. Wir werden darauf zurückkommen.

Als Programm können wir den Column-Sweep-Algorithmus etwa folgendermaßen fassen:

$x_1 = c_1$;

for k = 1 step 1 until (n-1) do

broadcast x_k to (alle Prozessoren $j > k$);

multiply $a_{jk} \cdot x_k$, $(j > k)$;

add $b_j = (a_{jk}\, x_k) + c_j$, $(j > k)$;

update $c_j \longleftarrow b_j$, $(j > k)$;

$x_{k+1} \longleftarrow b_{k+1}$;

Überträgt man den Column-Sweep-Algorithmus von den gewöhnlichen Systemen auf die linearen rekurrenten Systeme mit $m < n-1$, so ergäbe sich analog für den Speedup bei nur m notwendigen Prozessoren:

$$R(n,m): \qquad S_m = O(m).$$

Daraus folgt die Kritik am Algorithmus für kleines m, da nicht nur der Geschwindigkeitsgewinn S_m , sondern auch die Ausnützung der Prozessoren in einem System aus $p \gg m$ Prozessoren sehr schlecht wäre.

Da in der Praxis jedoch die Fälle mit m $\ll$ n sehr oft auftreten, empfiehlt sich die Suche nach besseren Algorithmen für m $\ll$ n.

Andererseits ist bekannt, daß rekurrente Systeme wie die Berechnung des Skalarproduktes, für das ja m = 1 gilt, eine Zeitkomplexität O(logn) erreichen.

Dahin führt auch eine Plausibilitätsüberlegung:

Die Gesamtzahl der Eingabedaten aus dem Konstantenvektor C und der Matrix A in einem R(n,m)-System ist O(m . n).

Nehmen wir an, daß diese Zahlen zur Berechnung der Lösung in Wechselwirkung treten müssen, so folgt aus dem Satz über die Ausdrücke aus e Atomen, daß mindestens O(logmn) Schritte erforderlich sind.

Da bei einem gegebenen System R(n,m) m konstant ist und in den uns hier interessierenden Fällen m $\ll$ n sein soll, ist O(logmn) = O(logn).

Zu O(n) für den Column-Sweep-Algorithmus tut sich somit eine große Lücke auf, die es zu überbrücken gilt, ähnlich wie zwischen dem Gauß-Jordan-Verfahren und der unteren Grenze logn für die Komplexität der parallelen Lösung eines linearen Gleichungssystems (vgl. Abschnitt 4.4.4 und 4.4.5).

4.5.4 Rekurrenter Produktform-Algorithmus I

Die schnellste bekannte Methode zur Berechnung von R(n,m)-Systemen liefert der "Rekurrente Produktform-Algorithmus". /40, 42, 132, 133/.

Es stellt sich heraus, daß für großes m die Zahl der erforderlichen parallelen Prozessoren recht hoch wird; für kleines m, und für solche Fälle interessieren wir uns hier, ergeben sich aber ganz realisierbare Prozessorzahlen.

Der Einfachheit halber sei im folgenden vorausgesetzt, daß n und m Potenzen von 2 sind.

Der Produktform-Algorithmus wird (vor allem) von Sameh und Brent 1977 (A. H. Sameh,

R. Brent: Solving Triangular Systems on a Parallel Computer, SIAM J. Num. Analysis 14 (1977), No. 6, 1101-1113) gründlich untersucht /42/.

(1) Funktionsweise des Algorithmus

Der "Rekurrente Produktform-Algorithmus" ergibt sich aus der Produktform-Darstellung für die inverse Matrix L^{-1}, welche das lineare rekurrente Gleichungssystem

$$x = c + Ax$$

löst; ist I die (nxn)-Einheitsmatrix, so gilt:

$$(I - A)\,x = c, \qquad \text{also:} \quad L\,x = c\,,$$

und unter geeigneten Voraussetzungen, die hier erfüllt sind:

$$x = (I - A)^{-1} c = L^{-1} c,$$

wobei

$$L = \begin{bmatrix} 1 & & & & & & \\ & 1 & & O & & & \\ & & 1 & & & & \\ & & & \cdot & & & \\ & & & & \cdot & & \\ & & & & & \cdot & \\ & -A & & & & & 1 \end{bmatrix}$$

Ist A eine echte untere Dreiecksmatrix, so gilt die folgende Produktform-Darstellung für

$$L^{-1} = (I-A)^{-1}$$

(vg. A. S. Householder, The Theory of Matrices in Numerical Analysis, Blaisdell, New York, 1964, /150/)

$$L^{-1} = M_n \cdot M_{n-1} \cdot M_{n-2} \cdots M_1$$

wobei für $1 \leqslant i \leqslant n-1$:

$$M_i = \begin{bmatrix} 1 & 0 & \cdot & \cdot & \cdot & \cdot & \cdot & \cdot & \cdot & 0 \\ 0 & 1 & & & & & & & & 0 \\ \cdot & & & & & & & & & \cdot \\ \cdot & & & 1 & 0 & & & & & \cdot \\ \cdot & & & 0 & 1 & 0 & & & & \cdot \\ \cdot & & & 0 & a_{i+1,i} & 1 & 0 & & & \cdot \\ \cdot & & & \cdot & \cdot & & & & & \cdot \\ \cdot & & & \cdot & \cdot & & & & & \cdot \\ \cdot & & & \cdot & \cdot & & & & & \cdot \\ 0 & \cdot & \cdot & 0 & a_{ni} & 0 & \cdot & 0 & & 1 \end{bmatrix}$$

D. h.: M_i wird dadurch erzeugt, daß zur Einheitsmatrix in der i-ten Spalte die i-te Spalte der Matrix A hinzu addiert wird. M_n ist hier identisch mit I.

Die Lösung x ergibt sich sodann als Vektor

$$x = M_{n-1} M_{n-2} \cdots M_1 \cdot c$$

Diese Kette von Matrixmultiplikationen eignet sich aber jetzt zur Anwendung des Prinzips des rekursiven Doppelns.

Da n Arrays enthalten sind (M_i, i = 1, ... n-1, und c) läßt sich die Kette in

$$T_{Kette} = \lceil \log n \rceil$$

Array-Multiplikationen berechnen.

Jede dieser Array-Multiplikationen ihrerseits läßt sich in R(n) -Systemen in

$$T_{Array} = O(\log n)$$

Zeitschritten berechnen, da ja im wesentlichen immer nur eine Spalte bzw. Zeile in der Skalarproduktbildung involviert ist.

Insgesamt liefert die Plausibilitätsüberlegung eine Zeitkomplexität

$$T_p = O(\log^2 n).$$

(2) Das allgemeine Dreiecks-System

Wir wollen das allgemeine Problem der Lösung linearer Gleichungssysteme der Dimension n,

(ii.1) $L x = f$,

behandeln für den Fall, daß L eine untere Dreiecksmatrix ist:

$$L = \begin{bmatrix} l_{11} & 0 & 0 & \cdot\cdot\cdot\cdot & 0 \\ l_{21} & l_{22} & 0 & \cdot\cdot\cdot\cdot & \cdot \\ \vdots & \vdots & \vdots & \ddots & \vdots \\ & & & & 0 \\ l_{n1} & l_{n2} & \cdot & \cdot\cdot\cdot\cdot & l_{nn} \end{bmatrix}$$

=

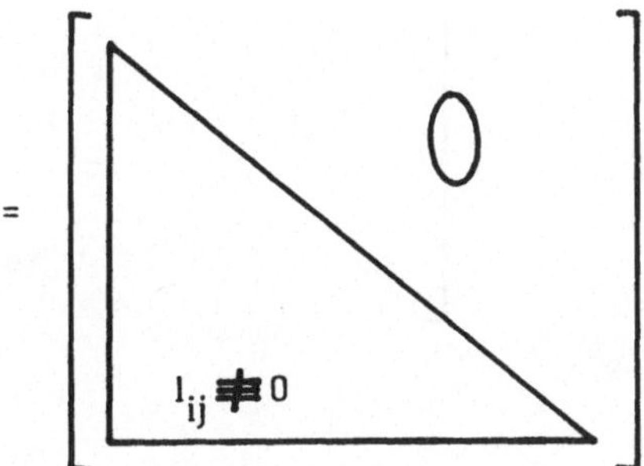

wobei $l_{ii} \neq 0$ für alle $1 \leq i \leq n$ sei.

Die Lösung des Systems (ii.1) ist formal gegeben durch Inversion von L:

(ii.2) $L^{-1} f = x$.

Bemerkung: Im Falle rekurrenter Systeme setzt sich L, wie vorher gezeigt, aus der Einheitsmatrix und der Koeffizientenmatrix A in der Form zusammen

$$L = I - A ,$$

d. h. $l_{ii} = 1$, $1 \leq i \leq n$; L kann (für $m < n-1$) eine Bandmatrix sein.

Nach Householder kann die Inverse von L in der bereits angegebenen Weise dargestellt werden:

(ii.3) $L^{-1} \quad = \quad M_n \cdot M_{n-1} \cdots\cdots M_1$

wobei jetzt in dem allgemeinen Fall für M_i gilt:

(ii.4)

$$M_i \quad = \quad \left[\begin{array}{ccccc|c|ccc} 1 & & & & & & & & \\ & \cdot & O & & & & & & \\ & & \cdot & & & & & & \\ & & & \cdot & & & & & \\ & & & & 1 & 0 & & & \\ & & & & & 1/l_{ii} & & & \\ & & & & & -l_{i+1,\,i}/l_{ii} & & & \\ & & O & & & \cdot & 1 & & \\ & & & & & \cdot & & \cdot & \\ & & & & & -l_{ni}/l_{ii} & O & & 1 \end{array}\right]$$

i-te
Spalte

Die Lösung des Systems berechnet sich daher in der Weise

(ii.5) $x \quad = \quad M_n \cdot M_{n-1} \cdots\cdots M_1 \cdot f$

wobei jetzt wegen der Allgemeinheit M_n mitgenommen wird; M_n ist bis auf das Element $m_{nn} = 1/l_{nn}$ identisch mit der Einheitsmatrix, so daß sich der letzte Multiplikationsschritt besonders einfach gestaltet.

(3) <u>Der Algorithmus</u>

Die Berechnung des Produktes

$$M_{n-1} \cdot M_{n-2} \cdots . M_1 \cdot f$$

mittels eines Parallelprozessormodells gemäß unseren Annahmen eignet sich für das Prinzip des rekursiven Doppelns.

Die Ausführung benötigt dementsprechend:

$$\mu = \log n \text{ Stufen } (j = 0,1,\ldots\ldots,\mu-1).$$

Wir setzen:

$$s = 2^j ,$$

$$f^{(0)} = f ,$$

$$M_i^{(0)} = M_i .$$

Auf jeder Stufe $(j+1)=1,2,\ldots\ldots,\mu$ berechnen wir die zugehörigen Matrizen, die entsprechend dem Prinzip des rekursiven Doppelns definiert sind durch

(a) $$M_i^{(j+1)} = M_{2i+1}^{(j)} \cdot M_{2i}^{(j)}$$

für $j = 0, 1, \ldots\ldots, \mu-2$

und $i = 1, 2, \ldots\ldots, (\frac{n}{2s}) - 1$,

und den zugeordneten Vektor, der gegeben ist durch

(b) $$f^{(j+1)} = M_1^{(j)} \cdot f^{(j)}$$

für $j = 0, 1, \ldots\ldots, \mu-1.$

Der Prozeß des übergeordneten rekursiven Doppelns stellt sich für das Beispiel n = 8 wie in Abb. 4.10 dar.

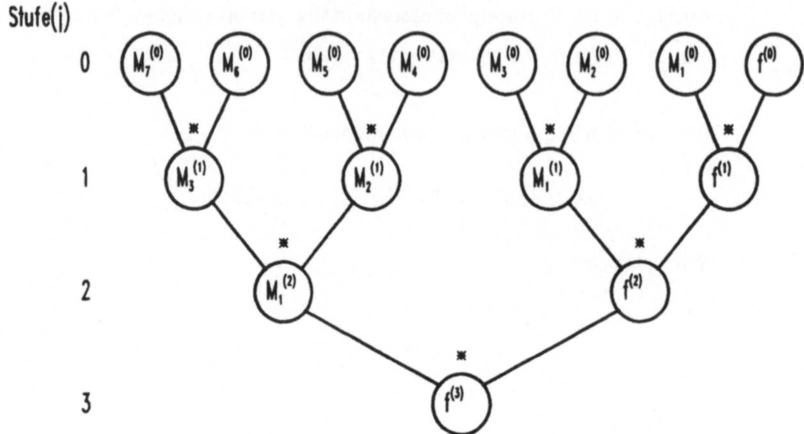

Abb. 4.10: Rekursives Doppeln beim Produktform-Algorithmus I

Jede Matrix $M_i^{(j)}$ ist von der Form

$$M_i^{(j)} = \begin{bmatrix} I_i^{(j)} & 0 & 0 \\ 0 & \hat{L}_i^{(j)} & 0 \\ 0 & S_i^{(j)} & \hat{I}_i^{(j)} \end{bmatrix} \quad ;$$

dabei ist

(a) $\hat{L}_i^{(j)}$ eine untere Dreiecksmatrix der Dimension (oder Ordnung) $s = 2^j$,

(b) $I_i^{(j)}$ eine Einheitsmatrix der Dimension $q_i^{(j)} = i.s-1$,

(c) $\hat{I}_i^{(j)}$ eine Einheitsmatrix der Dimension

$r_i^{(j)} = (n+1)-(i+1)s.$

Die Dimension der Matrix $M_i^{(j)}$ ist stets n, denn:

$$\begin{aligned} d_M &= d_I + d_{\hat{L}} + d_{\hat{I}} \\ &= s + (i.s-1) + (n+1-(i+1).s) \\ &= s + i.s - 1 + n + 1 - i.s - s \\ &= n. \end{aligned}$$

Entsprechend der Konstruktion ist:

(a) $\hat{L}_i^{(o)} = \frac{1}{l_{ii}}$ das Element m_{ii} von M_i ,

(b) $S_i^{(o)} = (-1/l_{ii}) \cdot (l_{i+1,i}, l_{i+2,i}, \ldots, l_{ni})^T$

der untere Teil des Spaltenvektors in

M_i : $-l_{ki}/l_{ii}$, $k > i$.

Wir wählen nun für $S_i^{(j)}$ die Zerlegung

$$S_i^{(j)} = \begin{bmatrix} U_i^{(j)} \\ V_i^{(j)} \end{bmatrix}$$

worin

$U_i^{(j)}$ = quadr. Matrix (sxs).

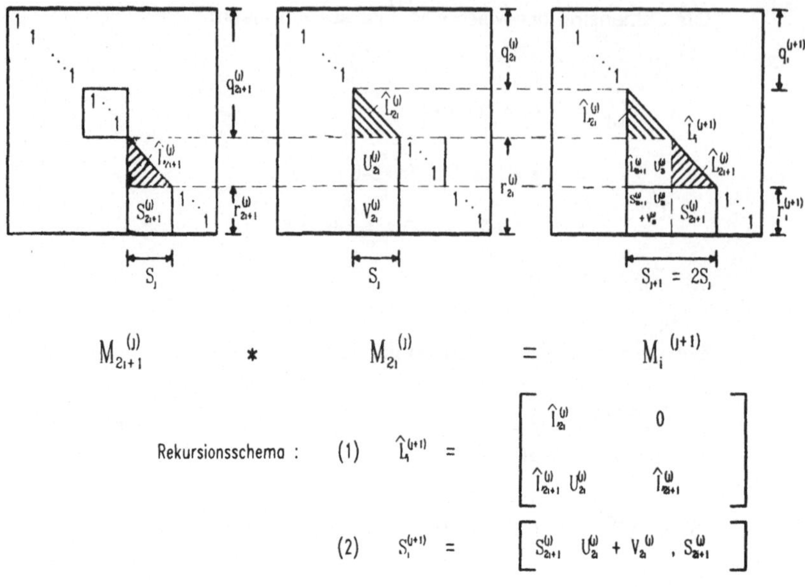

Abb. 4.11: Rekursionsschema für den rekurrenten Produktform-Algorithmus I

Zur Bestimmung der Rekursion der einzelnen Matrixblöcke in $M_i^{(j+1)}$, $M_{2i+1}^{(j)}$, $M_{2i}^{(j)}$ veranschaulichen wir uns die Verhältnisse in den Matrixdiagrammen (Abb. 4.11); die Dimensionen sind dabei:

$$s = 2^j = s_j$$

$$q_i^{(j)} = i \cdot s - 1$$

$$r_i^{(j)} = (n+1) - (i+1)s$$

Demnach erhalten wir die folgenden Matrixrelationen:

$$(\text{iii.1}) \quad \hat{L}_i^{(j+1)} = \begin{bmatrix} \hat{L}_{2i}^{(j)} & O \\ \hat{L}_{2i+1}^{(j)} \cdot U_{2i}^{(j)} & \hat{L}_{2i+1}^{(j)} \end{bmatrix},$$

$$\text{(iii.2)} \quad S_i^{(j+1)} = \left[S_{2i+1}^{(j)} \cdot U_{2i}^{(j)} + V_{2i}^{(j)}, \; S_{2i+1}^{(j)} \right]$$

Für die Dimensionen der Blöcke gilt die Rekursion:

$$q_i^{(j+1)} = q_{2i}^{(j)} ,$$

$$r_i^{(j+1)} = r_{2i+1}^{(j)} ,$$

$$s_{j+1} = 2s_j .$$

Da der Vektor $f^{(j+1)}$ stets durch die Multplikation von $f^{(j)}$ mit $M_1^{(j)}$ von links her entsteht, gilt also jeweils für die entsprechenden Dimensionen von $M_1^{(j)}$:

$$q_1^{(j)} = s_j - 1 = 2^j - 1 ,$$

$$r_1^{(j)} = n + 1 - 2s_j .$$

Zerlegen wir entsprechend den Vektor $f^{(j)}$ in Teilvektoren nach

$$f^{(j)} = (g_1^{(j)}, g_2^{(j)}, g_3^{(j)})^T ,$$

wobei

$g_1^{(j)}$ = (s_j-1)-dimensional

$g_2^{(j)}$ = s_j-dimensional

und daher

$g_3^{(j)}$ = $(n+1-2s_j)$-dimensional

= $r_1^{(j)}$-dimensional,

dann erhalten wir für den Vektor der nächsten Stufe eine entsprechende Zerlegung

$$f^{(j+1)} = (f_1^{(j+1)}, f_2^{(j+1)}, f_3^{(j+1)})^T ,$$

wobei entsprechend dem Diagramm für $M_i^{(j)}$ gilt:

$$f_1^{(j+1)} = g_1^{(j)}$$

$$f_2^{(j+1)} = \hat{L}_1^{(j)} \cdot g_2^{(j)}$$

$$f_3^{(j+1)} = S_1^{(j)} \cdot g_2^{(j)} + g_3^{(j)} ,$$

wobei die ersten zwei Subvektoren die ersten $2s_j$-1 Elemente des Lösungsvektors x bilden.

(4) Zeitkomplexität und Prozessorzahlen

a) Unter den Annahmen über das Parallelprozessorsystem können wir jede Matrix M_i in (ii.4) in

$t_a = 2$ Schritten berechnen,

nämlich: mit 1 Division der i-ten Spalte von L durch l_{ii} und dann 1 Subtraktion der erhaltenen Elemente $l_{i+k,i}/l_{ii}$ von der i-ten Spalte der vorgegebenen Einheitsmatrix, d. h. durch Substitution der i-ten Spalte in der Einheitsmatrix durch den Spaltenvektor

$$y_i = \begin{bmatrix} 0 \\ \vdots \\ 0 \\ 1/l_{ii} \\ -l_{i+1,i}/l_{ii} \\ \vdots \\ -l_{ni}/l_{ii} \end{bmatrix} ;$$

dafür brauchen wir parallel

p_i = (n-i+1) Prozessoren,

entsprechend der Zahl der von Null verschiedenen Elemente der i-ten Spalte.

Das heißt: Die Bildung aller Matrizen M_i , i = 1,2,.....,n, erfordert 2 Schritte mit

$$p_a = \sum_{i=1}^{n} p_i = \sum_{i=1}^{n} (n-i+1)$$

$$= n^2 + n - \frac{n(n+1)}{2}$$

$$= \frac{n(n+1)}{2}$$

Prozessoren.

b) Ähnlich lassen sich die Produkte

$$\hat{L}^{(j)}_{2i+1} \quad U^{(j)}_{2i} ,$$

$$S^{(j)}_{2i+1} \quad U^{(j)}_{2i} ,$$

$$\hat{L}^{(j)}_{1} \cdot g^{(j)}_{2} ,$$

$$S^{(j)}_{1} \cdot g^{(j)}_{2} ,$$

parallel gleichzeitig berechnen, und zwar, da es sich hier um die Bildung von Skalarprodukten je zweier Vektoren der Dimension s_j handelt, in

$$t_b = 1 + \log s_j \quad = \quad 1 + j \text{ Schritten.}$$

Die Summen

$$S^{(j)}_{2i+1} \; U^{(j)}_{2i} \quad + \; V^{(j)}_{2i}$$

und

$$S^{(j)}_{1} \; g^{(j)}_{2} \quad + \; g^{(j)}_{3}$$

können in 1 zusätzlichen Additionsschritt berechnet werden.

Damit erfordert jede Stufe (j+1) insgesamt an Zeitschritten

$$t^{(j+1)} = t_b + 1 = (2+j)$$

c) Deshalb ergibt sich für die Lösung des gesamten Systems der Zeitaufwand

$$t = 2 + \sum_{j=0}^{\mu-1} t^{(j+1)} + 1$$

$$= 3 + \sum_{j=0}^{\mu-1} (2+j)$$

$$= 3 + \sum_{j=1}^{\mu} (j+1)$$

$$= 3 + \frac{\mu(\mu+3)}{2}$$

$$= \frac{1}{2} \log^2 n + \frac{3}{2} \log n + 3 \; ;$$

dabei haben wir für die Berechnung des letzten Produktes $M_n f^{(\mu)}$ einen weiteren Schritt hinzugefügt.

d) Die Bestimmung der zugehörigen Zahl notwendiger Prozessoren ist in jedem Fall etwas komplizierter als die Berechnung der Zeitgrenzen.

1) Betrachten wir zunächst die Zahl der Prozessoren zur Bildung von

$$M_i^{(j+1)} = M_{2i+1}^{(j)} M_{2i}^{(j)}.$$

Hier bilden wir die Produkte parallel:

$$\hat{L}_{2i+1}^{(j)} \cdot U_{2i}^{(j)}$$

und

$$S_{2i+1}^{(j)} \cdot U_{2i}^{(j)}$$

Die Bildung jeder Spalte von $\hat{L}^{(j)}_{2i+1} \cdot U^{(j)}_{2i}$

impliziert

s_j Skalarprodukte

von

s_j Vektorpaaren der Dimensionen
$1, 2, 3, \ldots, s_j$.

Somit erfordert jede Spalte

$$p_{c(j)} = \sum_{k=1}^{s_j} k = s_j (s_j+1)/2 \text{ Prozessoren;}$$

das gesamte Produkt aus s_j Spalten braucht daher zur Parallelverarbeitung:

$$p^{(1)}_{c(j)} = s_j \cdot p_{c(j)} = s_j^2 (s_j+1)/2 \text{ Prozessoren.}$$

Das Produkt

$$S^{(j)}_{2i+1} \quad U^{(j)}_{2i}$$

errechnet sich über

$$(d_{U^{(j)}_{2i}} \times d_{S^{(j)}_{2i+1}}) = s_j \cdot r^{(j)}_{2i+1} \text{ Skalarprodukte}$$

von Vektoren der Dimension s_j.

Dafür sind notwendig:

$$p^{(2)}_{c(ij)} = s_j^2 \, r^{(j)}_{2i+1} = s_j^2 \cdot r^{(j+1)}_i \text{ Prozessoren.}$$

Insgesamt erfordern deshalb diese Matrixprodukte der (j+1)-ten Stufe:

$$p_{c(ij)} = p^{(1)}_{c(j)} + p^{(2)}_{c(ij)}$$

d.h.: $p_{c(ij)} = \frac{1}{2} s_j^2 \cdot (s_j+1) + s_j^2 \cdot r_i^{(j+1)}$

$$= \frac{1}{2} (2n+3)\, s_j^2 - \frac{1}{2} (4i+3)\, s_j^3$$

Prozessoren.

Für die parallele Summenbildung

$$(S_{2i+1}^{(j)} \cdot U_{2i}^{(j)} + V_{2i}^{(j)})$$

sind anschließend

$$p_{c(ij)}^{(3)} = s_j \cdot r_{2i+1}^{(j)} \qquad \text{Prozessoren}$$

erforderlich; das sind

$$\begin{aligned} p_{c(ij)}^{(3)} &= s_j \cdot r_i^{(j+1)} \\ &= s_j \cdot ((n+1) - (i+1) \cdot s_{j+1}) \\ &= s_j \cdot ((n+1) - 2(i+1) \cdot s_j) \\ &= (n+1)\, s_j - 2(i+1)\, s_j^2 \ . \end{aligned}$$

Da ja $s_j = 2^j$ und $j = o, 1, \ldots, \mu-2$ sowie $i = 1, 2, \ldots, (n/(2s)-1)$ bei der Bildung aller $M_i^{(j+1)}$ durchlaufen werden, ist die Zahl der notwendigen Prozessoren gegeben durch das Maximum von $p_{c(ij)}$ und $p_{c(ij)}^{(3)}$ für jedes vorgegebene $M_i^{(j+1)}$:

$$p_i^{(j+1)} = \text{Max}\,(p_{c(ij)}, p_{c(ij)}^{(3)}) = p_{c(ij)},$$

wie sich aus den Darstellungen in s_j und $r_i^{(j+1)}$ direkt ergibt.

In gleicher Weise können wir ableiten, daß die Berechnung von $f^{(j+1)}$

$$p_o^{(j+1)} = \frac{1}{2} (2n+3) s_j - \frac{3}{2} s_j^2$$

Prozessoren verlangt. Also brauchen wir auf jeder Stufe mit j = 0, 1, ... , μ-2 durch Summation über den i-Index:

$$p^{(j+1)} = \sum_{k=0}^{\frac{n}{2s_j}-1} p_k^{(j+1)}.$$

Das liefert explizit:

$$p^{(j+1)} = \frac{3}{2} s_j^3 - \frac{1}{4}(5n+12) s_j^2 + \frac{1}{4}(n^2+7n+6) s_j$$

Der ganze Algorithmus braucht also an Prozessoren:

$$p = \text{Max } (\text{Max}_{0 \leq j \leq \mu-2} \{p^{(j+1)}\}; \frac{n(n+1)}{2})$$

e) Für n $\gg$ 16 ergibt sich das Maximum für $s_j = n/8$.

Damit ergibt sich

$$p = \frac{n}{64} (\frac{15}{16} n^2 + 11n + 12)$$

$$= \frac{n^3}{68} + O(n^2).$$

Für n $\gg$ 256 ist:

$$p \leq \frac{n^3}{64}.$$

(5) Spezialfall des Sameh/Brent-Satzes

Daraus läßt sich dann der Satz für m = n-1 nach Sameh und Brent als Spezialfall formulieren:

SATZ: Das Dreieckssystem Lx = f, wobei L eine untere Dreiecksmatrix ist mit der Dimension n, läßt sich lösen in

$$T_p = \frac{1}{2} \log^2 n + \frac{3}{2} \log n + 3 = O(\log^2 n)$$

Zeitschritten mit höchstens

$$P = \left(\frac{15}{1024}\right) n^3 + O(n^2)$$

Prozessoren. Die '3' in T_p tritt hier auf, weil wir hier die Division durch l_{ii}, die Subtraktion und den abschließenden Schritt $M_n \cdot f^{(\mu)}$ berücksichtigt haben.

In analoger Weise kann man vorgehen im Falle $m < n-1$, wo A und damit L eine Bandmatrix der Bandbreite m bzw. m+1 ist.

Die explizite Durchrechnung des zugehörigen Algorithmus liefert entsprechend die im Satz von Sameh und Brent angegebenen Grenzen für die Zeitkomplexität und die Prozessorenzahl; dieser Satz wird im nächsten Abschnitt 4.5.5 angegeben.

4.5.5 Satz von Sameh und Brent über R(n,m)

Sameh und Brent haben den folgenden allgemeinen Satz für R(n,m) bewiesen, basierend auf dem Produktform-Algorithmus /42/.

SATZ: Ein lineares rekurrentes System R(n,m) kann berechnet werden mit den Grenzen:

1) wenn $1 \leq m \leq \frac{n}{2}$:

$$T_p \leq (2+\log m)\log n - \frac{1}{2}(\log^2 m+\log m),$$

$$Z_p \leq m^2 n \log\frac{n}{2m} + O(mn\log\frac{n}{2m}),$$

$$P \leq \frac{m}{2}(m+1)n + O(m^3);$$

2) wenn $\frac{n}{2} < m \leq n-1$:

T_p wie unter 1),

$$Z_p \leq \frac{2}{21} n^3 + O(n^2),$$

$$P \leq \frac{n^3}{68} + O(n^2).$$

Explizit wurden die folgenden Ergebnisse erhalten für Z_p und P:

1) $1 \leq m \leq n/2$:

$$Z_p = \left\lceil m^2 n(\frac{43}{42} + \log\frac{n}{4m}) + mn(\log\frac{n}{m} - \frac{3}{4}) + \frac{4}{3}n + \frac{15}{14}m^3 + 2m^2 + \frac{10}{21}\cdot\frac{n}{m} - 2m - \frac{4}{7}\right\rceil$$

$$P = \begin{cases} \frac{m}{2}(m+1)\,n - m^3 & \text{für } 1 \leq m < \frac{n}{2}, \\ \left\lceil \frac{21}{128} m^2 . n + \frac{5}{16} mn + \frac{n}{8} \right\rceil & \text{für } m = \frac{n}{2}. \end{cases}$$

2) $\frac{n}{2} < m \leq n-1$:

$$Z_p = \left\lceil \frac{2}{21} n^3 + \frac{2}{3} n^2 - \frac{2}{3} n - \frac{2}{21} \right\rceil$$

$$P = \left\lceil \frac{15}{1024} n^3 + \frac{n^2}{8} + \frac{n}{16} \right\rceil$$

4.5.6 Rekurrenter Produktform-Algorithmus II

Sameh und Brent (1977) haben einen zweiten Produktform-Algorithmus angegeben und analysiert, der dieselbe Zeitkomplexität aufweist, aber grob doppelt soviele parallele Prozessoren benötigt /42/.

Der Vorteil dieses Algorithmus II ist aber, daß er sich an Systeme rekurrenter Gleichungen mit Bandmatrix-Struktur leicht anpassen läßt: R(n,m), $m < n-1$.

Wir betrachten aber zunächst den Fall gewöhnlicher rekurrenter Systeme R(n).

(1) <u>Gewöhnliche rekurrente Systeme und allgemeine Dreieckssystem-Produktform</u>

Wir setzen wieder voraus, daß n eine Potenz von 2 ist:

$$n = 2^{\nu} ,$$

und daß das System Lx = f eine vollbesetzte untere Dreiecksmatrix L hat.

Beim Algorithmus II wird das System

$$Lx = f$$

in der folgenden, gegenüber der Householderschen Zerlegung des Algorithmus I andersartigen Gestalt aufgelöst:

$$X = L^{-1}f = D_{\nu-1} \cdot D_{\nu-2} \cdots\cdots D_o \cdot f ,$$

wobei jetzt eine Produktform aus nicht n, sondern $\nu = \log n$ Matrizen entsteht.

Gehen wir aus von einem allgemeinen Dreieckssystem, so daß die Matrix L in der Hauptdiagonalen nicht notwendigerweise Einselemente enthält, d.h.

$$l_{ii} \not\equiv 1 , \quad 1 \leqslant i \leqslant n ,$$

so haben wir zunächst die Matrix L und den Vektor f der rechten Seite in die geeignete Anfangsgestalt zu transformieren:

$$\left.\begin{array}{l} L^{(o)} \equiv DL \\ f^{(o)} \equiv Df \end{array}\right\} : L^{(o)}X = f^{(o)} ,$$

wobei die Diagonalmatrix D die Gestalt hat:

$$D = \operatorname{diag}(l_{11}^{-1}, l_{22}^{-1}, \ldots\ldots, l_{nn}^{-1})$$

$$= \begin{bmatrix} \frac{1}{l_{11}} & & & & \\ & \frac{1}{l_{22}} & & & O \\ & & \cdot & & \\ & & & \cdot & \\ O & & & & \cdot \; \frac{1}{l_{nn}} \end{bmatrix}$$

Damit lassen sich Matrizen $D^{(j)}$ bilden für $j = 0, 1, \ldots, \nu-1$, so daß

$$L^{(j+1)} = D^{(j)} \cdot L^{(j)} = D^{(j)} \cdot D^{(j-1)} \cdot \ldots \cdot D^{(o)} \cdot L^{(o)}$$

$$f^{(j+1)} = D^{(j)} \cdot f^{(j)}$$

mit:

$$L^{(\nu)} = I$$

$$x = f^{(\nu)} \qquad \text{(Lösung!)}$$

Jede Matrix $L^{(j)}$ hat die folgende Gestalt:

$$L^{(j)} = \begin{bmatrix} I_s & & & & & \\ G_{21}^{(j)} & I_s & & & \bigcirc & \\ G_{31}^{(j)} & G_{32}^{(j)} & I_s & & & \\ \cdots & \cdots & \cdots & \cdots & & \\ \cdots & \cdots & \cdots & \cdots & \cdots & \\ G_{\frac{n}{s},1}^{(j)} & G_{\frac{n}{s},2}^{(j)} & G_{\frac{n}{s},3}^{(j)} & \cdots & G_{\frac{n}{s},\frac{n}{s}-1}^{(j)} & I_s \end{bmatrix}$$

wobei

$$s = s_j = 2^j$$

$$G_{ij}^{(o)} = \frac{l_{ij}}{l_{ii}}, \qquad i > j.$$

Der Nachweis der Produktform und die Bestimmung der Matrizen $D^{(j)}$ sowie die Gestalt von $L^{(j)}$ läßt sich durch Induktion durchführen.

Dabei lassen sich die Matrizen $D^{(j)}$ leicht mit Hilfe der Tatsache bestimmen, daß die Inverse einer Matrix

$$B = \begin{bmatrix} I & O \\ C & I \end{bmatrix}$$

gegeben ist durch:

$$B^{-1} = \begin{bmatrix} I & O \\ -C & I \end{bmatrix}$$

Außerdem lassen sich die Diagonalelemente einer (nxn)-(Dreiecks-)Matrix B durch linksseitige Multiplikation mit der Diagonalmatrix

$$\triangle = \operatorname{diag}(b_{11}^{-1}, b_{22}^{-1}, \dots, b_{nn}^{-1})$$

zu 1 normieren. Dies gilt auch, wenn die Elemente b_{ij} durch quadratische Matrizen ersetzt werden; also ist insbesondere für die Diagonalmatrix aus quadratischen Untermatrizen C_j:

$$\triangle = \operatorname{diag}(C_1, C_2, \dots, C_r)$$

die Inverse

$$\triangle^{-1} = \operatorname{diag}(C_1^{-1}, C_2^{-1}, \dots, C_r^{-1}).$$

Aus diesen Gegebenheiten lassen sich die Matrizen $D^{(j)}$ angeben:

$$(D^{(j)})^{-1} = \operatorname{diag}(L_1^{(j)}, L_2^{(j)}, \dots, L_{\frac{n}{s}}^{(j)})$$

wobei (für $j = 0, 1, \dots, \nu - 1$; $i = 1, 2, \dots, \frac{n}{2s_j}$):

$$L_i^{(j)} = \begin{bmatrix} I_s & O \\ G_{2i,\,2i-1}^{(j)} & I_s \end{bmatrix}$$

und also

$$(L_i^{(j)})^{-1} = \begin{bmatrix} I_s & O \\ -G_{2i,\,2i-1} & I_s \end{bmatrix}$$

(2) Rekursionsbeziehungen

Für die algorithmische Durchführung muß noch der Zusammenhang der Matrizen $G_{ik}^{(j)}$ für die j-Stufen bestimmt werden.

Es soll ja gelten:

$$L^{(j+1)} = D^{(j)} L^{(j)},$$

also

$$\begin{bmatrix} I_{sj} & & & & & & \\ -G_{21}^{(j)} & I_{sj} & & & & 0 & \\ & & I_{sj} & & & & \\ & & -G_{43}^{(j)} & I_{sj} & & & \\ & & & & \ddots & & \\ & 0 & & & & I_{sj} & \\ & & & & & -G_{\frac{n}{sj},\frac{n}{sj}-1} & I_{sj} \end{bmatrix} \cdot \begin{bmatrix} I_{sj} & & & & \\ G_{21}^{(j)} & I_{sj} & & 0 & \\ G_{31}^{(j)} & G_{32}^{(j)} & I_{sj} & & \\ \cdots & \cdots & \cdots & \cdots & \\ \cdots & \cdots & \cdots & \cdots & \\ G_{\frac{n}{sj},1} & G_{\frac{n}{sj},2} & \cdots & G_{\frac{n}{sj},\frac{n}{sj}-1} & I_{sj} \end{bmatrix}$$

$$= \begin{bmatrix} I_{s_{j+1}} & & & & \\ G_{21}^{(j+1)} & I_{s_{j+1}} & & 0 & \\ G_{31}^{(j+1)} & G_{32}^{(j+1)} & I_{s_{j+1}} & & \\ \cdots & \cdots & \cdots & \cdots & \\ \cdots & \cdots & \cdots & \cdots & \\ G_{\frac{n}{s_{j+1}},1} & G_{\frac{n}{s_{j+1}},2} & \cdots\cdots & G_{\frac{n}{s_{j+1}},\frac{n}{s_{j+1}}-1} & I_{s_{j+1}} \end{bmatrix}$$

Wie $L^{(j)}$ wird auch $f^{(j)}$ in Teilvektoren $f_i^{(j)}$ der Länge s_j partitioniert.

Daraus ergibt sich für die (j+1)-Stufe, $j = 0, 1, \dots, \nu-1$:

$$(+) \qquad G_{ik}^{(j+1)} = \begin{bmatrix} I_{sj} & O \\ -G_{2i,\,2i-1}^{(j)} & I_{sj} \end{bmatrix} \cdot \begin{bmatrix} G_{2i-1,\,2k-1}^{(j)} & G_{2i-1,\,2k}^{(j)} \\ G_{2i,\,2k-1}^{(j)} & G_{2i,\,2k}^{(j)} \end{bmatrix}$$

für: $k = 1, 2, \dots, \frac{n}{2s_j} - 1;\; k < i \leq \frac{n}{2s_j}$

$$(++) \qquad f_i^{(j+1)} = \begin{bmatrix} I_{sj} & O \\ -G_{2i,\,2i-1}^{(j)} & I_{sj} \end{bmatrix} \cdot \begin{bmatrix} f_{2i-1}^{(j)} \\ f_{2i}^{(j)} \end{bmatrix}$$

für: $i = 1, 2, \dots, \frac{n}{2sj}$;

also

$$f_i^{(j+1)} = \begin{bmatrix} f_{2i-1}^{(j)} \\ f_{2i}^{(j)} - G_{2i,\,2i-1}^{(j)} \cdot f_{2i-1}^{(j)} \end{bmatrix}$$

Für $j = \nu-1$ erhält man aus

$$L^{(\nu)} = D^{(\nu-1)} L^{(\nu-1)},$$

$$L^{(\nu-1)} = \begin{bmatrix} I_{\frac{n}{2}} & O \\ G_{21}^{(\nu-1)} & I_{\frac{n}{2}} \end{bmatrix},$$

$$D^{(\nu-1)} = \begin{bmatrix} I_{\frac{n}{2}} & O \\ -G_{21}^{(\nu-1)} & I_{\frac{n}{2}} \end{bmatrix}$$

schließlich:

$$L^{(\nu)} = I_n ,$$

so daß ja gelten muß:

$$D^{(\nu-1)} . D^{(\nu-2)} \ldots\ldots\ldots D^{(o)} = (L^{(o)})^{-1}$$

und somit wegen

$$f^{(j+1)} = D^{(j)} f^{(j)} = D^{(j)} . D^{(j-1)} \ldots\ldots\ldots D^{(o)} . f^{(o)}$$

ebenfalls für $\nu = j+1$:

$$f^{(\nu)} = (L^{(o)})^{-1} f^{(o)} = x .$$

(3) Zeitkomplexität und Prozessorzahl

(a) Wir können die folgenden Produkte der Untermatrizen und Teilvektoren gleichzeitig berechnen:

$$G_{2i,\,2i-1}^{(j)} \cdot G_{2i-1,\,2k-1}^{(j)} ,$$

$$G_{2i,\,2i-1}^{(j)} \cdot G_{2i-1,\,2k}^{(j)} ,$$

$$G_{2i,\,2i-1}^{(j)} \cdot f_{2i-1}^{(j)} .$$

Dafür benötigen wir:

$$t' = 1 + \log s_j = 1 + j \text{ Schritte}$$

mit

(i) $P^{(1)} = \quad 2\, s_j^3$ Prozessoren für die ersten zwei Produkte,

(ii) $P^{(2)} = \quad s_j^2$ Prozessoren für das letzte Produkt,

also zusammen:

$$P' \; = \; s_j^2 (2s_j + 1) \text{ Prozessoren.}$$

(b) Die Subtraktion der 2 Paare von Matrizen in (+) und des Vektorpaares in (++) erfordert

$$t'' \; = \; 1 \quad \text{Schritt}$$

mit der Prozessorzahl

$$P'' \; = \; 2 \cdot s_j^2 + 1 \cdot s_j = s_j\,(2s_j + 1) < P'$$

(c) Da wir insgesamt pro (j+1)-Stufe r_G Untermatrizen $G_{ik}^{(j+1)}$ haben, wobei

$$r_G \; = \; \frac{1}{2}\, m' \cdot (m' + 1) = \frac{1}{2} \left(\frac{n}{s_{j+1}}\right) \left(\frac{n}{s_{j+1}} - 1\right)$$

$$= \; \frac{1}{8s_j^2} \cdot n\,(n - 2s_j),$$

und entsprechend r_f Teilvektoren $f_i^{(j+1)}$, wobei

$$r_f \; = \; \frac{n}{s_{j+1}} \; = \; \frac{n}{2s_j} \quad ,$$

so erfordert jede (j+1)-Stufe an Zeit

$$t^{(j+1)} \; = \; t' + t'' \; = \; j + 2 \text{ Schritte}$$

und an Prozessoren

$$P^{(j+1)} \; = \; r_G \cdot (2 \cdot s_j^3) + r_f \cdot s_j^2$$

$$= \frac{1}{4} s_j n^2 - \frac{1}{2} s_j^2 . n + \frac{1}{2} s_j n \ .$$

(d) Die Bildung von $L^{(o)}$ und $f^{(o)}$ erfordert an Zeit

$$t^{(o)} = 1 \quad \text{Schritt}$$

und an Prozessoren

$$P^{(o)} = \frac{1}{2} n (n-1) + n = \frac{1}{2} n (n+1).$$

(e) Damit ergibt sich für die Zeitkomplexität des Algorithmus zur Lösung des Systems $Lx = f$:

$$T_P = 1 + \sum_{j=0}^{\nu-1} (2 + j) = 1 + 2\nu + \frac{1}{2} \nu (\nu -1)$$

$$= 1 + \frac{3}{2}\nu + \frac{1}{2} \nu^2 = 1 + \frac{\nu}{2} (\nu + 3)$$

$$= \frac{1}{2} (\log n)^2 + \frac{3}{2} \log n + 1$$

$$= O (\log^2 n)$$

wie beim Produktform-Algorithmus I, wobei die Prozessorzahl gegeben ist durch

$$P = \mathrm{Max} \left\{ \max_{0 \leq j \leq \nu -1} (P^{(j+1)}); \frac{n}{2} (n+1) \right\} .$$

Für $n \geq 16$ liegt das Maximum bei $s_j = n/4$, und das liefert

$$P = \frac{n^3}{32} + \frac{n^2}{8} \simeq 2 . P (\text{RPF - Alg.I}).$$

$$= O (n^3)$$

Wir sehen also, daß bei beiden Produktform-Algorithmen die Zeitkomplexität gleich ist, während sich die erforderlichen Prozessorzahlen um etwa den Faktor 2 unterscheiden, und zwar benötigt der Algorithmus II doppelt soviele Prozessoren wie Algorithmus I.

(4) Produktform-Algorithmus II für $m < n-1$

Wir betrachten jetzt den Algorithmus II für Systeme $R(n,m)$ mit $m < n-1$, d.h. für lineare Systeme, deren untere Dreiecksmatrix Bandcharakter besitzt:

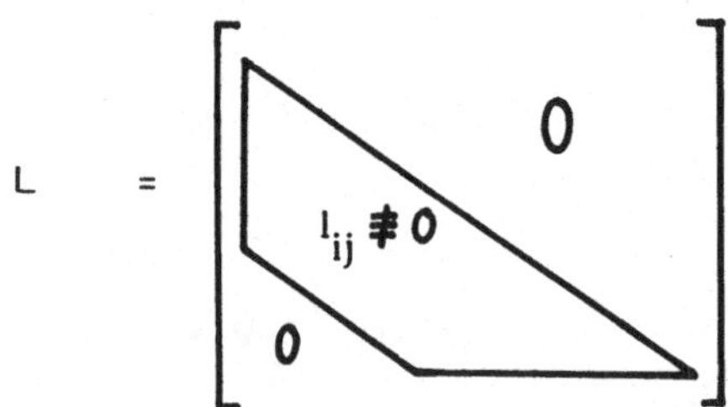

Wir nehmen wieder an, daß die Dimensionen n und m Potenzen von 2 sind:

$$n = 2^{\nu} ,$$
$$m = 2^{\mu} .$$

(I) Darstellung der Matrizen und Vektoren

Wir schreiben die Bandmatrix L und den Vektor der rechten Seite, f, entsprechend der m-Zerlegung:

$$L = \begin{bmatrix} L_1 & & & & \\ R_1 & L_2 & & & \\ & R_2 & L_3 & & \\ \cdots & \cdots & \cdots & \cdots & \\ \cdots & \cdots & \cdots & \cdots & \\ & & & R_{\frac{n}{m}-1} & L_{\frac{n}{m}} \end{bmatrix} , \quad f = \begin{bmatrix} f_1 \\ f_2 \\ f_3 \\ \cdot \\ \cdot \\ f_{\frac{n}{m}} \end{bmatrix}$$

Die Untermatrizen L_i und R_i sind von der Gestalt:

L_i : (m x m), untere Dreiecks-Matrix

R_i : (m x m), obere Dreiecks-Matrix

Wir transformieren zunächst das System

$$Lx = f$$

durch Multiplikation von links mit der Diagonal-Block-Matrix D,

$$D = \operatorname{diag}(L_i^{-1})$$

in das äquivalente System

$$L^{(o)} x = f^{(o)} ,$$

wobei jetzt

$$L^{(o)} = \begin{bmatrix} I_m & & & & & \\ G_1^{(o)} & I_m & & & \bigcirc & \\ & G_2^{(o)} & I_m & & & \\ & & \ddots & \ddots & & \\ & \bigcirc & & & & \\ & & & G_{\frac{n}{m}-1}^{(o)} & I_m \end{bmatrix}$$

und die Relationen gelten:

$$L_1 f_1^{(o)} = f_1 ,$$

$$L_i \cdot (G_{i-1}^{(o)}, f_i^{(o)}) = (R_{i-1}, f_i)$$

für $i = 2, 3, \ldots\ldots, \frac{n}{m}$.

Nach dem Satz von Sameh und Brent über Rekurrente Systeme auf der Basis des ersten Produktform-Algorithmus (Algorithmus I) lassen sich diese Systeme der Dimension m, R(m), lösen in

$$T^{(o)} = \frac{1}{2}\log^2 m + \frac{3}{2}\log m + 3$$

Zeitschritten mit parallelen Prozessoren

$$P^{(o)} = P_i^{(o)} = \frac{15}{1024}m^3 + \frac{m^2}{8} + \frac{m}{16}$$

pro System, insgesamt also:

$$P^{(o)} = (\frac{n}{m}) \cdot P_i^{(o)} = \frac{15}{1024}m^2 n + O(mn).$$

$$= \frac{15}{1024}m^2 n + \frac{mn}{8} + \frac{n}{16}$$

wobei $\frac{n}{m}$ die Zahl der Systeme R(m) ist (entsprechend dem Bereich von i = 1, 2, ..., $\frac{n}{m}$).

(II) Konstruktion des Algorithmus

Wir folgen nun dem Ablauf des Algorithmus II und bilden die Folgen für j = 0, 1, ..., z-1; z = log(n/m):

$$L^{(j+1)} = D^{(j)} L^{(j)} ,$$

$$f^{(j+1)} = D^{(j)} f^{(j)} ;$$

dabei ist: $z = \log(n/m) = \log(2^{\nu-\mu}) = \nu - \mu$.

Jede Matrix $L^{(j)}$ hat die Gestalt (wobei $r = 2^j \cdot m$ ist):

$$L^{(j)} = \begin{bmatrix} I_r & & & & \\ G_1^{(j)} & I_r & & \mathbf{0} & \\ & G_2^{(j)} & I_r & & \\ & & \ddots & \ddots & \\ & \mathbf{0} & & G_{\frac{n}{r}-1}^{(j)} & I_r \end{bmatrix}$$

Die Dimension r läuft dabei im Bereich

$$m \leq r_j = 2^j m \leq \frac{n}{2} .$$

Daraus leitet sich für die Matrix $D^{(j)}$ die Form ab:

$$D^{(j)} = \operatorname{diag}\left((L_i^{(j)})^{-1} \right), \quad 1 \leq i \leq \frac{n}{2r} ,$$

und darin:

$$(L_i^{(j)})^{-1} = \begin{bmatrix} I_r & O \\ -G_{2i-1}^{(j)} & I_r \end{bmatrix} ,$$

Für die Stufe (j+1) finden wir für die G-Matrizen die Form:

$$G_i^{(j+1)} = \begin{bmatrix} O & G_{2i}^{(j)} \\ O & \underbrace{-G_{2i+1}^{(j)} \cdot G_{2i}^{(j)}}_{m \text{ Spalten}} \end{bmatrix}$$

mit $1 \leq i \leq \frac{n}{2r} - 1$,

und für die f-Teilvektoren:

$$f_i^{(j+1)} = \begin{bmatrix} f_{2i-1}^{(j)} \\ \\ -G_{2i-1}^{(j)} \; f_{2i-1}^{(j)} + f_{2i}^{(j)} \end{bmatrix},$$

mit $1 \leqslant i \leqslant \frac{n}{2r}$.

(III) Zeitkomplexität und Prozessorzahl

Wir stellen fest, daß in jeder Matrix $G_i^{(j)}$ alle Spalten außer den letzten m Spalten Null sind.

(a) Die Produkte

$$G_{2i+1}^{(j)} \cdot G_{2i}^{(j)}$$

$$G_{2i-1}^{(j)} \cdot f_{2i-1}^{(j)}$$

lassen sich für alle i in t' = 1 + logm Zeitschritten unter Einsatz von

$$P' = (r \cdot m) \cdot m \cdot \left(\frac{n}{2r} - 1\right) + (r) \cdot (m) \cdot \left(\frac{n}{2r}\right)$$

$$= \frac{1}{2} m\,(m+1) \cdot n - r \cdot m^2$$

Prozessoren berechnen. (Denn nur m Elemente pro Zeile in G sind von Null verschieden.)

(b) Zur Berechnung von $f_i^{(j+1)}$ (und $G_i^{(j+1)}$) muß noch für alle Werte des Index i eine Subtraktion ausgeführt werden.

Das erfordert

$$t'' = 1 \quad \text{Schritt}$$

und

$$P'' = \frac{P'}{m} \quad \text{Prozessoren.}$$

(Der Faktor 1/m kommt daher, daß gegenüber dem Skalarprodukt ja pro Element nur 1 Prozessor - statt m Prozessoren - notwendig ist.)

(c) Somit gilt für die Stufe (j+1) die Zeitkomplexität

$$T^{(j+1)} = 2 + \log m$$

mit $P^{(j+1)} = \text{Max}(P', P'') = P'$

$$= \frac{1}{2} m(m+1)n - rm^2.$$

(d) Für den Gesamtalgorithmus ergibt sich daher

$$T_P = \sum_{j=o}^{\log(n/m)} T^{(j)}$$

$$= (2 + \log m) \cdot \log(n/m) + T^{(o)}$$

$$= (2 + \mu) \cdot (\nu - \mu) + \frac{1}{2}\mu(\mu + 3) + 3$$

$$= \nu(2 + \mu) - \frac{1}{2}\mu(\mu + 1) + 3$$

Nach Einsetzen von $\nu = \log n$ und $\mu = \log m$ ergibt sich schließlich für die Zeitkomplexität

$$T_P = (2 + \log m)\log n - \frac{1}{2}\log m(\log m + 1) + 3$$

mit

$$P = \text{Max}_j (P^{(j)}) \quad \text{Prozessoren.}$$

Für m = n/2 ist daher:

$$P = P^{(o)} \cong \frac{m^3}{34} + \frac{m^2}{4} + \frac{m}{8},$$

sonst:

$$P = P^{(1)} = \frac{1}{2} m(m+1)n - m^3.$$

4.5.7 Ergebnisse für beschränkte Prozessorzahlen

In der Praxis können wir mit der Situation konfrontiert sein, daß das verfügbare Parallelprozessorsystem eine begrenzte Zahl p von Prozessoren hat, wobei diese kleiner als die vom Algorithmus für die optimale Berechnung vorgeschriebene Zahl P ist.

Damit kann der Satz von Sameh und Brent nicht direkt angewendet werden.

Um die Schwierigkeit zu umgehen, beschneidet man das Problem entsprechend auf die ersten k Gleichungen; mit der Lösung werden in den restlichen n-k Gleichungen die nächsten k Unbekannten entsprechend dem Column-Sweep-Algorithmus bestimmt, indem nach Einsetzen der ersten k Lösungswerte das (n-k)-Problem erneut auf k nächste Gleichungen beschnitten wird.

Dieser Prozeß wird $\lceil n/k \rceil$ -mal wiederholt.

Für die praktischen Fälle, in denen m sehr klein gegen n ist, gilt das folgende für eingeschränkte Prozessorzahlen gedachte Ergebnis /132/:

<u>SATZ:</u> (Chen, Kuck & Sameh 1978)

Wenn p Prozessoren verfügbar sind, wobei

$$2\,m^2 \leq p \ll n,$$

dann läßt sich jedes R(n,m) berechnen in

$$T_p \leq (2m^2 + 3m)\,\frac{n}{p} + O(m^2 \log \frac{p}{m}).$$

Für $2m^2 > p$ ist der Column-Sweep-Algorithmus der schnellste und effizienteste (vgl. Abschnitt 4.5.3).

4.5.8 Rekurrente Systeme mit konstanten Koeffizienten

<u>Definition:</u> Ein lineares rekurrentes System m-ter Ordnung mit konstanten Koeffizienten aus n Gleichungen

$$\tilde{R}(n,m)$$

ist definiert für $m \leq n-1$ durch

$$\tilde{R}(n,m): \begin{cases} x_i = 0 & \text{für } i \leq o, \\ x_i = c_i + \sum_{j=1}^{m} a_j \cdot x_{i-j} & \text{für } 1 \leq i \leq n. \end{cases}$$

<u>Definition:</u> Wenn $m = n-1$, so heißt $\tilde{R}(n,m)$:

gewöhnliches lineares rekurrentes System mit konstanten Koeffizienten:

$$\tilde{R}(n).$$

Dafür gilt das folgende Ergebnis /151/:

<u>SATZ:</u> (Sameh 1977):

Jedes $\tilde{R}(n,m)$ kann berechnet werden in

$$T_p \leq (3+2\log m)\log n - (\log^2 m + \log m + 1)$$

mit 1) $$Z_p \leq \frac{21}{4}mn - \frac{9}{2}n - \frac{25}{4}m^2 - m,$$

$$P \leq \frac{mn}{2} + \frac{n}{4}, \qquad \text{für } m \ll n$$

oder

2) $$Z_p \leq \frac{9}{4}n^2 - \frac{7}{2}n,$$

$$P \leq \frac{n^2}{4}, \qquad \text{für } 1 \ll m \leq n-1.$$

Für den Spezialfall erster Ordnung $\tilde{R}(n,1)$ wurde entsprechend erhalten:

<u>Korollar:</u>

Ein $\tilde{R}(n,1)$ läßt sich in

$$T_p \leq 1 + 2\log n$$

mit

$$P \leq \frac{n}{2}$$

berechnen.

Vergleicht man die Ergebnisse für allgemeine R(n,m) und $\tilde{R}(n,m)$ bzw. $\tilde{R}(n,1)$, so wird die erhebliche Einsparung an Prozessoren deutlich, die bei

$$O(m) \quad \text{bzw.} \quad O(n)$$

liegt.

Vergleichen wir das Ergebnis mit dem früheren Resultat für das Skalarprodukt, das wir in

$$T_p = \log n + 1$$

berechnen können, so liegt die Aussage des Satzes um den Faktor 2 höher. Wir müssen aber berücksichtigen, daß die Rekursion den gesamten Vektor x, d. h. in diesem Fall alle Zwischenergebnisse x_i liefert.

Allerdings ist für die Rekursion nur die Hälfte der Prozessoren, n/2, erforderlich, während für die Multiplikation der Komponenten im ersten Schritt n Prozessoren für das Skalarprodukt nötig waren.

5. Schnelle Fourier-Transformation (FFT)

Zur Diskussion der Schnellen Fourier-Transformation (FFT = Fast Fourier Transform) sei auf die Literatur verwiesen (z. B. H.J. Nussbaumer, Fast Fourier Transform and Convolution Algorithms, Springer-Verlag 1981; Aho, Hopcroft und Ullman, The Design and Analysis of Computer Algorithms, Addison-Wesley, 1974, oder: Baase, Computer Algorithms - Indroduction to Design and Analysis, Addison - Wesley, 1978). Hier sollen nur die Charakteristika dargestellt werden, die zur Möglichkeit der parallelen FFT geführt haben /15, 58-60, 104, 152/.

5.1 Diskrete Fourier-Transformation (DFT)

Die Diskrete Fourier Transformation (DFT) geht von den diskreten Funktionswerten aus, die vorgegeben seien:

$$c_o(k) \quad , \quad 0 \leqslant k \leqslant N-1,$$

wobei angenommen wird, daß

$$N = 2^n \quad , \quad n \gg 1.$$

Die DFT liefert dann die Koeffizienten der Fouriertransformierten, $q(j)$, $0 \leqslant j \leqslant N-1$, nach der Superpositionsvorschrift:

$$q(j) = \sum_{k=0}^{N-1} c_o(k) \cdot W^{jk} , \quad 0 \leqslant j \leqslant N-1,$$

wobei W die N-te Einheitswurzel ist:

$$W = e^{2\pi i/N} \quad , \quad i = (-1)^{1/2}.$$

Die DFT hat demnach die Zeitkomplexität $O(N^2)$.

5.2 Fast Fourier Transform (FFT)

Die Fast Fourier Transform geht nun von der Binärdarstellung der Indizes j und k aus, bei der $j_r = 0$ oder 1, $k_r = 0$ oder 1, $0 \leqslant r \leqslant n-1$.

$$j = j_{n-1} \cdot 2^{n-1} + \dots\dots\dots + j_1 \cdot 2^1 + j_0$$

$$= (j_{n-1}, \dots\dots\dots, j_1, j_0)$$

$$k = k_{n-1} \cdot 2^{n-1} + \dots\dots\dots + k_1 \cdot 2^1 + k_0$$

$$= (k_{n-1}, \dots\dots\dots, k_1, k_0)$$

Damit lassen sich die Funktionswerte c_0 und die Koeffizienten q nach den Binärkoeffi zienten $k_{n-1}, \dots, k_0$ und $j_{n-1}, \dots, j_0$ indizieren:

$$c_o(k_{n-1}, \dots\dots\dots, k_0) = c_o(k)$$

$$q(j_{n-1}, \dots\dots\dots, j_0) = q(j).$$

Die Koeffizienten $q(j_{n-1}, \dots\dots, j_0)$ lassen sich dementsprechend durch eine n-fache Zweiei Summation berechnen, wobei die k_r 0 und 1 durchlaufen:

$$q(j_{n-1}, \dots\dots, j_0) = \sum_{k_0} \sum_{k_1} \dots\dots \sum_{k_{n-1}} c_o(k_{n-1}, \dots\dots, k_0) W^{jk},$$

wobei jetzt das Produkt j . k in der entsprechenden Binärdarstellung zu verstehen is Damit läßt sich aber jetzt ein Rekursionsschema angeben, das der (modulo N)-Arithmet von W^{jk} Rechnung trägt. Dazu führen wir die Größen $c_s\,(r_{n-1}, \dots\dots, r_0)$, $0 \leqslant s \leqslant n$ (m $r_t = 0$ oder 1) ein.

Es ist definiert:

$$c_1(j_0, k_{n-2}, \dots\dots, k_0) = \sum_{k_{n-1}} c_o(k_{n-1}, \dots\dots, k_0) W^{j_0 k_{n-1} \cdot 2^{n-1}}$$

und für $2 \leqslant s \leqslant n$:

$$c_s(j_0, \ldots, j_{s-1}, k_{n-s-1}, \ldots, k_0) =$$

$$\sum_{k_{n-s}} c_{s-1}(j_0, \ldots, j_{s-2}, k_{n-s}, \ldots, k_0) \cdot W^{(j_{s-1} 2^{s-1} + \ldots + j_0) \cdot k_{n-s} \cdot 2^{n-s}}$$

Nach $n = \log N$ Rekursionsschritten liegt c_n vor:

$$c_n(j_0, j_1, \ldots, j_{n-1}) = \sum_{k_0} \sum_{k_1} \cdots \sum_{k_{n-1}} c_o(k_{n-1}, \ldots k_0) W^{jk}$$

Das entspricht aber den Koeffizienten $q(j_{n-1}, \ldots, j_1 j_0)$:

$$c_n(j_0, j_1, \ldots, j_{n-1}) = q(j_{n-1}, \ldots, j_1, j_0);$$

also

$$q(j) = c_n(j')$$

wobei j' durch Reversion des Bitmusters von j entsteht.

Diese Fast Fourier Transform weist also, da die Koeffizienten $q(j)$ bzw. $c_n(j')$ für alle $0 \leq j \leq N-1$ berechnet werden müssen, die Zeitkomplexität auf:

$$T_1(FFT) = O(N\log N)$$

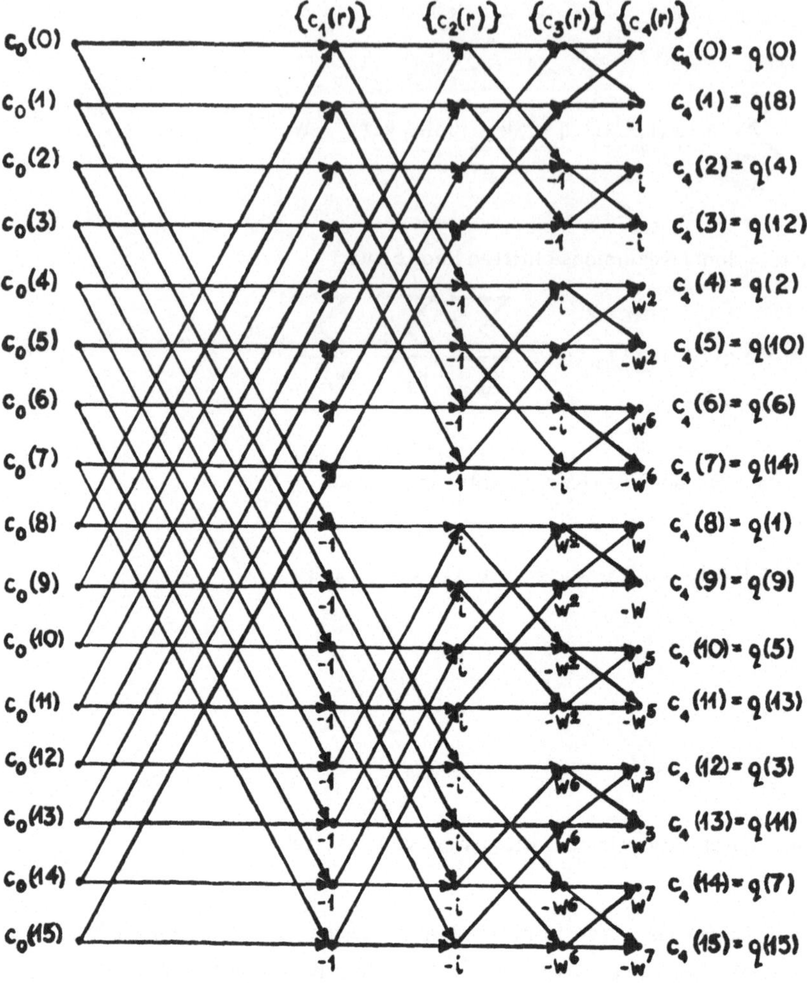

Abb. 5.1: FFT-Datenflußgraph ($N = 2^4$)

5.3 Parallele FFT

Aus dieser Herleitung ergibt sich aber nun auch sofort die Möglichkeit der Parallelisierung, vorausgesetzt es wird ein geeigneter Algorithmus gefunden, der die Permutationen der Bitmuster geeignet parallel erzeugt, so daß die Operanden der Rekursion mit den richtigen Gewichten, d.h. den richtig geordneten Potenzen von W, zusammengeführt werden (Abb. 5.1).

H.S. Stone /60/ hat gezeigt, daß die parallele FFT von dem Perfect-Shuffle-System und arithmetischen Prozessoreinheiten hardwaremäßig geleistet wird (Abb. 5.2).

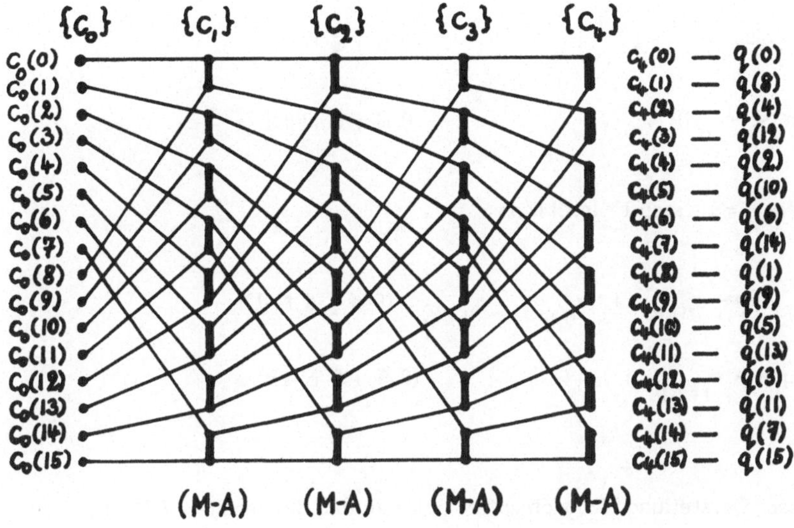

Abb. 5.2: Perfect-Shuffle-Interconnection für den parallelen FFT-Datenfluß ($N = 2^4$)

Zur Darstellung der parallelen FFT definiert man mit $N = 2^n$ und $w = e^{2\pi i/N}$, wobei hier $i = (-1)^{1/2}$ bedeuten soll, die Binärdarstellungen:

$$r = (r_{n-1}, r_{n-2}, \dots\dots, r_0) = \sum_{j=0}^{n-1} r_j\, 2^j;$$

$$f(r,k) = (r_{n-1}, \dots\dots, 0, r_{n-k-1}, \dots\dots, r_0);$$

$$h(r,k) = (r_{n-1}, \dots\dots, 1, r_{n-k-1}, \dots\dots, r_0);$$

$$g(r,k) = (r_{n-k}, \dots\dots, r_{n-1}, 0, \dots\dots, 0);$$

$$\text{rev}(r) = (r_0, r_1, \dots\dots, r_{n-1}) = g(r,n).$$

Dann läßt sich mit der Vereinbarung, daß eine Indexmenge in runden Klammern, also:

($0 \leq j \leq N-1$), die Parallelausführung des Statements bedeuten soll, der Algorithmus der parallelen FFT in der folgenden Gestalt formulieren /6/:

Algorithmus (parallele FFT):

$$z_j \leftarrow w^j \quad , \qquad (0 \leq j \leq N-1);$$

$$c_j \leftarrow c_o(j) \quad . \qquad (0 \leq j \leq N-1);$$

for k = 1 step 1 until n do

$$c_j \leftarrow c_{f(j,k)} + z_{g(j,k)} \cdot c_{h(j,k)}, \quad (0 \leq j \leq N-1);$$

$$q_j \leftarrow c_{rev(j)} \quad , \qquad (0 \leq j \leq N-1);$$

Aus dieser Darstellung läßt sich sofort ablesen, daß die parallele FFT die Zeitkomplexität hat:

$$T_P = O(\log N),$$

wobei P = N parallele Prozessoreinheiten optimal sind. Es sollte erwähnt werden, daß die parallele FFT für Spezialanwendungen vielfach bereits hardwaremäßig implementiert worden ist (Abb. 5.3).

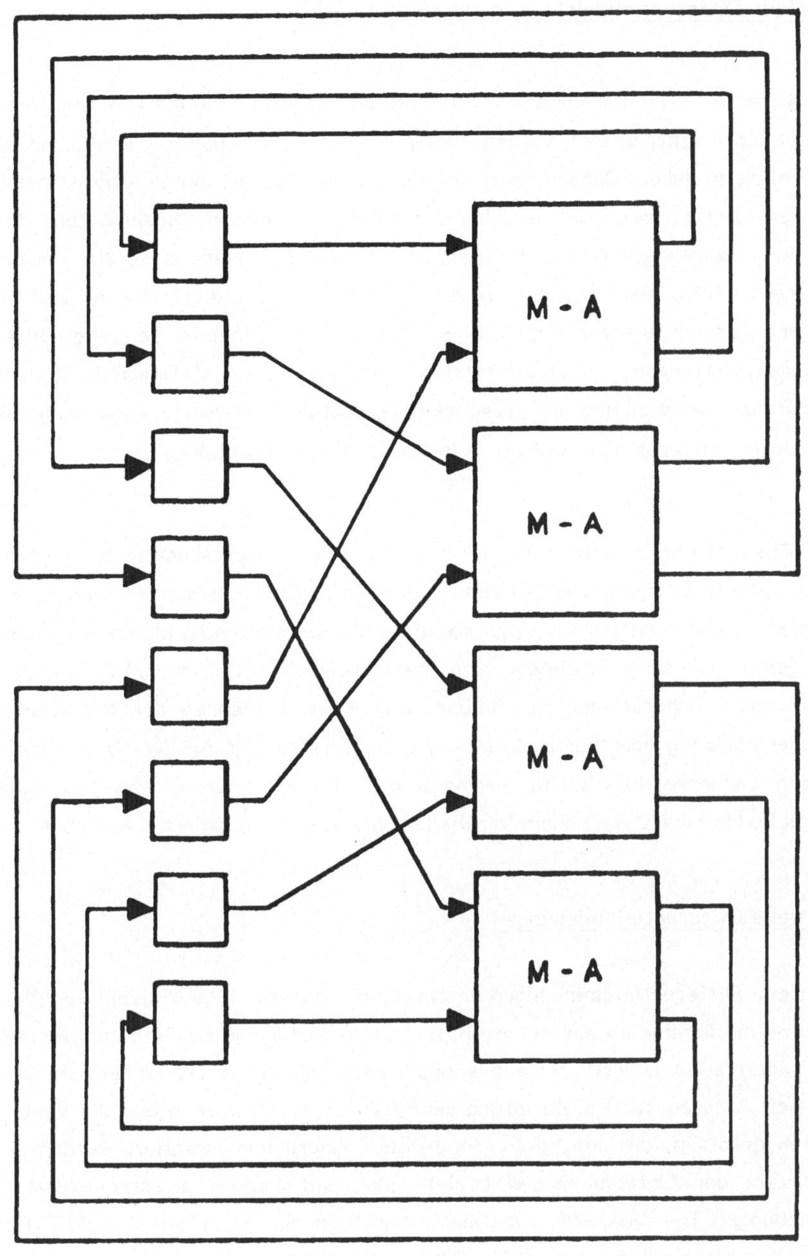

Abb. 5.3: FFT-Parallelprozessor $(N = 2^3)$

6. Partielle Differentialgleichungen und weitere Gebiete

Die Literatur über parallele Algorithmen hat inzwischen einen Umfang erreicht, der es unmöglich macht, in dem vorgegebenen Rahmen einen auch nur annähernd vollständigen Überblick zu geben. Daher können jeweils nur beispielhaft einige Algorithmen beschrieben werden. Der Schwerpunkt liegt bei Verfahren der linearen Algebra, denn die mathematischen Lösungsmethoden für Probleme aus fast allen Bereichen der Wissenschaft bestehen im Kern häufig aus Algorithmen der linearen Algebra, d.h. Vektor- und Matrixoperationen, Lösung linearer Gleichungssysteme und ähnlichem. Partielle Differentialgleichungen, Optimierung und statistische Datenanalyse seien als Beispiele genannt. Daher ist es durchaus verständlich und gerechtfertigt, daß die Untersuchung paralleler Algorithmen in diesem Teilbereich am weitesten fortgeschritten ist (vgl. Kapitel 4).

Die Auswahl der Algorithmen hier ist unter zwei Gesichtspunkten geschehen. Einerseits sollen an den Beispielen allgemeine Prinzipien deutlich werden. Andererseits soll gezeigt werden, wie Algorithmen, die bei sequentieller Durchführung als veraltet oder unbrauchbar gelten, durch die Parallelisierung eine neue Qualität gewinnen. Einige Bereiche müssen dabei ganz unberücksichtigt bleiben, wie etwa Verfahren der Mustererkennung und Bildverarbeitung oder Such-, Misch- und Sortieralgorithmen. Die Parallelisierung ist auf diesen Gebieten inzwischen durchaus weit fortgeschritten, teilweise existiert sogar spezielle Hardware von hohem Parallelitätsgrad zur Lösung dieser Aufgaben.

6.1 Partielle Differentialgleichungen

Partielle Differentialgleichungen beschreiben einerseits eine Vielzahl von Phänomenen in Natur- und Ingenieurwissenschaften, ihre numerische Lösung für realistische Geometrien ist andererseits äußerst zeitaufwendig. So ist es nicht verwunderlich, daß in diesem Bereich Ansätze zur Parallisierung sehr früh versucht wurden und die Verfahren zu den ersten gehörten, die auf Vektor- und Feldrechnern implementiert wurden /43-45/. Die Mehrzahl der Untersuchungen bezieht sich auf lineare selbstadjungierte elliptische Gleichungen. Die Diskretisierung dieser Gleichungen, sei es durch finite Differenzen, sei es mit finiten Elementen /46/, führt auf große lineare Gleichungssysteme, die im allgemeinen schwach besetzt sind, d.h. nur relativ wenige Koeffizienten sind von Null verschieden. Zu deren Lösung finden neben den in 4.4 genannten direkten Verfahren vor allem Iterationsverfahren Verwendung /47/.

Um die Darstellung übersichtlich zu gestalten, sei als einfaches Beispiel die Poisson-Gleichung

$$\Delta u(x,y) = f(x,y)$$

im Quadrat der Kantenlänge 1 und mit der Dirichlet-Randbedingung $u = 0$ gewählt. Die Standarddiskretisierung auf einem gleichmäßigen Gitter mit der Maschenweite $h = \frac{1}{n}$ liefert dann

$$u_{ij} - \frac{1}{4}(u_{i+1,j} + u_{i,j+1} + u_{i-1,j} + u_{i,j-1}) = f_{i,j}, \qquad (1 \leq i,j \leq n-1)$$

wobei $u_{i,j}$ bzw. $f_{i,j}$ die Werte der Funktionen u bzw. f im Gitterpunkt (x_i, y_j) bezeichnen. Für die iterative Lösung dieses Gleichungssystems seien aus der großen Zahl bekannter Verfahren die beiden einfachsten herausgegriffen, um Parallelisierungsmöglichkeiten anzudeuten. Das Jacobi- oder Gesamtschrittverfahren benutzt die Iterationsvorschrift

$$\text{(I)} \qquad u_{i,j}^{(n+1)} = \frac{1}{4}(u_{i+1,j}^{(n)} + u_{i,j+1}^{(n)} + u_{i-1,j}^{(n)} + u_{i,j-1}^{(n)}) + f_{i,j}$$

und erfordert damit zweimal den Speicherplatz für die Werte $u_{i,j}$, da zur Berechnung der neuen Werte nur die Werte aus dem vorherigen Iterationsschritt benutzt werden. Das Gauß-Seidel- oder Einzelschrittverfahren hingegen verwendet innerhalb eines Iterationsschrittes sofort die bereits neu berechneten Werte und kommt daher mit dem Speicherplatz für einen Satz der Werte $u_{i,j}$ aus. Durchläuft man das Gitter zeilenweise, so lautet die Vorschrift also

$$\text{(II)} \qquad u_{i,j}^{(n+1)} = \frac{1}{4}(u_{i+1,j}^{(n)} + u_{i,j+1}^{(n)} + u_{i-1,j}^{(n+1)} + u_{i,j-1}^{(n+1)}) + f_{i,j}\,.$$

Darüberhinaus konvergiert das Gauß-Seidel-Verfahren doppelt so schnell wie das Jacobi-Verfahren /47/. Dies alles spricht für das Einzelschrittverfahren, dem auf seriellen Rechnern daher unbedingt der Vorzug zu geben ist. Das gleiche gilt für Varianten und Weiterentwicklungen, wie etwa die verschiedenen Überrelaxationsverfahren /47/. Für Parallel- oder Vektorrechner verändert sich die Situation. Während beim Jacobi-Verfahren die Iterationsvorschrift (I) für alle i,j gleichzeitig ausgewertet werden kann, enthält die Gauß-Seidel-Formel (II) eine Rekursion, da auf der rechten Seite die gerade berechneten Werte $u_{i-1,j}^{(n+1)}$ und $u_{i,j-1}^{(n+1)}$ auftreten. Die Berechnung ist hier nur durch ein anderes Durchlaufen des Gitters parallelisierbar, etwa nach der sogenannten Schachbrettmethode. Das Jacobi-Verfahren hat daher wieder an Bedeutung gewonnen; gezielte Weiterentwicklungen /48/ haben deutliche Verbesserungen des Konvergenzverhaltens erbracht.

Dies ist ein überzeugendes Beispiel dafür, daß durch Parallelrechner die Wertigkeit von Algorithmen stark verändert werden kann. Darüberhinaus wird hier deutlich, daß Parallelisierungsansätze auch zu neuen numerischen Entwicklungen führen können oder sogar müssen.

Ein guter Überblick über den aktuellen Stand paralleler Algorithmen für elliptische Gleichungen wurde von Buzbee /49/ gegeben. Für nichtlineare Probleme und andere Typen von Gleichungen wurden ebenfalls in der Literatur parallele Verfahren vorgeschlagen /50, 51/.

6.2 Andere Gebiete der Numerik

Nach der ausführlicheren Darstellung von Algorithmen in den bisherigen Kapiteln sollen einige Probleme aus anderen Bereichen der numerischen Mathematik wenigstens noch genannt werden. Integration von gewöhnlichen Differentialgleichungen, Quadratur, Lösung nichtlinearer Gleichungen und nichtlineare Optimierung sind Aufgaben, die häufig auftreten und für die wirkungsvolle numerische Verfahren auf seriellen Rechnern zur Verfügung stehen. Parallele Algorithmen wurden erst vereinzelt untersucht /5, 52-57, 137, 153-155/. All diesen Verfahren ist gemeinsam, daß der Hauptaufwand meist in der Auswertung gegebener Funktionen - z. B. des Integranden bei der Quadratur oder der rechten Seite bei Anfangswertproblemen - und nicht in der eigentlichen Berechnung der Näherungsformeln - z. B. Simpson-Regel bei der Quadratur oder Runge-Kutta-Formeln für ein Anfangswertproblem - steckt. Die Anzahl der Funktionsauswertungen ist ja auch zu Recht ein wichtiges Maß für die Effizienz der Methoden. Allgemein anwendbare parallele Algorithmen sind hier nur schwer angebbar und bewertbar, da es beispielsweise stark vom vorgegebenen Problem abhängt, ob eine parallele Berechnung der einzelnen Funktion - etwa des Integranden - oder die gleichzeitige Berechnung der Funktion an mehreren Stellen - etwa an verschiedenen Stützstellen - größeren Gewinn bringt. Die für serielle Rechner besonders wirkungsvollen adaptiven Methoden bieten keine offensichtlichen Parallelisierungsmöglichkeiten.

Es ist zu hoffen, daß hier weiter durch neue Ansätze oder auch durch die Aufwertung und Weiterentwicklung alter Verfahren Fortschritte erzielbar sind.

6.3 Graphenalgorithmen

Die Graphentheorie hat in den vergangenen drei Jahrzehnten ständig zunehmende Anwendung in vielen Bereichen gefunden; stellvertretend seien Transportprobleme, Molekülstrukturuntersuchungen, Schaltkreisentwurf und Codeerzeugung genannt, um die Vielfalt anzudeuten /61/.

Zunächst scheinen Algorithmen für Graphenprobleme kaum sinnvoll mit dem abstrakten

Rechnermodell analysierbar zu sein. Jedoch zeigt sich auch hier, daß bei der Benutzung von Parallelrechnern durchaus der Rückgriff auf seriell ineffiziente Verfahren nützlich sein kann, die dann zu sehr effektiven parallelen Algorithmen führen können /62/. Als Beispiel sei die Bestimmung des jeweils kürzesten Weges zwischen zwei Knoten eines gewichteten, gerichteten Graphen mit n Knoten dargestellt. Dazu wird der Graph durch eine (nxn)-Matrix $A^{(1)} = (a_{ij}^{(1)})$ mit

$$a_{ij}^{(1)} = \begin{cases} 0 & \text{falls } i = j \\ \text{Länge der Kante von Knoten } i \text{ nach Knoten } j & \\ \infty & \text{falls zwischen den Knoten } i \text{ und } j \text{ keine Kante} \end{cases}$$

dargestellt. Dann läßt sich zeigen /38, 63/, daß

$$a_{ij}^{(k)} = \min_r \left(a_{ir}^{(k/2)} + a_{rj}^{(k/2)}\right)$$

die Länge des kürzesten Weges zwischen den Knoten i und j angibt, der durch höchstens k-1 Zwischenknoten führt. Denkt man sich hier + durch * und $\min_r$ durch $\sum_r$ ersetzt, so wird die Analogie zur üblichen Matrixmultiplikation deutlich und damit auch deren Komplexität. Um die Länge der kürzesten Wege zwischen allen Knotenpaaren zu bestimmen, ist also über $A^{(2)}$, $A^{(4)}$, . . . die "Potenz" $A^{(n)}$ der Matrix $A^{(1)}$ zu berechnen, was mit n^3 Prozessoren wie bei der gewöhnlichen Potenz einer Matrix in $O((\log n)^2)$ Zeitschritten möglich ist.

Mit ähnlichen Techniken läßt sich noch eine ganze Reihe anderer Probleme für Graphen behandeln /38, 156-160/.

7. Wechselwirkungen mit der Architektur und Technologie

Die Hoffnung beim Entwurf paralleler Algorithmen gründet sich einerseits darauf, daß ein System aus p parallelen Prozessoren ein Problem gegenüber einem einzigen Prozessor mit p-facher Geschwindigkeit lösen könnte, und andererseits auf die technologische Perspektive, daß es im Zuge der VLSI-Entwicklung möglich sein wird, Parallelprozessoranordnungen mit einer sehr hohen Zahl ($p > 10^6$) identischer Prozessorelemente technisch und wirtschaftlich herzustellen /12-14/.

Voraussetzung für diese Leistungssteigerung ist die Parallelisierbarkeit der betroffenen Probleme. Während beispielsweise die Addition zweier Vektoren fast trivialerweise parallelisierbar ist, da die Additionen der einzelnen Vektorkomponenten unabhängig voneinander sind, existieren Berechnungsvorgänge, die sich nicht parallelisieren lassen; das bedeutet, daß die Berechnung mit einer noch so großen Anordnung von Prozessoren nicht schneller als mit einem einzigen solchen Prozessor durchgeführt werden kann. Ein einfaches Beispiel dieser Art ist die Berechnung einer (großen) Potenz von x, z. B. x^{2^k}. Mit einem seriellen Rechner läßt sich dies mit k Stufen sukzessiven Quadrierens erreichen. Da aber in einem einzigen Schritt keine höhere Potenz als das Quadrat x^2, in zwei Schritten keine höhere Potenz als x^4, und so fort, gebildet werden kann, läßt sich diese Berechnung auch mit einer parallelen Anordnung von Prozessoren grundsätzlich nicht schneller ausführen (vgl. 4.1).

Die zentrale Frage der Parallelverarbeitung zielt daher auf das Verständnis des Ausmaßes an Berechnungsvorgängen, für die parallele Algorithmen existieren, deren Leistungsfähigkeit relativ vergleichbar ist mit optimalen sequentiellen Algorithmen. Ein paralleler Algorithmus, der ein gegebenes Problem der "Größe" n mit P(n) Prozessoren in der Zeit T(n) löst, liefert einen sequentiellen Algorithmus, der das Problem in der Zeit $P(n) \cdot T(n)$ auf einem äquivalenten seriellen Prozessor löst. Das Produkt $P(n) \cdot T(n)$ ist daher nach unten beschränkt durch die Zeitkomplexität des besten bekannten sequentiellen Algorithmus für das gegebene Problem. Das Ziel der Entwicklung paralleler Algorithmen muß daher sein, diesen Grenzen nahezukommen; dabei muß der Entwurf originärer paralleler Algorithmen im Vordergrund stehen.

Im Gegensatz zu den sequentiellen Algorithmen, für die ein ständig weiter wachsendes Gebäude des theoretischen Wissens und des praktischen Entwurfs existiert /15, 16/, ist das heutige Verständnis von der Natur paralleler Berechnungen noch dürftig; die Ergebnisse sind zudem über die Fachliteratur weit verstreut, und obwohl in der jüngsten Zeit ganz erhebliche Fortschritte auf den verschiedenen Gebieten der Parallelverarbeitung gemacht wurden, sind die fundamentalen Kenntnisse über Parallelität noch bruchstückhaft und die verfügbaren Methoden und Techniken für die systematische Entwicklung paralleler Algorithmen noch nicht adäquat.

7.1 Parallelisierung im Rechnermodell und bei realen Rechnern

Eine Hauptschwierigkeit beim Entwurf und bei der Bewertung paralleler Algorithmen ist die im Vergleich zu sequentiellen Algorithmen stärkere Abhängigkeit von der zugrundeliegenden Architektur des Parallelprozessorsystems. Einerseits ist die weitgehende Abstraktion von der spezifischen Parallelprozessorstruktur für die Analyse der Komplexität paralleler Algorithmen notwendig, andererseits wird der Raum möglicher guter Algorithmen durch die parallele Rechneranordnung, selbst wenn sie nur modellmäßig vorgegeben ist, beschnitten. Dementsprechend legen viele Arbeiten über parallele Algorithmen den freien Parallelismus des Rechnersystems zugrunde, d.h. sie schränken das Modell nicht durch eine feste Zahl paralleler Prozessoren ein.

Die Mehrzahl der bisher in der Literatur dargestellten parallelen Algorithmen /5, 6/ geht von einem hypothetischen Parallelprozessor mit folgenden - oder sehr ähnlichen - Eigenschaften aus:

(I) Das System besteht aus p individuellen Prozessoren, wobei p je nach Situation als beliebig groß oder fest vorgegeben vorausgesetzt wird.

(II) Die zu behandelnden Probleme lassen sich darstellen als parallel oder sequentiell zu verarbeitende Mengen von zweistelligen arithmetischen und logischen Operationen.

(III) Jeder einzelne der p Prozessoren kann zu jedem Zeitpunkt eine dieser Operationen ausführen.

(IV) Verschiedene Prozessoren des Systems können zu jedem Zeitpunkt verschiedene Operationen ausführen.

(V) Für die Ausführung jeder Operation wird genau eine Zeiteinheit benötigt.

(VI) Andere als die genannten Operationen (z. B. Datentransfer, Prozessorsteuerung usw.) sollen keine Zeit beanspruchen.

(VII) Zugriffskonflikte auf Speichereinheiten und Prozessoren sollen nicht auftreten.

Diese Voraussetzungen sind natürlich stark idealisierend, insbesondere auch, wenn man die Eigenschaften der auf dem Markt befindlichen Parallelrechner zum Vergleich heranzieht /3/.

Bei realen Rechnern /24/ ist die maximale Zahl der Prozessoren natürlich fest vorgegeben. Trotzdem sollten die Algorithmen und Komplexitätsergebnisse für beliebig viele Prozessoren nicht unbeachtet bleiben, da sie zusammen mit dem Satz von Brent - d.h. über die Simulation auf Systemen mit endlich vielen Prozessoren (vgl. 3.5) - einen durchaus gangbaren Weg darstellen.

Die Voraussetzungen (III) und (IV) sind kritische Annahmen, die bisher am ehesten vom Heterogeneous Element Processor (HEP) der Firma Denelcor erfüllt werden /25/. Sowohl Pipelinerechner (CRAY-1 und CDC CYBER 205) als auch echte Feldrechner (ICL DAP) bestehen aus Prozessoren, die entweder grundsätzlich oder zumindest für einen gewissen Zeitraum auf ganz bestimmte Operationen festgelegt sind /3, 26-30/. Um andere Operationen auszuführen, sind im allgemeinen relativ lange "Umschaltzeiten" oder "Umleitungen" der Daten auf andere Prozessoren notwendig. Bei diesen Rechnern ist daher bei der Entwicklung paralleler Algorithmen dafür Sorge zu tragen, daß möglichst lange Ketten gleicher Operationen auftreten. Diese Strategie ist auch im Zusammenhang mit Voraussetzung (V) günstig, da bei realen Rechnern verschiedene Operationen im allgemeinen nicht die gleiche Zeit benötigen und die parallele Ausführung verschiedener Operationen zu Synchronisationsproblemen führt.

In der Regel bleiben zwei für die effektive Bewertung von parallelen Algorithmen und Parallelprozessorsystemen ganz wesentliche Problembereiche unberücksichtigt: (1) die Frage der Organisation der (parallelen) Speicher und der Zugriffskonflikte; (2) die Frage der Datenkommunikation zwischen den parallelen Prozessoren bzw. zwischen parallelen Prozessoren und den (parallelen) Speichereinheiten. Beide Problembereiche haben aber entscheidende Auswirkungen auf die faktische Ausführung von Algorithmen. Der erste Problembereich ist bereits vom seriellen Rechner her bekannt und führte schon dort zur Organisationsform paralleler Speicher ("Verschränkung"), um das quantitative Problem der Zugriffsgeschwindigkeit zu lindern; jetzt treten infolge der parallelen Zugriffe einer möglicherweise großen Zahl von Prozessoren auf die Speicherebene qualitativ neue Konfliktsituationen auf, die es zu analysieren gilt /78-80/.

Die Untersuchung weiter Anwendungsgebiete zeigt, daß selbst in den sequentiellen Algorithmen und in der weitverbreiteten mathematischen Software sehr viel Parallelismus versteckt ist, der mit geeigneten analytischen Hilfsmitteln und Übersetzern für den Einsatz auf Parallelrechnern erschlossen werden kann /64-67/; zusammen mit den originären parallelen Algorithmen bietet sich daher ein schon jetzt beachtliches Potential, das durch Parallelprozessoren aktiviert werden kann /81/.
Bis vor wenigen Jahren befaßte sich die Analyse paralleler Algorithmen nahezu ausschließlich mit Komplexitätszusammenhängen. Erst mit den neueren Fortschritten der Halbleitertechnologie rückten praktische Realisierungsmöglichkeiten für Parallelpro-

zessoren in Reichweite und damit ins Bewußtsein, bei denen die Zahl der Prozessoren für die Umsetzung des Parallelismus in effektive Rechnerleistung interessant wurde /14, 68, 69/.

Damit traten gleichzeitig qualitativ neue Problemkreise der Parallelverarbeitung in den Vordergrund, die sich aus der Wechselwirkung der parallelen Algorithmen mit der Struktur der Parallelprozessoren ergeben, wenn die Fragen des Datenzugriffs und des Datentransportes im System nicht länger vernachlässigt werden. Denn die parallel verfügbaren Prozessoren können den dem Problem und Algorithmus inhärenten Parallelismus nur dann ausnützen, wenn sie mit den notwendigen Operanden zur richtigen Zeit und ohne Verzug versorgt werden; diese Operanden können ihrerseits auch wieder Ergebnisse von Operationen anderer Prozessorelemente oder Daten aus den Speichermedien sein.

Legt man das Prozessormodell zugrunde, daß alle Prozessoren einen gemeinsamen Hauptspeicher benutzen ("shared memory"), so muß mit Zugriffskonflikten gerechnet werden; die Frage stellt sich hier nach den Möglichkeiten neuer Speicherorganisationen, die solche Konflikte in erträglichen Grenzen halten oder gar für einen möglichst großen Raum von Anwendungen ausschließen können /80/.

Geht man von dem Modell aus, daß jeder Prozessor seinen eigenen Hauptspeicher ("private memory") besitzt, so muß den Datenbewegungen zwischen diesen privaten Speichern oder zwischen den Prozessoren notwendigerweise Rechnung getragen werden. Hier stellt sich die Kernfrage nach der geeigneten Verbindungsstruktur ("Interconnection Network"), welche die effiziente Datenkommunikation zwischen den parallelen Prozessoren bzw. Speichern leistet. Der Entwurf und die Analyse genereller leistungsfähiger Interconnection Networks ist heute ein Schwerpunkt der Forschung /70-77/.

7.2 Kommunikationskomplexität

Das Problem der Datenkommunikation im Parallelprozessorkomplex ist qualitativ neu und hinsichtlich seiner qualitativen und quantitativen Auswirkungen auf die Leistungsfähigkeit von Parallelprozessoren und parallelen Algorithmen lange vernachlässigt worden /17, 18/.

In Kapitel 4 war gezeigt worden, daß mit ausreichend vielen parallelen Prozessoren durch das Prinzip des rekursiven Doppelns die Multiplikation von (NxN)-Matrizen in O(logN) arithmetischen Operationen ausgeführt werden kann gegenüber $O(N^3)$ im sequentiellen Fall. Die in 4.2 und 4.4 behandelten Algorithmen und Komplexitäten zur Matrixmultiplikation und -inversion abstrahieren weitgehend von den Problemen der Implementierung und von Restriktionen realistischer Modelle und Parallelprozessoren; insbesondere die Frage der Bereitstellung der Operanden für die Prozessoren wurde sehr lange ignoriert. Erst in jüngster Zeit wurde die Problematik der Datenkommunikation intensiv in die Analysen einbezogen. Die bisherigen Ergebnisse haben dabei gezeigt, daß die Kommunikationskomplexität, d.h. die Zahl der notwendigen Datenbewegungen in einem Parallelprozessorsystem in Abhängigkeit von der zu behandelnden Problemgröße, in ihrer Bedeutung für die Leistungsfähigkeit eines Algorithmus gleichrangig neben die Zeitkomplexität des Algorithmus zu stellen ist /17, 18/.

Gentleman /17/ hat für das Modell paralleler Prozessoren mit privatem Speicher, von denen über Datenpfade jeweils nur eine Untermenge, z.B. die nächsten Nachbarn, verbunden sind, gezeigt, daß die Datenkommunikation für die Ausführung beispielsweise der Matrixmultiplikation entscheidend ist. Gentleman wies nach, daß für die Matrixmultiplikation (wie auch für die Matrixinversion) mittels eines zweidimensionalen Rechteckgitters aus NxN parallelen Prozessoren, die entsprechend dem MCC-Modell ("Mesh-Connected Computer") über Nächste-Nachbar-Verbindungen verknüpft sind, die Kommunikationskomplexität O(N) ist; dementsprechend läßt sich vermuten, daß bei der Realisierung des Algorithmus, der mit N^3 Prozessoren (1 + logn) Zeitschritte benötigt, von einer gewissen Problemgröße ab die Kommunikationskomplexität überwiegt, wenn MCC-Struktur zugrunde gelegt wird. Die Datenkommunikation bestimmt die effektive Ausführungszeit.

Damit bestimmt aber die gegebene Rechnerstruktur die Gesamtkomplexität oder, mit anderen Worten: für die Effizienz paralleler Algorithmen müssen Zeit- und Kommunikationskomplexität miteinander in Einklang gebracht werden. Das führt zur Frage nach optimalen Interconnection Networks.

Das Beispiel der optimalen Matrixmultiplikation oder aber auch der parallele Algorithmus für die Schnelle Fourier-Transformation (FFT), die beide die Zeitkomplexität O(logN) aufweisen, verlangen nach Verbindungsstrukturen, deren Kommunikationskomplexität ebenfalls O(logN) für die Datenkommunikation gewährleistet. Für das rekursive Doppeln - und damit für die Matrixmultiplikation - bietet sich fast trivialerweise eine Baumstruktur an; für die FFT ist die Situation aber komplizierter. Gleichzeitig muß angestrebt werden, daß ein Interconnection Network in einem verallgemeinerten Sinn, d.h. für eine möglichst große Problemklasse, optimal ist.

In jüngster Zeit haben Entwurf und Analyse von Interconnection Networks in der Fachwelt verstärktes Interesse gefunden /76, 77/. Dabei sind neben wesentlichen Verfeinerungen des Hypercube-Systems /82/ entscheidende Durchbrüche bei den Kommunikationsalgorithmen und auf wichtigen Gebieten /73, 74, 83/ erzielt worden. Insbesondere aber wurden die Eigenschaften und deren Tragweite bei den sog. Shuffle-Exchange-Networks untersucht /84/ . Beispielhaft dafür sei hier das Omega-Netzwerk angegeben , das nicht nur die Kommunikationskomplexität O(logN) aufweist, sondern gleichzeitig die durch die Skewing-Schemata /2, 4/ bedingten Permutationen von Datenfeldern auf parallele Speicher abbildet, so daß eine wesentliche Konsistenz erreicht ist /80/. Das Omega-Netzwerk beruht wesentlich auf dem Prinzip des "Perfect Shuffle" /60/ (vgl. 4.3.1). Das Omega-Netzwerk ist aufgebaut aus logN = n Perfect-Shuffle-Stufen mit jeweils anschließender Schaltstufe aus N/2 Zweier-Schalteinheiten. Dieses Interconnection Network leistet nicht nur die für die parallele FFT notwendige, mit der Zeitkomplexität verträgliche Kommunikationskomplexität O(logN), sondern verifiziert auch die komplexen Datenflüsse der FFT (vgl. Abb. 5.1 und 5.2).

Während diese Beispiele zeigen, daß sich optimale Anpassung zwischen Algorithmus und Datenkommunikation erzielen läßt, bleibt doch die Frage nach der technischen und wirtschaftlichen Realisierung leistungsstarker Verbindungsstrukturen, wenn die Zahl der Prozessorelemente sehr groß wird. Hier ist entscheidend, inwiefern sich die Entwürfe von Interconnection Networks in die VLSI-Technologie abbilden lassen /12, 82/.

7.3 Hardware- und systolische Algorithmen

Stone /60/ hat früh darauf aufmerksam gemacht, daß sich die parallele FFT rein hardwaremäßig als integrierter FFT-Prozessor verwirklichen läßt; Abb. 5.3 zeigt die Parallelprozessoranordnung mit der Perfect-Shuffle-Verbindung zwischen Speicherregistern und arithmetischen Einheiten (M-A: Multiplikations- und Additionsprozessor).

Solche Abbildungen von Algorithmen auf die Hardware werden auch "Hardware-Algorithmen" genannt. Wegen des rhythmischen Wechsels zwischen Prozessoraktionen und Datentransport hat die inzwischen stark angewachsene Klasse von Algorithmen, die sich mittels der VLSI-Technologie auf hochgradig parallele Prozessorstrukturen übertragen lassen, den Namen "systolische Algorithmen" erhalten, in Anspielung auf den Rhythmus des Blutkreislaufes /85/. Die zugehörigen Parallelprozessorstrukturen, d.h. die Prozessoren mit den angepaßten Kommunikationsstrukturen, heißen entsprechend "systolische Arrays".

Systolische Algorithmen wurden zuerst für hochgradig parallelisierbare Operationen der linearen Algebra entwickelt, wobei die Anpassung der Zeitkomplexität O(N) des Matrixalgorithmus an die Prozessor- und Kommunikationsstruktur ein vorrangiges Kriterium war. Abb. 4.5 zeigt die interessante hexagonale Struktur für die parallele

Multiplikation zweier Bandmatrizen /99/. Setzt man die Matrizen als (NxN) mit den Bandbreiten m_1 und m_2 voraus, so läßt sich die Matrixmultiplikation in 3N + min (m_1, m_2) Zeitschritten durchführen. Die Eingangsmatrizen A und B "strömen" dabei von links bzw. rechts oben in das Prozessorfeld hinein, während die Ergebnismatrix C -von unten virtuell in das System eintretend - aus dem Feld nach oben schrittweise herausgeschoben wird. Es sei ergänzt, daß sich mit geringfügigen Veränderungen der Pfade auf diese Anordnung auch andere Algorithmen wie Block-Matrixverfahren und QR-Faktorisierung abbilden lassen. Bei der LU-Zerlegung einer (Band-)Matrix beispielsweise entspricht C dann der zu zerlegenden Matrix. A und B liefern die untere bzw. obere Dreiecksmatrix, wobei die "Strömungsrichtung" von A und B sich umkehrt.

Die Realisierung von systolischen Algorithmen auf VLSI-Basis liefert extrem hohen Speedup und hohe Effizienz bei gleichzeitig starker Spezialisierung. Systolische Algorithmen werden inzwischen über die Verfahren der FFT und der Linearen Algebra hinaus auch für die Signal- und Bildverarbeitung (2D-Filter, 2D-Faltung usw.) und für nicht-numerische Anwendungen (Such- und Sortierverfahren, Graphenalgorithmen, Spracherkennung, Codierung, dynamische Optimierung usw.) entwickelt /85, 86/.

Mit dem Fortschreiten der VLSI-Technologie /69, 87/ sind durchaus Rechnerarchitekturen vorstellbar, in denen systolische Chip-Module als hochspezialisierte, hochgradig parallelisierte Funktionseinheiten (z. B. für FFT, Matrix-Multiplikation, Sparse-Matrix-Methoden, Faltung, rekurrente Systeme, Funktionsgeneratoren, Suchprobleme und vieles mehr) die Software-Unterprogramme ablösen. Dadurch wären Steigerungen der Rechnerleistung vor allem für wissenschaftlich-technische Anwendungen möglich, ohne daß die Kontrollstruktur sich grundsätzlich vom herkömmlichen seriellen Rechner und vom Pipeline/Vektorrechner unterscheiden müßte, was die Programmiersprachen im Prinzip einschließt.

8. Schlußbemerkungen

Die hier angestellten Überlegungen zu parallelen Algorithmen abstrahieren zwar weitgehend von der Architektur der Parallelprozessorsysteme, konzentrieren sich aber mehr auf Algorithmen, deren Parallelismus auf der Ebene der arithmetischen und logischen Operationen definiert ist und die somit in der Regel auf synchrone Parallelprozessoren passen, wie sie durch die sogenannte SIMD-Architektur charakterisiert werden (SIMD = Single Instruction Multiple Data). Bei asynchronen Systemen, die der MIMD-Architektur zugeordnet werden können (MIMD = Multiple Instruction Multiple Data), wird der Parallelismus eher auf der Ebene von "Tasks", d.h. isolierbaren Teilaufgaben aus funktional zusammengehörigen Komplexen von Operationen, verwirklicht. Das HEP-System /25/ setzt sich aus bis zu 16 autonomen seriellen Mehrzweckrechnern zusammen, die über eine Verbindungsstruktur verknüpft sind und parallel, aber asynchron mehr oder weniger komplexe Teilaufgaben ("Prozesse") übernehmen können. Obwohl für solche Systeme wie etwa auch C. mmp /88/ schon beachtliche Erfahrungen hinsichtlich ihrer Struktur und Dynamik vorliegen /89/ und MIMD-Algorithmen entwickelt werden /90-92/, müssen doch entscheidende Probleme wie die effiziente Verteilung (Scheduling) von "Prozessen" auf die einzelnen Prozessoren z.B. des HEP als weitgehend ungelöst angesehen werden; die Programmierung und Optimierung solcher Systeme ist ohne Zweifel erst am Anfang einer Entwicklung. Der Parallelismus dieser Architektur bleibt aber mit Sicherheit schon aus technologischen Gründen weit hinter dem potentiellen Parallelismus der synchronen Parallelprozessorkonzepte wie dem Ultracomputer-Entwurf /14/ zurück.

Algorithmen und numerische Verfahren für Vektorprozessoren wie CRAY-1/X-MP und CDC CYBER-205 (oder auch AP-190/FPS-164) wurden hier nicht explizit behandelt, denn diese Systeme weisen Parallelismus nur in Form von arithmetischen Pipelines oder Pipeline-Funktionseinheiten auf; ihre Programmierung muß sich eng an den architektonischen Charakteristiken wie Vektorregistern und "Chaining" von Registern und Funktionseinheiten (CRAY) bzw. Triaden-Instruktionen, Speicherorganisation und - je nach Ausbau - parallelen Pipelines (CYBER-205) ausrichten /27/. Die sprachlichen Möglichkeiten sind dabei in unterschiedlicher Weise begrenzt /161/.

Generell muß festgestellt werden, daß im Gegensatz zu den Rechnerarchitekturen und Hardware-Entwürfen bislang ein vergleichsweise geringer Aufwand betrieben wurde, um Programmiersprachen neu bzw. weiter zu entwickeln, damit für die Erschließung des Potentials von Parallelprozessoren angemessene programmiertechnische Instrumente zur Verfügung stehen; dies sollte auch Aspekte der Programmoptimierung und der Software-Technologie einschließen.

Bisherige Entwicklungen lassen sich in zwei Kategorien einteilen:

(1) Erweiterungen herkömmlicher Programmiersprachen um (einfache) Konstrukte der Parallelverarbeitung wie etwa Vektoroperationen;

(2) Spezielle Compiler, die (einfachen) Parallelismus entdecken können und in vektorisierten Code umsetzen (z. B. Vektorisierung innerer DO-Schleifen in FORTRAN-Programmen).

Nur wenige Sprachentwürfe berücksichtigen in ihren Grundkonzepten die Notwendigkeit der Parallelisierung oder gar die Strategien der Software-Technologie; hier ist im wesentlichen ACTUS zu nennen /93-96/.

Ohne Zweifel diktiert vor allem der Druck der wissenschaftlich-technischen Anwendungen den Pragmatismus, der sich an der FORTRAN-Wirklichkeit und den nichtabschätzbaren bisherigen Investitionen in die sequentielle FORTRAN-Programmierung für diese Anwendungsgebiete ausrichtet. Versuche, wie das Parafrase-System, den latenten Parallelismus in sequentiell programmierter Software durch automatische Werkzeuge zu analysieren und umzusetzen in Code für Parallelprozessoren /66, 67/, erhalten daher über die wissenschaftlichen Ziele hinaus auch deutliche wirtschaftliche Akzente.

Die Situation bei den parallelen Algorithmen ist somit gekennzeichnet einerseits durch ein erhebliches Potential, das auf die Umsetzung in reale Parallelprozessoren wartet, andererseits aber durch den Mangel an programmiertechnischen Hilfsmitteln, die dieses Potential weitgehend unabhängig von der Zielarchitektur zu erschließen gestatten.

Darüber hinaus fehlt - und dies ist nicht verwunderlich - noch das systematische methodische Gebäude für den parallelen Algorithmenentwurf /162/. Hier ist noch erhebliche Grundlagenforschung (etwa im Sinne der mehrdimensionalen Teile-und-Herrsche-Konzepte von Bentley /97/) zu leisten, um übergreifende Prinzipien in den Algorithmenentwurf einzubringen /163/. Damit könnte es dann möglicherweise gelingen, auch aus heutiger Sicht anomale Effekte der Parallelisierung zu verstehen und bei Algorithmen auszunützen, wie sie Weide /98/ beschrieben und einzugliedern versucht hat. Eine übergreifende Methodik ist auch notwendig für die Bewertung der Stabilität numerischer paralleler Algorithmen. Wie der Csanky-Algorithmus der Matrixinversion /39/ gezeigt hat, ist das Problem der numerischen Stabilität insbesondere auch deswegen dringlich, weil mit der Parallelisierung Algorithmen erneut an Interesse gewinnen, deren sequentielle Versionen als zu aufwendig oder als ineffizient verworfen worden waren.

Literaturverzeichnis

/1/ Thurber, K.J.: Large Scale Computer Architecture, Hayden Book Company Inc., Rochelle Park, N.J., 1976

/2/ Kuck, D.J.: The Structure of Computers and Computations, Vol. 1, J. Wiley & Sons, N.Y., 1978

/3/ Hockney, R.W., and Jesshope, C.R.: Parallel Computers, Adam Hilger Ltd., Bristol, 1981

/4/ Hoßfeld, F.: Parallelprozessoren und Algorithmenstruktur, Jül-Spez-87, Kernforschungsanlage Jülich, 1980

/5/ Miranker, W.L.: A survey of parallelism in numerical analysis, SIAM Review 13 (1971), 524-547

/6/ Heller, D.: A survey of parallel algorithms in numerical linear algebra, SIAM Review 20 (1978), 740-777

/7/ Hoßfeld, F.: Parallele Algorithmen, Jül-Spez-125, Kernforschungsanlage Jülich, 1981

/8/ Backus, J.: Can programming be liberated from the von Neumann style? A functional style and its algebra of programs, Comm. ACM 21 (1978), 613-641

/9/ Giloi, W.K.: Rechnerarchitektur, Informatik-Spektrum 3 (1980), 3-18

/10/ Giloi, W.K.: Rechnerarchitektur, Heidelberger Taschenbücher Band 208, Sammlung Informatik, Springer, 1981

/11/ Keyes, R.W.: Fundamental limits in digital information processing, Proc. IEEE 69 (1981), 267-278

/12/ Mead, D., and Conway, L.: Introduction to VLSI systems, Addison-Wesley, Reading/Mass., 1980

/13/ Tobias, J.R.: LSI/VLSI building blocks, IEEE Computer, August 1981, 83-101

/14/ Schwartz, J.T.: Ultracomputers, ACM TOPLAS 2 (1980), 484-521

/15/ Aho, A.V., Hopcroft, J. E., and Ullman, J. D.: The Design and Analysis of Computer Algorithms, Addison-Wesley, Reading/Mass., 1974

/16/ Horowitz, E., and Sahni, S.: Fundamentals of Computer Algorithms, Pitman, London, 1978

/17/ Gentleman, W.M.: Some complexity results for matrix computations on parallel processors, J. ACM 25 (1978), 112-115

/18/ Lint, B., and Agerwala, T.: Communication issues in the design and analysis of parallel algorithms, IEEE Trans. Software Eng. SE-7 (1981), 174-188

/19/ Stone, H.S.: Problems of parallel computation, in J.F. Traub (ed.), Complexity of Sequential and Parallel Numerical Algorithms, Academic Press, N.Y., 1973

/20/ Stone, H.S.: An efficient parallel algorithm for the solution of a tridiagonal linear system of equations, J. ACM 20 (1973), 27-38

/21/ Munro, I., and Paterson, M.: Optimal algorithms for parallel polynomial evaluation, J. Comput. Syst. Sci. 7 (1973), 189-198

/22/ Borodin, A., and Munro, I.: The Computational Complexity of Algebraic and Numeric Problems, Elsevier, N.Y., 1975

/23/ Brent, R.P.: The parallel evaluation of general arithmetic expressions, J. ACM 21 (1974), 201-206

/24/ Schütt, D.: Parallelverarbeitende Maschinen, Informatik-Spektrum 3 (1980), 71-78

/25/ HEP Principles of Operations, HEP Technical Documentation Series Part No. 9000001, Denelcor, 1981; eine populärwissenschaftliche Beschreibung ist enthalten in: F.D. Levine, Hochleistungscomputer, Spektrum der Wissenschaft, März 1982, 27-43

/26/ Russell, R.M.: The CRAY-1 computer system, Comm. ACM 21 (1978), 63-72

/27/ Kozdrowicki, E.W., and Theis, D.J.: Second generation of vector supercomputers, IEEE Computer, November 1980, 71-83

/28/ CRAY-1 Computer Systems: CRAY-1S Series Hardware Reference Manual HR-0808, CRAY Research Inc., July 1981

/29/ CDC CYBER 200 Model 205 Computer System, Hardware Reference Manual, Control Data Corp., 1981

/30/ Infotech State of the Art Report: Supercomputers, Vol. I/II, 1979

/31/ Reeves, A.P.: Parallel computer architectures for image processing, Proc. Intern. Conf. Parallel Processing 1981, 199-207

/32/ Vollmar, R.: Algorithmen in Zellularautomaten, Teubner Studienbücher - Informatik, 1979

/33/ Knuth, D.E.: Sorting and Searching, The Art of Computer Programming, Vol. 3, Addison-Wesley, Reading/Mass., 1973

/34/ Nassimi, D., and Sahni, S.: Bitonic sort on a mesh-connected parallel computer, IEEE Trans. Computers C-28 (1979), 2-7

/35/ Preparata, F.P.: New parallel-sorting schemes, IEEE Trans. Computers C-27 (1978), 669-673

/36/ Hirschberg, D.S.: Fast parallel sorting algorithms, Comm. ACM 21 (1978), 657-661

/37/ Baudet, G., and Stevenson, D.: Optimal sorting algorithms for parallel computers, IEEE Trans. Computers C-27 (1978), 84-87

/38/ Dekel, E., Nassimi, D., and Sahni, S.: Parallel matrix and graph algorithms, SIAM J. Comput. 10 (1981), 657-675

/39/ Csanky, L.: Fast parallel matrix inversion algorithms, SIAM J. Comput. 5 (1976), 618-623

/40/ Kogge, P.M.: Parallel solution of recurrence problems, IBM J. Res. Develop. 18 (1974), 138-148

/41/ Stott Parker Jr., D.: Nonlinear recurrences and parallel computation, in: D.J. Kuck, D.H. Lawrie and A.H. Sameh (ed.), High Speed Computer and Algorithm Organisation, Academic Press, N.Y., 1977, 317-320

/42/ Sameh, A.H., and Brent, R.P.: Solving triangular systems on a parallel computer, SIAM J. Numer. Anal. 14 (1977), 1101-1113

/43/ Buzbee, B.L.: A fast Poisson solver amenable to parallel computation, IEEE Trans. Computers C-22 (1973), 793-796

/44/ Ortega, J., and Voigt, R.: Solution of Partial Differential Equations on Vector Computers, Report No. 77-7, ICASE, NASA Langley Research Center, Hampton/Va., 1977

/45/ Sameh, A.H., Chen, S.C., and Kuck, D.J.: Parallel Poisson and biharmonic solvers, Computing 17 (1976), 219-230

/46/ Zave, P., and Rheinboldt, W.C.: Design of an adaptive, parallel finite-element system,ACM TOMS 5 (1979), 1-17

/47/ Varga, R.S.: Matrix Iterative Analysis, Prentice-Hall, Englewood Cliffs, N.J., 1962

/48/ Johnson, O.G., and Paul, G.: Vector algorithms for elliptic partial differential equations based on the Jacobi method, in: M. Schultz (ed.), Elliptic Problem Solvers, Academic Press, N.Y., 1981, 345-351

/49/ Buzbee, B.L.: Implementing techniques for elliptic problems on vector processors, ibid., 85-98

/50/ Berger, M., Oliger, J., and Rodrigue, G.: Predictor-corrector methods for the solution of time-dependent parabolic problems on parallel processors, ibid., 197-201

/51/ Fichtner, W., and Rose, D.J.: On the numerical solution of nonlinear elliptic PDEs arising from semiconductor device modeling, ibid., 277-284

/52/ Franklin, M.A.: Parallel solution of ordinary differential equations, IEEE Trans. Computers C-27 (1978), 413-420

/53/ Rice, J.R.: Parallel algorithms for adaptive quadrature - Convergence, Proc. IFIP Congress 74, North-Holland, Amsterdam, 1974, 600-604

/54/ Rice, J.R.: Parallel algorithms for adaptive quadrature - II. Metalgorithm Correctness, Acta Informatica 5 (1975), 273-285

/55/ Rice, J.R.: Parallel algorithms for adaptive quadrature - III. Program correctness, ACM TOMS 2 (1976), 1-30

/56/ Segerer, G.: Numerische Qualität paralleler Algorithmen, in: M. Feilmeier et al., Parallele Datenverarbeitung und parallele Algorithmen, Kursmaterialien, TU Berlin, 1979, 51-67

/57/ Schendel,U.: Einführung in die parallele Numerik, Oldenbourg, München, 1981; ebenso: On basic concepts in parallel numerical mathematics, Proc. CONPAR 81, Lecture Notes in Computer Science, Vol. 111, Springer, Berlin, 1981, 373-394

/58/ Cooley, J.W., and Tukey, J.W.: An algorithm for the machine calculation of complex Fourier series, Math. Comput. 19 (1965), 297-301

/59/ Pease, M.C.: An adaptation of the Fast Fourier Transform for parallel processing, J. ACM 15 (1968), 252-264

/60/ Stone, H.S.: Parallel processing with the perfect shuffle, IEEE Trans. Computers C-20 (1971), 153-161

/61/ Deo, N.: Graph Theory with Applications to Engineering and Computer Science, Prentice-Hall, Englewood Cliffs, N.J., 1974

/62/ Reghbati (Arjomandi), E., and Corneil, D.G.: Parallel computations in graph theory, SIAM J. Computing 7 (1978), 230-237

/63/ Tremblay, J.P., and Manohar, R.: Discrete Mathematical Structures with Applications to Computer Science, McGraw-Hill, N.Y., 1975

/64/ Kuck, D.J.: Parallel Processing of Ordinary Programs, in: Adv. in Computers Vol. 15, Academic Press, N.Y., 1976, 119-179

/65/ Kuck, D.J.: A survey of parallel machine organization and programming, ACM Comp. Surveys 9 (1977), 29-59

/66/ Padua, D.A., Kuck, D.J., and Lawrie, D.H.: High-speed multiprocessors and compilation techniques, IEEE Trans. Computers C-29 (1980), 763-776

/67/ Kuck, D.J.: Automatic program restructuring for high-speed computation, Proc. CONPAR 81, Lecture Notes in Computer Science, Vol. 111, Springer, Berlin, 1981, 66-84

/68/ Batcher, K.E.: Design of a massively parallel processor, IEEE Trans. Computers C-29 (1980), 836-840

/69/ Haynes, L.S., Lau, R.L., Siewiorek, D.P., and Mizell, D.W.: A survey of highly parallel computing, IEEE Computer, January 1982, 9-24

/70/ Thurber, K.J.: Interconnection networks - A survey and assessment, Proc. NCC 1974, 909-919

/71/ Feng, T.-Y.: A survey of interconnection networks, IEEE Computer, December 1981, 12-27

/72/ Siegel, H.J., and McMillen, R.J.: The multistage cube: A versatile interconnection network, IEEE Computer, December 1981, 65-76

/73/ Nassimi, D., and Sahni, S.: An optimal routing algorithm for mesh-connected parallel computers, J. ACM 27 (1980), 6-29

/74/ Nassimi, D., and Sahni, S.: Parallel algorithms to set up the Benes permutation network, IEEE Trans. Computers C-31 (1982), 148-154

/75/ Goodman, J.R., and Séquin, C.H.: Hypertree: A multiprocessor interconnection topology, IEEE Trans. Computers C-30 (1981), 923-933

/76/ Special Issue on Interconnection Networks for Parallel and Distributed Processing: IEEE Trans. Computers C-30 (1981), No. 4

/77/ Proceedings of the Workshop on Interconnection Networks for Parallel and Distributed Processing, 21-22 April 1980, Editor: H.J. Siegel, IEEE Computer Society, Long Beach/Ca., 1980

/78/ Shapiro, H.D.: Theoretical Limitations on the Use of Parallel Memories, Ph. D. Thesis, University of Illinois at Urbana-Champaign, 1976

/79/ Budnik, P., and Kuck, D.J.: The organization and use of parallel memories, IEEE Trans. Computers C-20 (1971), 1566-1569

/80/ Lawrie, D.H.: Access and alignment of data in an array processor, IEEE Trans. Computers C-24 (1975), 1145-1155

/81/ Burroughs Corporation Final Report: Numerical Aerodynamics Simulation Facility, NASA Contract No. NSA2-9456 (1978)

/82/ Preparata, F.P., and Vuillemin, J.: The cube-connected cycles: A versatile network for parallel computation, Comm. ACM 24 (1981), 300-309

/83/ Parker, D.S., and Raghavendra, C.S.: The Gamma network: A multiprocessor interconnection network with redundant paths, Proc. 9-th Ann. Symp. Computer Architecture, 26-29 April 1982, Austin/Texas, ACM SIGARCH Newsletter 10 (1982), No. 3, 73-80

/84/ Adams, G.B., and Siegel, H.J.: The Extra Stage Cube: A fault-tolerant interconnection network for supersystems, IEEE Trans. Computers C-31 (1982), 443-454

/85/ Kung, H.T., and Leiserson, C.E.: Systolic arrays (for VLSI), Proc. SIAM Sparse Matrix 1979, 256-282; ebenso in /12/

/86/ Kung, H.T.: Why systolic architectures?, IEEE Computer, January 1982, 37-46

/87/ Barbe, D.F.: VHSIC systems and technology, IEEE Computer, February 1981, 13-22

/88/ Jones, A.K., and Schwarz, P.: Experience using multiprocessor systems - a status report, ACM Comp. Surveys 12 (1980), 121-165

/89/ Deminet, J.: Experience with multiprocessor algorithms, IEEE Trans. Computers C-31 (1982), 278-288

/90/ Deo, N., Pang, C.Y., and Lord, R.E.: Two parallel algorithms for shortest path problems, Proc. Int. Conf. Parallel Processing 1980, 244-253

/91/ Lord, R.E., Kowalik, J.S., and Kumar, S.P.: Solving linear algebraic equations (Preprint Washington State University, January 1981, submitted to J. ACM)

/92/ Barlow, R.H., and Evans, D.J.: Parallel algorithms for the iterative solution to linear systems, Computer Journal 25 (1982), 56-60

/93/ Lawrie, D.H., Layman, T., Baer, D., and Randal, J.M.: Glypnir - a programming language for Illiac IV, Comm. ACM 18 (1975), 157-164

/94/ Perrott, R.H., and Stevenson, D.K.: Considerations for the design of array processing languages, Software-Practice and Experience 11 (1981), 683-688

/95/ Paul, G., and Wilson, M.W.: An introduction to VECTRAN and its use in scientific applications programming, IBM Research Report RC 7287 (1978)

/96/ Perrott, R.H.: A language for array and vector processors, ACM TOPLAS 1 (1979), 177-195

/97/ Bentley, J.L.: Multidimensional Divide-and-Conquer, Comm. ACM 23 (1980), 214-228

/98/ Weide, B.W.: Analytical models to explain anomalous behavior of parallel algorithms, Proc. Int. Conf. Parallel Processing 1981, 183-187

/99/ Kung, H.T.: The Structure of parallel algorithms, in: Adv. in Computers Vol. 19, Academic Press, N. Y., 1980, 65-112

/100/ Infotech State of the Art Report: Future Systems, Vol. I/II, 1977

/101/ Infotech State of the Art Report: Multiprocessor Systems, 1976

/102/ Special Issue: Parallel Processors and Processing, ACM Comp. Surveys 9 (1977), No. 1

/103/ Mies, P., und Schütt, D.: Feldrechner, BI-Taschenbuch Reihe Informatik, Bd. 21, Bibliographisches Institut, Mannheim 1976

/104/ Baase, S.: Computer Algorithms - Introduction to Design and Analysis, Addison-Wesley, Reading/Mass., 1978

/105/ Traub, J.F. (ed.): Proc. Symp. on Complexity of Sequential and Parallel Numerical Algorithms, Academic Press, N.Y., 1973

/106/ Feilmeier, M. (ed): Parallel Computers - Parallel Mathematics, Proc. IMACS (AICA) - GI Symp. München 1977, North Holland, Amsterdam, 1977

/107/ Kuck, D.J. et al. (ed.): Proc. Symp. on High Speed Computer and Algorithm Organisation, Academic Press, N.Y., 1977

/108/ Feilmeier, M. et al.: Parallele Numerik (Bibliographie), Technische Universität Braunschweig, Juli 1979

/109/ Engeln-Müllges, G., und Sommer, A.: Parallel-Rechner, Parallele Algorithmen, Parallele Programmierung (Bibliographie), Rechenzentrum der RWTH Aachen, August 1980

/110/ Flynn, M.J.: Very-high-speed computing systems, Proc. IEEE 54 (1966), 1901-1909

/111/ Händler, W.: An classification schemes for computer systems in the post-von-Neumann Era, GI 4. Jahrestagung 1974, Springer, 1975, 439-452

/112/ Knuth, D.E.: The Art of Computer Programming, vol. 1-3, Addison-Wesley, Reading/Mass., 1973

/113/ Mehlhorn, K.: Konzepte der Komplexitätstheorie illustriert am Beispiel des Sortierens, GI 9. Jahrestagung 1979, Springer 1979, 16-22

/114/ Paul, W.J.: Komplexitätstheorie, Teubner Studienbücher Informatik, 1978

/115/ Machtey, M., and Young, P.: An Introduction to the General Theory of Algorithms, North-Holland, Amsterdam, 1978

/116/ Strassen, V.: Gaussian elimination is not optimal, Numer. Math. 13 (1969), 354-356

/117/ Pan, V. Ya.: Strassen's algorithms is not optimal, Proc. 19-th Annual Symp. on Foundations of Computer Science, 1978, 166-176; ebenso: New Fast Algorithms for Matrix Operations, IBM Research Report RC 7555 (1979)

/118/ Tarjan, R.E.: Recent Developments in the Complexity of Combinatorial Algorithms, Report No. STAN-CS-80-794, Dept. Comp. Sci., Stanford University, June 1980

/119/ Edmonds, J.: Paths, trees and flowers, Canad. J. Math. 17 (1965), 449-467

/120/ Tarjan, R.E.: Complexity of combinatorial algorithms, SIAM Review 20 (1978), 457-491

/121/ Mühlbacher, J.: Datenstrukturen, Hanser, 1975

/122/ Kuck, D.J., and Muraoka, Y.: Bounds on the parallel evaluation of arithmetic expressions using associativity and commutativity, Acta Informatica 3 (1974), 203-216

/123/ Brent, R.P., and Towle, R.: On the time required to parse an arithmetic expression for parallel processing, Proc. Intern. Conf. Parallel Processing 1976, 254

/124/ Feilmeier, M. et al.: Parallele Datenverarbeitung und parallele Algorithmen, Kursmaterialien, TU Berlin, 1979

/125/ Brent, R.P.: The parallel evaluation of arithmetic expressions in logarithmic time, in: Traub, J.F. (ed.), Complexity of Sequential and Parallel Numerical Algorithms, Academic Press, N.Y., 1973, 83-102

/126/ Brent, R.P., Kuck, D.J., and Maruyama, K.: The parallel evaluation of arithmetic expressions without division, IEEE Trans. Computers C-22 (1973), 532-534

/127/ Maruyama, K.: The parallel evaluation of arithmetic expressions, IBM Research Report RC-4217, 1973

/128/ Muller, D.E., and Preparata, F.P.: Restructuring of arithmetic expressions for parallel evaluation, J. ACM 23 (1976), 534-543

/129/ Snir, M., and Barak, A.B.: A direct approach to the parallel evaluation of rational expressions with a smaller number of processors, IEEE Trans. Computers C-26 (1977), 933-937

/130/ Winograd, S.: On the parallel evaluation of certain arithmetic expressions, J. ACM 22 (1975), 477-492

/131/ Sameh, A.H., and Kuck, D.J.: On stable parallel linear system solvers, J. ACM 25 (1978), 81-91

/132/ Chen, S.C., Kuck D.J., and Sameh, A.H.: Practical parallel triangular system solvers, ACM TOMS 4 (1978), 270

/133/ Swarztrauber, P.N.: A parallel algorithm for solving tridiagonal equations, Math. Comput. 33 (1979), 185

/134/ Rodrigue, G.H., Madsen, N.K., and Karush, J.I.: Odd-even reduction for banded linear equations, J. ACM 26 (1979), 72

/135/ Muraoka, Y.: Parallelism Exposure and Exploitation in Programs, PhD Thesis, Univ. of Illinois, Dept. Comp. Sci., Report 71-424, 1971

/136/ Miranker, W.L.: Hierarchical relaxation, Computing 23 (1979), 267

/137/ Lemme, J.M., and Rice, J.R.: Speedup in parallel algorithms for adaptive quadrature, J. ACM 26 (1979), 65

/138/ Thompson, C.D., and Kung, H.T.: Sorting on a mesh-connected parallel computer, Comm. ACM 20 (1977), 263-271

/139/ Bauer, A.: An addition chains, Bull. AMS 45 (1939), 736-739

/140/ Kung, H.T.: Some complexity bounds for parallel computation, Proc. 6-th Annual Symp. on Theory of Computing 1974, 323-333

/141/ Kronsjö, L.I.: Algorithms: Their Complexity and Efficiency, Wiley, N.Y., 1979

/142/ Fischer, P.C., and Probert, R.L.: Efficient procedures for using matrix algorithms, Proc. 2nd Colloquium on Automata, Languages and Programming, Lecture Notes in Computer Science, Springer, 1974

/143/ Kellermann, M., und Schröck-Pauli, C.: Schnelle Matrizenmultiplikation nach P.C. Fischer, V. Strassen und S. Winograd - Zwei neue Assember-Unterprogramme MVLR8 und MULC16, Jül-1583, Kernforschungsanlage Jülich, 1979

/144/ Eklundh, J.O.: A fast computer method for matrix transposing, IEEE Trans. Computers C-21 (1972), 801-803

/145/ Ramapriyan, H.K.: A generalization of Eklundh's algorithm for transposing large matrices, IEEE Trans. Computers C-23 (1975), 1221-1226

/146/ Twogood, R.E., and Ekstrom, M.P.: An extension to Eklundh's matrix transposition algorithm and its application to digital image processing, IEEE Trans. Computers C-24 (1976), 950-952

/147/ Ben Ari, M.: On transposing large $2^n x 2^n$ matrices, IEEE Trans. Computers C-27 (1979), 72-75

/148/ Schumann, U.: Ein Verfahren zum Transponieren großer, sequentiell gespeicherter Matrizen, Angewandte Informatik 5 (1972), 213-216

/149/ Jordan-Engeln, G., und Reutter, F.: Numerische Mathematik für Ingenieure, BI Hochschultaschenbücher Bd. 104, 1978

/150/ Householder, A.S.: The Theory of Matrices in Numerical Analysis, Blaisdell, N.Y., 1964

/151/ Sameh, A.H.: Numerical parallel algorithms - A survey, in /107/, 207-228

/152/ Nussbaumer, H.J.: Fast Fourier Transform and Convolution Algorithms, Springer, 1981

/153/ Feilmeier, M., and Rönsch, W.: Parallel non-linear algorithms, Comp. Phys. Comm. 26 (1982), 335-348

/154/ Genz, A. C.: Numerical multiple integration on parallel computers, Comp. Phys. Comm. 26 (1982), 349-352

/155/ Casti, J., Richardson, M., and Larson, R.: Dynamic programming and parallel computers, J. Opt. Theory and Applic. (JOTA) 12 (1973), 423-438

/156/ Nassimi, D., and Sahmi, S.: Finding connected components and connected ones on a mesh-connected parallel computer, SIAM J. Comput. 9 (1980), 744-757

/157/ Savage, C., and Ja'Ja', J.: Fast, efficient parallel algorithms for some graph problems SIAM J. Comput. 10 (1981), 682-691

/158/ Ja'Ja', J., and Simon, J.: Parallel algorithms in graph theory: Planarity testing, SIAM J. Comput. 11 (1982), 314-328

/159/ Shiloach, Y., and Vishkin, U.: An O(logn) parallel connectivity algorithm, Journal of Algorithms 3 (1982), 57-67

/160/ Shiloach, Y., and Vishkin, U.: An $O(n^2 logn)$ parallel MAX-FLOW algorithm, Journal of Algorithms 3 (1982), 128-146

/161/ Burke, P.G., and Delves, L.M. (ed.): Proc. Intern. Conf. Vector and Parallel Processors in Computational Science 1981, Special Issue: Comp. Phys. Comm. 26 (1982), No. 3 + 4, North-Holland, Amsterdam, 1982

/162/ Händler, W. (ed.): CONPAR 81, Proc. Conf. on Analysing Problem Classes and Programming for Parallel Computing, Lecture Notes in Computer Science Vol. 111, Springer, 1981

/163/ Galil, Z., and Paul, W.J.: An efficient general purpose parallel computer, Preprint Tel Aviv University/University of Bielefeld, 1980

/164/ Bernutat-Buchmann, U., Rudolph, D., und Schloßer, K.-H.: Parallel Computing I - Eine Bibliographie, Bochumer Schriften zur Parallelen Datenverarbeitung, Rechenzentrum der Ruhr-Universität, Juni 1982

Informatik – Fachberichte

Band 44: Organisation informationstechnik-gestützter öffentlicher Verwaltungen. Fachtagung, Speyer, Oktober 1980. Herausgegeben von H. Reinermann, H. Fiedler, K. Grimmer und K. Lenk. 1981.

Band 45: R. Marty, PISA – A Programming System for Interactive Production of Application Software. VII, 297 Seiten. 1981.

Band 46: F. Wolf, Organisation und Betrieb von Rechenzentren. Fachgespräch der GI, Erlangen, März 1981. VII, 244 Seiten. 1981.

Band 47: GWAI – 81 German Workshop on Artificial Intelligence. Bad Honnef, January 1981. Herausgegeben von J. H. Siekmann. XII, 317 Seiten. 1981.

Band 48: W. Wahlster, Natürlichsprachliche Argumentation in Dialogsystemen. KI-Verfahren zur Rekonstruktion und Erklärung approximativer Inferenzprozesse. XI, 194 Seiten. 1981.

Band 49: Modelle und Strukturen. DAG 11 Symposium, Hamburg, Oktober 1981. Herausgegeben von B. Radig. XII, 404 Seiten. 1981.

Band 50: GI – 11. Jahrestagung. Herausgegeben von W. Brauer. XIV, 617 Seiten. 1981.

Band 51: G. Pfeiffer, Erzeugung interaktiver Bildverarbeitungssysteme im Dialog. X, 154 Seiten. 1982.

Band 52: Application and Theory of Petri Nets. Proceedings, Strasbourg 1980, Bad Honnef 1981. Edited by C. Girault and W. Reisig. X, 337 pages. 1982.

Band 53: Programmiersprachen und Programmentwicklung. Fachtagung der GI, München, März 1982. Herausgegeben von H. Wössner. VIII, 237 Seiten. 1982.

Band 54: Fehlertolerierende Rechnersysteme. GI-Fachtagung, München, März 1982. Herausgegeben von E. Nett und H. Schwärtzel. VII, 322 Seiten. 1982.

Band 55: W. Kowalk, Verkehrsanalyse in endlichen Zeiträumen. VI, 181 Seiten. 1982.

Band 56: Simulationstechnik. Proceedings, 1982. Herausgegeben von M. Goller. VIII, 544 Seiten. 1982.

Band 57: GI – 12. Jahrestagung. Proceedings, 1982. Herausgegeben von J. Nehmer. IX, 732 Seiten. 1982.

Band 58: GWAI-82. 6th German Workshop on Artificial Intelligence. Bad Honnef, September 1982. Edited by W. Wahlster. VI, 246 pages. 1982.

Band 59: Künstliche Intelligenz. Frühjahrsschule Teisendorf, März 1982. Herausgegeben von W. Bibel und J. H. Siekmann. XIII, 383 Seiten. 1982.

Band 60: Kommunikation in Verteilten Systemen. Anwendungen und Betrieb. Proceedings, 1983. Herausgegeben von Sigram Schindler und Otto Spaniol. IX, 738 Seiten. 1983.

Band 61: Messung, Modellierung und Bewertung von Rechensystemen. 2. GI/NTG-Fachtagung, Stuttgart, Februar 1983. Herausgegeben von P. J. Kühn und K. M. Schulz. VII, 421 Seiten. 1983.

Band 62: Ein inhaltsadressierbares Speichersystem zur Unterstützung zeitkritischer Prozesse der Informationswiedergewinnung in Datenbanksystemen. Michael Malms. XII, 228 Seiten. 1983.

Band 63: H. Bender, Korrekte Zugriffe zu Verteilten Daten. VIII, 203 Seiten. 1983.

Band 64: F. Hoßfeld, Parallele Algorithmen. VIII, 232 Seiten. 1983.